暨南大学高水平大学建设经费资助丛书

暨南史学丛书

近代人物论稿

冀满红　著

中国社会科学出版社

图书在版编目（CIP）数据

近代人物论稿/冀满红著.—北京：中国社会科学出版社，2018.6
ISBN 978 - 7 - 5203 - 2475 - 5

Ⅰ.①近…　Ⅱ.①冀…　Ⅲ.①历史人物—人物研究—中国—近代
Ⅳ.①K820.5

中国版本图书馆 CIP 数据核字（2018）第 091296 号

出 版 人　赵剑英
责任编辑　刘　芳
责任校对　杨　林
责任印制　李寡寡

出　　　版　中国社会科学出版社
社　　　址　北京鼓楼西大街甲 158 号
邮　　　编　100720
网　　　址　http://www.csspw.cn
发 行 部　010 - 84083685
门 市 部　010 - 84029450
经　　　销　新华书店及其他书店

印刷装订　北京明恒达印务有限公司
版　　　次　2018 年 6 月第 1 版
印　　　次　2018 年 6 月第 1 次印刷

开　　　本　710×1000　1/16
印　　　张　18.75
插　　　页　2
字　　　数　281 千字
定　　　价　80.00 元

目　　录

祁寯藻与鸦片战争

祁寯藻（1793—1866），字叔颖，又字实甫，号春圃，又号观斋，清代山西寿阳人，在道光、咸丰、同治三朝历任户部侍郎、吏部侍郎、兵部尚书、户部尚书、军机大臣、体仁阁大学士、礼部尚书、东阁大学士等职。祁寯藻生活的时代，正是中国遭遇西方列强猛烈冲击的时代，西方列强用鸦片和大炮打开了中国的大门，对中国进行肆无忌惮的侵略。作为一个爱国的朝廷大员，祁寯藻积极投入反对列强侵略的斗争中。本文仅拟对祁寯藻与鸦片战争的关系问题做些探讨。

道光（1821—1850）中叶，鸦片在中国泛滥成灾，已经严重影响到清朝的统治。在如何解决鸦片泛滥这一重大问题上，统治阶级内部出现"严禁"和"弛禁"两种意见。祁寯藻积极主张严禁鸦片，提出了自己的禁烟思想，并亲自参加了随后而来的禁烟运动。

道光十八年（1838）四月，著名的严禁派官员黄爵滋向道光帝上疏建议朝廷采取严厉措施禁烟，限期让吸食鸦片者戒除，过期不戒，就处以死刑，认为"若罪以死论，是临刑之惨急，更苦于断瘾之苟延"①，必能收到良好的效果。祁寯藻当时任江苏学政，积极支持黄爵滋的建议，曾在所作《新乐府》的序中写道："道光十八年，鸿胪寺卿黄君爵滋，以文（纹）银出洋日多，弊由私贩日伙，疏请自今犯者宜论死，以塞漏卮。""藻忝奉辀轩之使，士习民风，与有责焉。爰制新乐府三章，以当劝戒，俾多士循省，且与民诵之。"② 从这段序的字

① 中国科学院历史研究所第三所主编：《中国近代史资料丛书·黄爵滋奏疏许乃济奏议合刊》，中华书局1959年版，第71页。

② 阿英编：《鸦片战争文学集》上册，古籍出版社1957年版，第173页。

里行间，我们不难看出祁寯藻对黄爵滋的赞赏和支持，以及强烈的禁烟愿望和责任心。

不仅如此，祁寯藻还进一步阐发了黄爵滋的禁烟主张，形成了自己的禁烟思想。他在述志诗中写道："去年使闽越，默察边衅端。不惟塞漏卮，要在惩贪官。烟土流毒久，滥觞由海关。蠹吏饱其私，窳贾缘为奸。……朝议计久远，约法三章颁。令必先贵近，意在苏恫瘝。"① 这首诗表达了三层意思：其一，祁寯藻认为禁绝鸦片，不只是要以重刑强迫吸食者戒除，更重要的是要严惩贪官污吏，正是由于大批官员贪污受贿，和鸦片贩子相互勾结，才使鸦片走私畅行无阻，流毒日深。其二，要把严禁鸦片、惩处贪官的重点放在海关上。因为海关是鸦片流入中国的通道。其三，严禁吸食鸦片的禁令首要从皇室亲贵和各级官员开始实行，再逐渐在普通百姓中推行，他要求士人承担起"化民成俗"②的责任。正是在这种禁烟思想的指导下，祁寯藻亲自参加了轰轰烈烈的禁烟运动，并做出了自己的贡献。

早在江苏学政任上时，祁寯藻就创作了宣传禁烟的《新乐府》三章，刊发江苏各地。在诗中，他以形象而生动的语言深刻地揭示了鸦片的危害，指出吸食鸦片会导致"尔之金尽骨髓枯""坐使黄金化为土"的悲惨结局。③ 劝诫百姓要"湔肠涤胃痛自悔""拔疽剔蠹善自保"④，珍爱自己的生命，戒绝吸食鸦片。

道光十九年（1839）年底，祁寯藻受朝廷派遣，与黄爵滋赴福建和浙江会同闽浙总督邓廷桢查办禁烟和海防事宜，在以下几个方面做出了努力。

首先是采取严密措施，查禁烟贩汉奸。祁寯藻通过实地认真调查发现，烟贩汉奸与英国鸦片贩子和地方官吏相互勾结是福建沿海鸦片走私猖獗的主要原因。"汉奸一日不除，则夷船一日不绝。"⑤ 为了有

---

① （清）祁寯藻：《馤馜亭集》卷27，清咸丰七年（1857）刻本，第1页。

② 阿英编：《鸦片战争文学集》上册，第174页。

③ 同上书，第173页。

④ （清）祁寯藻：《馤馜亭集》卷24，第8页。

⑤ 中国第一历史档案馆编：《鸦片战争档案史料》第2册，天津古籍出版社1992年版，第89页。

效地查禁汉奸，祁寯藻采取了非常严密的防范措施：第一，清军水陆两路划清职责，加强戒备。陆路"添拨弁兵以重巡防"，水路"添派兵船，以资剿捕"①。第二，严格控制船民出海，加强对出海船只的稽查。责成厅、州、县负责官员对商船和渔船在出海之前和回港之后进行严格检查。商船出海不准靠近外国船只，否则即被视为贼船而予以缉拿；渔船则要被"指定埠头，编立字号，责成澳甲，按日稽查"②。船民如果不遵守规定，就要被毁船示惩。有关官员办事不力，也要受到处分。同时，祁寯藻还坚决反对英国船只在福建沿海游弋停泊，命令水师一经发现立即攻击。道光中叶，沿海烟贩汉奸众多的确是鸦片泛滥的一个主要原因，因此林则徐初到广州即发布告示称："照得本部堂恭膺简命来粤查办海口事件，首在严拿汉奸。"③可见，祁寯藻的举措恰中要害。

其次是整顿吏治、军纪，清除海防积弊。祁寯藻在福建惩办了吸食鸦片、听任门丁胡作非为的署惠安知县陈偕灿，道光二十年（1840）八月奉旨到浙江后，又查明了台州、温州两地偏僻处"栽种罂粟，熬煎烟土"的实情，④奏准罢免了吸食鸦片的台州知府潘观藻。针对军纪废弛问题，祁寯藻上折指出，"水陆营弁，多由本地兵丁拨补，囤户贩徒，与之熟悉"，"加以地方书差、关津丁役，勾结串通"⑤，是导致这种情况的重要原因。据此，他上奏请求朝廷命令督抚提镇会同察看，将在本地当差的员弁量为外拨，"并严饬各属州县，查有营弁差役勾通情弊，立即禀究，无许徇隐"⑥。通过整顿吏治、严肃军纪，福建海防风气得到相当好转，禁烟取得了一定成效。福建巡抚吴文镕在给道光帝的奏折中称，祁寯藻等奉命来到福建后，"开陈

① 中国第一历史档案馆编：《鸦片战争档案史料》第2册，第90页。
② 同上书，第92页。
③ 中山大学历史系中国近现代史教研组、研究室编：《中国近代人物丛书·林则徐集·公牍》，中华书局1963年版，第47页。
④ 中国第一历史档案馆编：《鸦片战争档案史料》第2册，第63页。
⑤ （清）文庆等编：《筹办夷务始末》（道光朝）卷10，台北文海出版社1996年影印本，第17—18页。
⑥ 同上书，第18页。

利病，宣布德威。在事文武各员咸晓然于圣主意旨所向"，"群情震竦，渐觉奋兴"①。这年三月和五月福建在防御英国军舰都取得了一定成绩，六月、七月厦门连续挫败英军进攻更是明证。

最后是建议闽浙总督每年在泉州暂驻数月，查办巡防事宜。福建鸦片走私，主要在厦（门）漳（州）泉（州）地区，其中泉州最为猖獗，英国鸦片船只多停泊于此。但这里距省城福州有八九百里之遥，督抚难以控制。祁寯藻等人认为，"泉州为扼要之区"②，"自非大吏亲临，认真督办，难收实功"③，因此建议派能统率军队、负有海防之责的闽浙总督每年到泉州暂驻数月。这样，"或须调兵示武，一切就近督办，地方文武各官，可期振刷精神，众志共奋，不致仍前推诿延玩。其汉奸夷匪，闻风悚动，皆知法在必行，断难售其鬼蜮"④。后来事实证明，总督暂驻泉州的确能达到这一目的，地方文武官员确实在一定程度上振作起来，尤其是对于抗击英国远征军进攻厦门起到了积极的作用。

近代英国是用商品和炮舰来交替开拓市场、牟取暴利的侵略性国家。它建立在近代工业基础上的傲慢毫不逊色于清王朝建立在夷夏之辨传统观念上的傲慢。因此当鸦片贸易因中国的禁烟运动而遭到沉重打击之后，它就凭借其手中的坚船利炮于道光二十年（1840）五月对中国发动了侵略战争。这就是标志着中国近代史开端的鸦片战争。在这场战争中，祁寯藻站在中国人民的反侵略立场上，坚决主张抗击英国侵略者，始终反对妥协投降，为抗击英国的侵略做出了自己的努力。

在鸦片战争的战略大局观上，清朝中央意见分歧，道光帝也时战时和，举棋不定。祁寯藻则始终坚决主张以武力抵抗英国的侵略，反对妥协求和。早在视察福建时，祁寯藻就在积极禁烟的同时大力整顿海防，加紧备战。道光二十年七月，当他听到定海失陷的消息后立即

① （清）文庆等编：《筹办夷务始末》（道光朝）卷11，第1页。
② 中国第一历史档案馆编：《鸦片战争档案史料》第2册，第51页。
③ （清）文庆等编：《筹办夷务始末》（道光朝）卷10，第13页。
④ 同上。

与黄爵滋、邓廷桢等人联名上折，提出了沿海全面防御、处处抵抗的战略思想，指出"以刻下情形而论，定海亟须攻剿，而南北各省沿海防御之策，宜通筹熟计，俾无贻患"①。对英军实际企图一无所知的道光帝听信直隶总督琦善的谗言，罢免了林则徐、邓廷桢等主战派官员，打算通过所谓"羁縻"政策结束这场令他头疼的战争。一时间妥协派在朝中占了上风。在此情况下，祁寯藻根据英军在定海"修挖城河，起筑炮台，缮治马（码）头，开设店铺"等实情，②毅然于当年十一月在满朝议和声中与黄爵滋联名上奏朝廷，指出英军绝对没有单凭惩办林则徐等人就会结束这场战争的诚意，而是想恃强逞凶，通过谈判来逼迫清政府满足他们的欲望。祁寯藻告诫道光帝"断勿仅凭夷人赴粤之言，信其必退，定海稍疏警备"③，并再次提醒道光帝要趁暂时和平之际迅速加强沿海各省的防御能力，指出"即使备而无用，终胜于用而无备也"④，道光帝颇为震动，朱批"所奏甚是"⑤。

道光二十一年（1841）九月，祁寯藻被任命为军机大臣。他入值中枢以后，在朝堂和主张妥协、专以"揣摩以逢主意"⑥为能的首席军机大臣、文华殿大学士穆彰阿，就和战问题发生了多次冲突。《清史稿》称："穆彰阿当国主和议，为海内所丛诟"⑦，"寯藻自道光中论洋务与穆彰阿不合"⑧。祁寯藻主张任用抵抗派林则徐、邓廷桢等人，而穆彰阿则排挤打击抵抗派，重用琦善、耆英等妥协派官员。祁寯藻主战态度极为坚决，甚至当英军占领了南京下关江面，道光帝已决定签署《南京条约》了，他还反对妥协，"伏青蒲哭排其议"⑨。以

① （清）文庆等编：《筹办夷务始末》（道光朝）卷12，第12页。
② 中国第一历史档案馆编：《鸦片战争档案史料》第2册，第597页。
③ 同上书，第598页。
④ 同上。
⑤ 同上书，第599页。
⑥ 《清史稿》第38册，中华书局1977年版，第11417页。
⑦ 同上。
⑧ 同上书，第11676页。
⑨ （清）包世臣：《安吴四种》卷35，台北文海出版社1966年影印本，第22页。

至于有道光帝不敢将批准签订条约的上谕下发给祁寯藻的传闻。① 道光帝最终还是选择了妥协的道路，因为当时祁寯藻"在军机为后进，且汉大臣不能决事"②。

在具体的实践中，祁寯藻在奉命视察闽浙期间，从实际情况出发，积极备战，提出了一些颇有价值的建议，并采取了一些行之有效的措施。

第一，整顿船厂，收缴洋钱。祁寯藻到福建后，发现福建南台福厂存在战船修造草率延迟、管理混乱和偷工减料的严重问题，"自道光六年起至今，积压竟有三十只之多"③。战船不足而且质量低劣，焉能赢得海战？为此，祁寯藻等上奏，请整顿南台福厂，赶制质量可靠的战船。不久，祁寯藻又发现福建漳州和泉州两地行使洋钱，这显然会影响到清政府的财政收入和海防经费的筹集。因此，他下令当地商民于一年内赴官呈缴，并严禁私铸。这两大问题的发现和及时解决，在很大程度上有利于清除福建海防的内在隐患。

第二，建议改福建沿海炮台为炮墩。祁寯藻等到达福建后，看到福建沿海不同于广东沿海，海岸线比较平直，没有内港可守，炮台必须建于海边。由于海边沙滩的质地比较疏松，所以炮台根基不牢固。受这一条件的限制，福建沿海炮台小，炮位少，再加上大炮不能灵活转动，所以不仅不足以控制海面，而且极易受到攻击。因此，祁寯藻与闽浙总督邓廷桢等上折建议改炮台为炮墩。所谓炮墩，就是一种用麻袋装上沙子，层层堆积，再用废旧小渔船船舱向内竖立捆绑在沙袋上而形成的变相炮台。它有这样几个优点：一是节省人力、物力，制作速度极快。因为炮墩设于沿海沙滩，可以就地取沙取船，相比于筑炮台不仅成本低，而且速度快。正因此，厦门周围才能在很短的时间内，"于沿海一带，及对岸之屿仔尾、鼓浪屿等处安设大炮二百六十八门"④，大大增强了火力。二是具有较强的防御能力，敌人的炮弹不

---

① 中国史学会主编：《中国近代史资料丛刊·鸦片战争》第4册，神州国光社1954年版，第543页。

② 同上。

③ 中国第一历史档案馆编：《鸦片战争档案史料》第2册，第101页。

④ （清）文庆等编：《筹办夷务始末》（道光朝）卷14，第19页。

易穿过沙袋而伤及守军。江南道监察御史黎光曙上奏称："兵勇躲在墩后，万无一失。"① 三是对地面条件要求低，可以"何处冲要，即移置何处"②，便于多处设防。台湾的东港、树芩湖、五汊港、鸡笼等地，"或因地偏僻，或因沙埔平远，无险可据，炮台并未建设"。③ 炮墩的出现，填补了这些地区的防御空白，并弥补了清军大炮落后造成的重大缺陷。道光二十年（1840）七月厦门之战的胜利，在很大程度上得益于此。黎光曙在总结这一做法时称："闻去年厦门攻击夷船，络绎施放，击中者只四炮，彼即退避不遑，可见仓猝之际，惟炮多则可望其命中，若少则难必其得手。"④ 直到光绪年间，仍有论者撰文盛赞炮墩的作用，认为"今西夷所创设轮船，势迅锐不可抵御，然于潮落之时、沙浅之地，此法（炮墩）犹可行也。讲海防者不可不知"⑤。

第三，建议朝廷重视海战，制造可与英军抗衡的大船大炮。祁寯藻看到英国军舰不仅坚固，而且舰身大，每舰载炮多达数十门，而中国水师战船却小而简陋，"用之于缉捕则有余，用之于攻击则不足"⑥，无法出海作战，因此奏请在广东、福建、浙江三省迅速添造可载大小炮位三四十门的大船60只，闽、浙并铸四千斤至八千斤的大炮200门，添设于沿海各口。为了获得以节俭著称的道光帝的支持，祁寯藻等人在奏折中特意指出："通计船炮工费，约须银数百万两。臣等亦熟知国家经费有常，岂敢轻言添置？惟当此逆夷猖獗之际，思卫民弭患之方，讵可苟且补苴，致他日转增糜费？且以逆夷每年售卖鸦片，所取中国之财不下数千万两，今若用以筹办战备，所费不敌十分之一，彼则内耗外侵，此则上损下益，权衡轻重，利害昭然。"⑦ 应该说这是一个非常有远见的建议。林则徐、魏源等人也曾要求制造大

① （清）文庆等编：《筹办夷务始末》（道光朝）卷20，第36页。
② 中国第一历史档案馆编：《鸦片战争档案史料》第2册，第80页。
③ （清）姚莹：《东溟文后集》卷4，清同治六年（1867）刊本，第15页。
④ （清）文庆等编：《筹办夷务始末》（道光朝）卷20，第37页。
⑤ （清）陈康祺：《清代史料笔记丛刊·郎潜纪闻初笔、二笔、三笔》上册，中华书局1984年版，第22页。
⑥ 中国第一历史档案馆编：《鸦片战争档案史料》第2册，第196页。
⑦ （清）文庆等编：《筹办夷务始末》（道光朝）卷12，第13页。

船大炮，认为海上作战，"船炮水军万不可少"①，令人遗憾的是，这一极有价值的建议却被道光帝轻易地否定了。祁寯藻这种建造大船大炮、重视海战的思想，已经具有近代海防的朦胧意识。从长远来看，这种意识的意义不可低估。史学家戚其章认为，祁寯藻以及同时代的林则徐、魏源等人的造船建议虽未能被当时的统治者所接受，但是"这次海防运动却开一代风气之渐，对后世的影响与日俱增"②。

第四，呼吁朝廷重视水师人才的培养，破格举荐人才。祁寯藻等在奏折中大声疾呼："各省水师人才甚难，非专门之技不足以收功，非破格之施不足以励众。"③ 清朝定制，总兵可由副将堪当胜任之人充任，而参将、游击、都司、守备等官，例有预保而无特保。祁寯藻等提出，参将等官员"嗣后如有实在熟悉洋面情形，勇敢有为者，可否一律专折具保堪胜，并于折内注明该员出力实绩，以备查核"④。这是一个比较切合实际、能够补救时危的建议。

与此同时，祁寯藻还积极支持和保护抵抗派官员。道光二十年（1840）六七月，英军进攻厦门，时任闽浙总督的邓廷桢率军打退了英军的进攻，上折向朝廷报告战况并保奏立功将士。但是邓廷桢却遭到朝中政敌的诬陷，被说成是虚报战况，欺瞒邀功。于是，道光帝命祁寯藻复查厦门战况，调查实情。当时，邓廷桢和林则徐一道被革职审查，穆彰阿等妥协派已左右了朝政。但是，祁寯藻不畏压力，立即和黄爵滋一起从浙江返回福建，通过认真的实地调查，以确凿的证据证明了邓廷桢所奏属实，并称赞厦门"于沿海港面层层防守，尚属周密"⑤，从而给邓廷桢减少了受诬的"罪名"。

鸦片战争是西方资本主义列强侵略中国把中国变为半殖民地半封建社会的开始，也是中国人民反抗西方列强的侵略、争取民族独立运动的开端。西方国家向中国走私鸦片和中国人民的禁烟则是鸦片战争的前奏。祁寯藻虽然认识不到这一点，但他能自觉地站在维护清王朝

---

① 杨国桢编：《林则徐书简》，福建人民出版社1981年版，第193页
② 戚其章：《晚清海军兴衰史》，人民出版社1998年版，第21页。
③ （清）文庆等编：《筹办夷务始末》（道光朝）卷12，第13页。
④ 同上。
⑤ （清）文庆等编：《筹办夷务始末》（道光朝）卷17，第8页。

统治的立场上，从维护中华民族的独立尊严和中国人民的利益出发，积极主张严禁鸦片，抵抗侵略，并付诸行动。在中国社会即将和刚刚步入近代那个时期，在中国面临着西方列强的鸦片侵略和炮舰侵略的时刻，禁烟和抗战就是那个时代的主题，主张禁烟和抗战就是爱国者，就是那个时代的先进的中国人。祁寯藻做到了这一点，因此他无愧于他所生活的那个时代，他是一位爱国者，理应进入先进的中国人的行列。

本文与白文刚合作，原载《晋阳学刊》2001年第5期。

容闳与近代"西学东渐"

    容闳是中国近代著名社会活动家，他的毕生事业都与中国近代化有着密切关系。本文拟将容闳所从事的近代化事业纳入近代中西文化交流的过程中进行考察。

一

    近代西学输入中国经历了三个层面，一是器物层面，二是制度层面，三是文化层面。容闳是第一个层面即器物层面文化输入中国的重要代表人物。

    中西文化交流源远流长。明末清初，在欧洲宗教斗争中渐处下风的耶稣会教士被迫向中国、美洲发展。耶稣会教士给当时的中国带来了比较先进的天文算学知识。与此同时，中国的传统文化也经过传教士向西方传播，中国儒家思想的合理成分（如宋明理学的理性主义等）为法国启蒙思想家所借鉴。思想家伏尔泰曾由衷地赞美东方文明，称中国史学是一种典范。[①] 这时的中西文化交流是双向性的，既有"西学东渐"，也有"东学西渐"，中西双方各取所需，交流处于一种平衡状态。

    清政府实行闭关锁国的政策后，基督教在中国的活动仅限于澳门一带（容闳即在此接受了早期西方教育），中西文化的交流中断了一

---

    ① ［法］伏尔泰：《风俗论》第 2 册，梁守锵等译，商务印书馆 1995 年版，第 74—75 页。

百多年的时间,"中国学界接近欧化的机会从此错过"①。随着西方资本主义的进一步发展,中西文化的差距逐渐拉大。西方传教士也不再是保守的"耶稣会"教士,而是具有资本主义精神的新教徒。1841年容闳读书的马礼逊学校就是为纪念第一个登陆中国的新教教士马礼逊而建的。1844年签订的《黄埔条约》使西方传教活动变为合法,中断了一百多年的中西文化交流得以继续。但是,近代中西文化交流已失去平衡,主流已成为"西学东渐"。

"西学东渐"是一种文化动态现象。这种现象不仅仅是将西方文化简单地拿来,它涉及有关文化的诸多方面,如怎样评价和发展本位文化,如何处理西方文化和本位文化的关系,如何利用西方文化来对本位文化进行扬弃等许多问题。按汤因比的文化"挑战—回应"模式②,一种文化在遭受到另一种更先进的文化的挑战时,这种文化要想生存就必须回应挑战,回应挑战首先要解决本位文化和外来文化的关系。回应外来文化挑战的态度一般有三种,即文化保守主义、全盘西化和中西文化互补。

中国近代的"西学东渐"就是在这样一种复杂的态势下发生发展的,而容闳就是"西学东渐"的重要代表人物。但是,容闳的"西学东渐"思想与同时代的中国人还有所不同,有着一种相对"超前"的意识,即相对超越同时代人的倾向。这主要是由容闳的独特的经历和文化背景决定的。

容闳出身寒门,不能像富家子弟那样入私塾以"仕进显达"③,他的家乡距澳门很近,社会风气比较开放,他自然而然地受到外来文化的影响。1835年,容闳入教会学校读书,开始接受西方教育。1847年,在勃朗先生的帮助下,容闳等3人负笈西游,正式接受西方教育。1850年,容闳考取美国著名的耶鲁大学。当时的读书费用非常昂贵,虽然容闳不名一文,但还是拒绝了其母校孟松学校以终身当传

① 梁启超:《中国近三百年学术史》,中国书店1985年影印本,第19页。
② [英]汤因比:《历史研究》上册,曹未风等译,上海人民出版社1966年版,第74页。
③ (清)容闳:《走向世界丛书·西学东渐记》,徐凤石、郓铁樵译,岳麓书社1985年版,第70页。

教士为条件的资助。当时容闳已成为基督教徒，但他对宗教事业能否造福中国却持怀疑态度。他曾回忆当时的心情："予虽贫，自由所固有。他日竟学，无论何业，将择其最有益于中国者为之。纵政府不用，不必遂大有为，要亦不难造一新时势，以竟吾素志。"① 容闳所说"要造一新时势"就是他后来进行的洋务事业和留学生事业，由此可知容闳的"西学东渐"思想在此时就已初步形成。

容闳在耶鲁大学求学期间，时时关注着中国的时局。他认为中国贫穷落后的根本原因在于腐败，"所谓政府者，乃完全成为一极大之欺诈机关矣"②。但中国百姓却愚昧无知，因为"在彼未受教育之人，亦转毫无感觉，初不知其为痛苦与压制也"③。而要唤醒他们，则只能将西方的学术灌输给他们。1854 年容闳在毕业时将这种思想很清晰地表达为"将西方之学术，灌输于中国，使中国日趋文明富强之境"。而且容闳"后来之事业，盖皆以此为标准，专心致志以为之"④。

容闳的个人经历和同时代人相比，无疑有太多差别。由于长期接受西方教育，他对祖国文化所知寥寥。正因为他不太了解祖国的传统文化，他也就不可能背上太重的传统包袱。容闳回国之初，对整个清王朝落后的了解，也仅仅达到"机关腐败"的程度，并没有从根本上对封建制度进行研究和批判。再者，与同时代人相比，容闳的爱国主义思想发生的原因也不尽相同。冯桂芬、王韬、严复等人亲身经历了祖国丧权辱国的痛苦，对西方有一种本能的抵制或敌视。容闳的爱国思想更主要的是从资产阶级自由平等观的基础上阐发的。容闳从小接受西方教育，自由、平等的观念对他来说是根深蒂固的，西方人在他的眼中并不可怕，在他的思想中根本不存在"华夷之大防"的观念，所以他能毫无顾忌地引进西方文明，发展中国的近代化事业。

---

① （清）容闳：《走向世界丛书·西学东渐记》，徐凤石、郓铁樵译，第 58 页。
② 同上书，第 98 页。
③ 同上书，第 61 页。
④ 同上书，第 62 页。

二

容闳一生都以"西学东渐"为己任，但当时中国风气未开，仅仅依靠个人的力量难以实现自己的计划。寻找政治上的靠山，依靠他们来推动"西学东渐"是容闳能采取的唯一办法。

容闳首先将希望寄托于太平天国。容闳出身贫寒，感情上容易和太平天国接近。归国伊始，因为受广东巡抚叶名琛滥杀无辜的刺激，容闳当时就"许太平天国之举动为正当"，"乃几欲起而为之响应"①。1860年末，容闳冒险和两个美国传教士进入太平天国控制区域进行考察，他在香港时的旧相识、太平天国干王洪仁玕接待了他们。为了推行自己的计划，容闳向洪仁玕提出了七条建议，并坦言如果太平天国能实施这项计划，他"愿为马前走卒"②，但并未引起重视。其实，在容闳之前，洪仁玕就已提出过《资政新篇》，其中内容也多与容闳的"七条建议"相合，但也未见实施。当时太平天国处于与清政府的战争之中，战事紧张，根本无暇顾及这些改革方案。

太平天国之行使容闳失望至极，他转而投向了正在兴办洋务的洋务派官僚。洋务派官僚的支持是容闳推行"西学东渐"最大的政治保证。曾国藩和李鸿章都非常赏识容闳，容闳购回机器局所需的机器后，曾国藩称赞容闳为"中国可造之才"③，李鸿章也认为容闳对"洋学及西国律法探讨颇深"④。容闳的确与洋务派有许多相同之处，他在洋务派官僚的支持下做了不少事情。但他与洋务派毕竟不是同路人，他走的是"将西方学术灌输于中国"的近似于全盘西化的道路，而洋务派强调的是将西学仅仅限制在器物层面。由于思想上的分歧，容闳和洋务派最终走向了决裂。甲午中日战争以后，容闳的救亡道路有了一定的变化。他开始注重政权的建设，亲自参加了资产阶级的戊

---

① 《叶依曲尔牧师的演讲》，（清）容闳《走向世界丛书·西学东渐记·附录》，徐凤石、郓铁樵译。

② （清）容闳：《走向世界丛书·西学东渐记》，徐凤石、郓铁樵译，第94页。

③ 汪世荣编：《曾国藩未刊信稿》，中华书局1959年版，第264—265页。

④ （清）吴汝伦编：《李文忠公全书·译署函稿》卷3，清光绪刊本，第34页。

戊维新运动和辛亥资产阶级革命斗争，他的改良事业逐步让位于政治斗争。

从 1860 年到 1898 年，容闳不遗余力地进行他的"西学东渐"事业。这个事业是从向中国输入物质文明开始的。1863 年曾国藩就有关建立机器局的问题向容闳咨询，容闳趁机向曾国藩提出制造"制器之器"的主张，即"此厂当有制造机器之机器，以立一切制造厂之基础也"①。"制器之器"的主张无疑开阔了洋务派的眼界，对当时中国最大的军事工厂江南制造总局的出现具有重大的意义。1864 年，容闳漂洋过海，远赴美国购买机器。这是中国第一次大规模地引进西方先进的近代机器，为中国的近代化事业奠定了一定基础。1867 年，容闳向曾国藩等人提出建立华商轮船公司的建议，并拟定了公司章程。公司的具体运作完全仿照西方的企业制度，严格限制外商参股。由于得不到洋务派的有力支持，轮船公司的建议未能付诸实施，但以后轮船招商局的设立，许多方面取法于此。同年，容闳在上曾国藩的条陈中提出了修筑铁路的建议，但是未引起曾国藩的注意。

容闳在给太平天国的七条建议中提到军事教育、实业教育和民众教育等西方先进的教育制度，认为西方教育是"西方文明的表征"②，是改变中国民风的重要手段，所以极力推崇提倡。1867 年，容闳建议在江南制造总局附设一所"机械学校"，以培养近代工程技术人才，1873 年又在自己的家乡办了一所"容氏甄贤学校"，来促进家乡教育的发展。留学生事业在容闳一生的事业中占有十分重要的位置，他认为自己"苦心孤诣地完成派遣留学生计划，这是我对中国永恒的爱的表现，也是我认为改革和复兴中国的可为的切实可行的办法"③。经过容闳的多方努力，中国近代第一批公费留学生于 1872 年终于成行。按当时洋务派官僚的要求，不过是要这些留美幼童"学习军政、历算、制造"，以收"长远之效"④。但是，"这些呼吸自由独立空气的

<hr/>

① （清）容闳：《走向世界丛书·西学东渐记》，徐凤石、郓铁樵译，第 111 页。
② 同上书，第 39 页。
③ 同上。
④ （清）张寿镛等纂：《皇朝掌故汇编》卷 29，清光绪刊本，第 1 页。

幼童完全'美化'（Americanized）了"，"他们迅速接受了美国的观念及理想（American idea and ideals），这些对他们终生影响至大"①。虽然清政府于1881年将留美学生撤回国内，但是这次留学活动却为中国培养了一批近代科技人才。舒新城曾说："无容闳虽不能一定说中国无留学生，即有也不会如斯之早，而且派遣方式也许是另一个样子。"②

三

容闳以他自己独特的眼光提出了"西学东渐"的思想，即"将西方之学术灌输于中国，使中国日趋于文明富强之境"。后来梁漱溟、陶行知等人的教育救国思想就是容闳这种思想的继续和发展。"教育救国"和同时代的"实业救国""商战思想"一样，都是那个时代救亡图存的产物。这些思想都没有注重政权的建设，不懂得建立资本主义制度是实施这些思想的先决条件。尽管如此，这些思想及其实践给中国带来了许多新的先进的东西，尤其是容闳的"西学东渐"事业，促进了中国近代化的发生和发展。

容闳无疑是近代"西学东渐"过程中，尤其是器物层面文化输入的最重要的人物，他提倡建立银行制度，建立近代海军，实施近代教育，制造"制器之器"，建议创设轮船公司，建议开矿修路等，使器物层面文化输入的内容已非常全面，为过渡到下一个层面即制度层面打下了一定的基础。当然，容闳的"西学东渐"并不仅仅限于器物层面。作为一个深受西方资本主义教育的资产阶级知识分子，容闳的"西学东渐"有超越器物层面的倾向。1872—1881年派遣留学生的事业，就是他向制度文化层面迈进的尝试，他的本意是要培养一批精通西方文化的精英，而派遣留学生的事业也确实培养了一批近代人才，同时开了近代留学的风气。大批近代归国留学生不仅从西方学到了先进的科学技术，也学到了西方先进的资产阶级政治制度，他们把所学

---

① 温秉忠：《走向世界丛书·一个留美幼童的回忆》，岳麓书社1985年版，第32页。
② 舒新城：《近代中国留学史》，上海文化出版社1989年影印本，第2页。

到的这些先进的知识都带回了中国，并在一定程度上用于实践。

容闳在向中国输入"西学"的过程中，完全套用了"全盘西化"的模式，而忽略了中国传统文化在"西学东渐"过程中的影响。他曾对中国传统文化这样评价："中国二千年历史，如其文化，常陈陈相因，乏新颖趣味，亦无英雄豪杰，创立不世伟业，以增历史精神。"①他因缺乏了解而对本土文化采取的这种轻视态度，使他不同于与他同时代的中国人，从而能够毫无顾忌地进行他的"西学东渐"事业。也正因为如此，容闳对中国传统文化并没有深刻的认识，也就不可能批判地继承中国传统文化，就不可能正确地处理西方文化与中国传统文化的关系。容闳的"全盘西化"毕竟"曲高和寡"，因此他最终也没有全部完成他的"西学东渐"计划。这个艰巨的任务就留给了比他晚三十年出国留学的严复等人。

容闳和严复都是那个时代的留学生，都对中国近代化的发展起到了推动作用，但两个人所走的道路却不尽相同。

容闳从"将西学灌输于中国"入手，向中国输入西方的物质文明和精神文明，使中国日趋文明富强。严复却将这些东西视为"标"。他说："然则治标奈何？练兵乎，筹饷乎，开矿乎，通铁道乎，兴商务乎，曰是皆可为有其本则皆立，无其本则终废。"②"本"就是西方的政治制度，只有建立了资本主义的政治制度，才能真正进行各项近代化事业。无疑，严复的启蒙思想要比容闳的"西学东渐"深刻得多。

容闳在国外的游学时间要比严复长得多，理应对西方有更为深刻的了解，但他的文化背景和游学经历却限制了他思想的发展。容闳在美国所受到的教育带有太多的学院色彩。美国南北战争之前，耶鲁、哈佛等国立大学仍力图保持大学的传统性质（古典性而非实用性），这样就使这些大学的毕业生不太重视政治、科技等实用科学，而过多地重视文学写作。③ 在这种背景熏陶下的容闳，自然对文化的重视要

① （清）容闳：《走向世界丛书·西学东渐记》，徐凤石、郯铁樵译，第39页。

② （清）严复：《原强》，天津《直报》1895年3月4—9日。

③ 滕大春：《美国教育史》，人民教育出版社1994年版，第216—228页。

超过对政治的重视。严复则是另一种情况。他精通中国传统文化,其传统文化的功底"骎骎乎可比于先周诸子"。他留学的英国当时正是达尔文"进化论"思想最盛行的时期,欧洲大陆近代政治的发展更是美国难以相比的。严复等人就在容闳等人西学输入器物层面的基础上,使"西学东渐"发展到了制度层面,从而促进了中国维新运动的发生和发展。

中国近代的"西学东渐",就是在以容闳、严复等人为代表的爱国者的努力下逐步发展的,而容闳的事业则具有披荆斩棘的开路作用。

本文与周山仁合作,系提交"纪念容闳诞辰 170 周年'容闳与中国近代化'国际学术研讨会"论文,原载《山西大学学报》1999 年第 3 期,收入论文集《容闳与中国近代化》(吴文莱主编,珠海出版社 1999 年版)。

容闳与中国教育近代化

作为中国近代第一个系统地接受过西方教育的资产阶级知识分子，容闳以教育救国为己任，为之进行了不懈的努力，对中国教育近代化的发生和发展做出了巨大的贡献。本文即拟对此问题略作探讨。

一

19世纪中叶，当时的中国在清政府的统治下，政治腐败，经济衰退，文化落后，与经济繁荣、文化教育蓬勃发展的美国形成了鲜明的对照。封建主义与资本主义两种社会之间的强烈反差，深深地刺痛了正在美国求学的容闳。他曾说，他在耶鲁大学读书期间，"中国之腐败情形，时触予怀，迨末年而尤甚"①。作为一个爱国知识分子，容闳本能地担负起救国救民的责任，"以冀生平所学，得以见诸实用"。他所要报国的方式就是促进中国近代的"西学东渐"，促进中国的近代化，主要是促使中国教育近代化的发生和发展。

容闳在美国求学时期，正是美国新文化萌芽复兴时期，举国上下都在狠抓教育。多年的耳闻目睹和亲身经历，使容闳认识到封建教育"久处专制压力之下，习于服从性质，故绝无自由之精神与活泼之思想"，缺乏创造性，中国社会难以迅速发展。所以，他坚持"以西方之学术，灌输于中国，使中国日趋于富强文明之境"。为了实现这个目标，他一生始终不懈地做了最大的努力。他认为要将西方文明输入

① （清）容闳：《走向世界丛书·西学东渐记》，徐凤石、郓铁樵译，岳麓书社1985年版，第61页。

中国，就必须培养一大批懂得"西方之学术"的人才，而要培养这类人才，最快捷的办法无疑是直接向西方先进的资本主义国家派遣留学生。因此，他把派遣留学生看成"改革和复兴中国的最为切实可行的办法"，并说这是他"对中国永恒的爱的表现"。在当时风气未开的中国，容闳首先提出了向西方国家派遣留学生的主张，提出了派遣出洋留学的计划，非常难能可贵，虽几经挫折，但他始终不懈。

1855年，容闳在广州找到美国驻华特派员伯驾，希望通过他能结识中国上层人物，来派遣留学生，但是没有成功。接着，他又前往香港，寻求机会来实施他的教育计划，却仍无结果。1856年至1860年，容闳先后在上海、天京等地向清朝官吏、社会名流，乃至太平天国的领导人，谋求派遣留学或创办学校，但也都以失败告终。多次的失败，迫使容闳不得不调整自己的教育计划。但是，从1861年到1863年的经商活动，使他对自己的这种想法产生了怀疑。而也就在此时，一个偶然的机会给容闳实现自己的教育计划带来了一丝希望。1863年，容闳进入两江总督曾国藩的幕府。曾国藩为了筹建江南制造总局，委派容闳赴美国选购机器。容闳圆满完成了这项任务，深得曾国藩的信任。1867年，容闳便向曾国藩建议在江南制造总局附设一所机械学校，曾国藩采纳了这项建议。这所学校翻译、引进了一批西方近代科技书籍，培养出了近代中国第一代掌握近代科学技术的科技人才。容闳高兴地说这是他"小试其锋"。

1868年，容闳通过的他的老友时任江苏巡抚的丁日昌向清廷上了一份条陈。在这份条陈中，容闳提出四条建议：一是组织合资汽船公司，二是派遣留学生，三是开采矿藏，四是禁止教会干涉人民词讼。在这四条建议中，"第一、三、四特做为陪衬，眼光所注而必望其成者，自在第二条"①。在第二条中，容闳指出派遣留学的目的在于"为国家储备人才"，留学生的人数"初次可选定一百二十名额以试行之"，派遣方法"分为四批，按年递派"，"留学期限，定为十五年，学生年龄，须以十二岁至十五岁为度"。此外，他还对留学生的管理、学习内容和经费等问题，都提出了具体的建议。但是，由于转

① （清）邵之棠辑：《皇朝经世文统编》卷1，清光绪刊本，第61页。

奏这份条陈的协办大学士户部左侍郎文祥丁忧回籍而未递到清廷，更追谈实施了。容闳得此消息，如同兜头一盆冷水，"心意都灰"。

1870 年，曾国藩北上天津办理教案，容闳以翻译身份随行。在此期间，容闳再次鼓动丁日昌去说服曾国藩派遣留学生。曾国藩就与李鸿章联名上奏清廷，"拟选聪颖幼童送赴泰西各国书院学习"[①]，得到了清廷的批准。容闳"喜而不寐，竟眼开如夜鹰"。在选派第一批留学生时，容闳具体承办了有关事宜，并任留学生副监督。留学生去美国以后，容闳负责处理了全部的涉美事务，对留学生饮食起居、学校都做了周密的安排。[②] 1881 年夏，清政府决定将留美学生全部撤回。容闳闻讯，四处奔走，联络好友，请耶鲁大学校长执笔上书总理衙门，请求不要撤回这些留学生。但是，清政府却置之不理，执意撤回了全部留学生。至此，容闳派遣留学生的教育计划中途夭折。

在容闳的整个教育活动中，倡导和实施留学教育占有极其重要的地位，是他整个教育计划的核心。他自己认为这是他一生中的"最大事业"，"报国之唯一政策"。虽然容闳的留学生计划未圆满完成，但是这批留美学生在美国接受了西方的近代教育，参与各种文体活动，丰富了他们的知识，活跃了他们的思想。回国以后，他们在各自的专业方面做出了贡献，直接推动了中国社会的发展。在中国近代教育史上，这次派遣留学生活动开了留学教育的先河，也为日后轰轰烈烈的持续不断的留学运动奠定了基础。

二

在中国传统的封建教育中，封建统治者倡办教育的基本的也是最主要的目的就是为封建统治服务，教育过程中所采取和运用的一切措施手段，都是为这个目的服务的。数千年来，这个教育所培养的标准人才，就是适于封建统治需要的被称作"士"的人才。鸦片战争以

---

① （清）北洋洋务局编：《约章成案汇览》卷22，清光绪刊本，第16页。

② 舒新成编：《中国近代教育史资料》上册，人民教育出版社1961年版，第191—194页。

后，一些开明的封建官僚和地主士绅，从维护封建统治出发，倡导向西方学习，但他们仍然坚持以"明君臣之纲"为核心的"中学为体，西学为用"教育宗旨。他们以固守封建传统为立足点，向西方学习也只局限于"器物"层面，教育的目的仍然是培养适应封建统治需要的"君子""士人"，或其他深悟封建之"道"的专门人才。容闳则以民族振兴、国家富强为出发点，积极倡导培养应用人才。在容闳的教育计划中，清楚地表明了容闳对"西方之学术"的重视，说明在实现国家的"文明富强"过程中，可以不以争辩"体用"之别为由，而以追求实现最终的国家富强为基本宗旨。容闳这种通过实施和加强教育来达到国家富强的思想，可以说是中国"教育救国"的最先声。

在教育目的上，容闳认为应该培养学生的高尚品格。这种品格充满了资产阶级所追求的"自由、平等、博爱"，与封建"士人"的"仁义礼信"的品格迥然相异。他认为教师对学生应平等相待，关怀备至，从而在教育过程中融入平等的思想观念，进而达到开阔学生思维、促进学习知识技能的目的，反对中国传统的教师讲学生听的讲授模式。所以，容闳非常推崇英国教育家托马斯·阿诺尔德的教育主张，相信阿诺尔德的教育能培养学生形成高尚的"优美之品格"，反对那种只向学生传授知识，不重视品格教育，"使学生成一能行之百科全书，或一具有灵性之鹦鹉耳"。

在教育实践上，容闳也要求学生既要有丰富的知识，又要有"优美之品格"。美国人评价他所监管的赴美留学生"成绩极佳"，"论其道德，尤无一人不优美、高尚"。他的这种教育目的，在对留学生的思想变化的认识上，就清楚地表明："况彼等既离去故国而来此，终日饱吸自由空气，其平昔性灵上所受极重之压力，一旦排空飞去，言论思想……不复安行矩步。"① 而当时国内的洋务派官僚曾国藩还把派遣留学生的目的仅仅局限于"窃器物之术"。可见两者之间的巨大差距。

---

① （清）容闳：《走向世界丛书·西学东渐记》，徐凤石、郓铁樵译，第137页。

三

在中国长期的封建社会中,教育内容主要是腐朽空泛的经书礼仪。即使是在鸦片战争以后,国人开始向西方学习一些实用技术,但在 19 世纪 60 年代还主要局限于国防军事范围。容闳 1855 年由美回国后,几度奔波都没有找到实现自己教育计划的机会,于 1860 年进入太平天国控制的区域进行考察。他在向太平天国所上的建议中,提出建立海军学校、武备学校和实业学校。这里,他突破了国防军事范围,涉及有关经济的实业学校。1867 年,他又向曾国藩建议并在江南制造总局建成了一所机械学校。在留学教育中,容闳所监管留美学生的所学科目,也着重于军政、船政、制造等实用专业,培养出了像詹天佑、欧阳赓这样的实用人才。

在提倡和采用新的教育内容的同时,容闳在教学的方式和方法上有他的独到之处。他把学校建在工厂附近,让教师"授以机器工程上之理论与实验"[①],研究成果直接应用在生产实践中。容闳还建议把修建铁路和开办铁路学校结合起来,"凡测量、绘图、使车、制料等事,均宜选聪颖子弟习学,以为造就人材地步"[②]。在实践中培养和锻炼人才,不失为科技人才不足的国家的一种行之有效的教育方式,至今仍然有现实意义。

容闳在 1860 年给太平天国的建议中,提出颁定各级学校教育制度,分班、分年级教学,这是第一个要改变中国传统的学堂、书院制的建议。引入西方按学生生理、心理特点分级授课,既有利于学生身心发展,又能扩大受教育人数,为后来中国各种学制的颁布奠定了基础。

在教育的对象上,容闳比较重视女子教育。他认为女子应当与男

---

① (清)容闳:《走向世界丛书·西学东渐记》,徐凤石、郓铁樵译,第 120 页。

② 中国史学会主编:《中国近代史资料丛刊·戊戌变法》第 2 册,上海人民出版社 1957 年版,第 306 页。

子一样受到重视，曾说这是"有关国家根本大计"而不能"迁远忽之"①。把女子教育与国家利益联系起来，这种思想在当时是极其难能可贵的。因为它冲破了"女子无才便是德"的封建道德观念，为女学的兴起大造舆论。容闳还提倡平民教育，提出应建立各类各级学校。他认为"他日中国教育普及，人人咸解公权私权之意义，尔时无论何人，有敢侵害其权利者，必有胆力起而自卫矣"②。在这里，表现了容闳对教育作用的认识。他认为教育能唤醒民族和民主意识，能唤起人们保卫国家和个人利益的意识。

纵观容闳的一生，他把教育救国当作自己的理想目标，并为此进行了不懈的追求，历经艰难，始终不渝。在教育理论上，他提出了迥异于传统封建教育的近代西方先进教育理论；在教育实践上，他促成并带领中国近代第一批留学生赴美留学。他的教育思想和教育活动促进了中国教育的近代化的发生和发展，在中国教育史上留下重重的一笔。

本文与陈旭清合作，系提交"纪念容闳诞辰 170 周年'容闳与中国近代化'国际学术研讨会"论文，收入论文集《容闳与中国近代化》（吴文莱主编，珠海出版社 1999 年版）。

---

① 《太平洋报》1912 年 7 月 29 日。
② （清）容闳：《走向世界丛书·西学东渐记》，徐凤石、郓铁樵译，第 77 页。

革新与图治：略论总理衙门
时期的徐继畬（1865—1869）

作为近代中国历史上最早启蒙国人认识世界的先行者，徐继畬堪与林则徐、魏源齐名。学术界对徐继畬在福建沿海地区的对外交涉及其著作《瀛寰志略》的内容多有研究，成果颇丰。本文则主要考察徐继畬在总理各国事务衙门任职时期的情况，以期丰富徐继畬的研究。

一　十三年沉寂之后的再度起用：
入值总理衙门

19世纪60年代初总理各国事务衙门的设立，既是清朝中央政权历经二十年的刺激与冲击被动地进行政治机构调整的产物，又是具有进步思想的国家高级官员主动寻求与西方协调并渐次构建近代外交的尝试，其中当以恭亲王奕䜣、大学士桂良和户部左侍郎文祥为代表。在他们看来，总理各国事务衙门设立的初衷主要是"近年各路军报络绎，外国事务头绪纷繁，驻京之后，若不悉心经理，专一其事，必至办理延缓，未能悉协机宜。请设总理各国事务衙门，以王大臣领之，军机大臣承书谕旨，非兼领其事恐有歧误，请一并兼管"[1]。从这个意义上说，总理衙门的设立是仿照军机处但又独立于军机处之外的一种新式机构，服务于其中的人员理所当然的应具有新式思维。徐继畬入值总理衙门应该说与他的新式思维有一定关系。

---

[1]　（清）贾桢等编：《筹办夷务始末》（咸丰朝）第8册，中华书局1979年版，第2675—2676页。

徐继畬的思变求新来源于他在福建主持两口通商事务的经历。"（徐继畬）久驻岭表，熟悉敌情，得其要领。"① 在对外事务和涉外纠纷的处理手腕和才干上，深得闽浙总督刘韵珂的肯定："（徐继畬）熟悉八闽利弊，洞晓各夷情伪，遇事熟筹密商。……夷性偏执，非其习好相信之人，竟难冀其听受，是以抚臣郑祖琛到任已及半载，英夷领事从未禀陈一事，亦绝不至署请谒。而事无巨细，无不求地方官带赴藩署商议，一经徐继畬相机开导，靡不帖然悦服。"② 不仅如此，与徐继畬有交往的外国传教士对其也颇为推崇："在对世界各种各样的情况的了解上，在思想的解放程度上，该省代理巡抚（徐继畬）都远远超过当地政府其他任何官员……他比他的国人要进步得多。在与英国领事交往时，他提到欧洲现代史上许多著名事件，表明他对整个欧洲政界事务有全面的了解。"③ 这种对于外交事务的通达了解，为徐继畬沉寂十三年之后的东山再起提供了重要基点。

清廷于同治四年十月初三日（1865 年 11 月 20 日）发布上谕："前任太仆寺少卿徐继畬，著以三品京堂候补，在总理各国事务衙门行走。"④ 一般而言，总理各国事务衙门大臣上行走需由"内阁部院满汉京堂内特简"⑤，为给予徐继畬以合法身份，便不得不赐其以三品京堂候补的殊荣。对此，徐继畬自己也甚感意外："前者朝廷查办废员，虽蒙恩铨出，调取引见，而自顾衰庸，断不作出山之想。不料本年闰五月间忽奉陛见之旨，不敢复辞，勉强扶病入京，遂入此无了休之局。年逾七十，乃复作春梦婆，知必为海内高人所笑。"⑥ 如果说徐

---

① （清）曾国荃等修：《山西通志》，顾廷龙主编《续修四库全书》第 645 册，上海古籍出版社 2002 年版，第 81 页。

② 蒋廷黻编：《筹办夷务始末补遗》第 4 册，北京大学出版社 1988 年版，第 393—394 页。

③ ［美］德雷克：《徐继畬及其瀛寰志略》，任复兴译，文津出版社 1990 年版，第 34 页。

④ 《清实录》第 48 册，中华书局 1987 年影印本，第 640 页。

⑤ 刘锦藻撰：《清朝续文献通考》第 2 册，商务印书馆中华民国二十五年（1936）版，第 8778 页。

⑥ 方闻编：《清徐松龛先生继畬年谱》，王云五主编《新编中国名人年谱集成》第 17 辑，商务印书馆 1982 年版，第 271 页。

继畬因政见分歧被迫落职归乡被西方人士比拟作"东方的伽利略"（两者的相似之处在于皆因维护真理而遭受打击），那么徐继畬的起用无疑是他们所乐意见到的："前福建巡抚徐继畬由于地理知识丰富，得以进入衙门任职。……他的复出是好的迹象，尽管他的考古学不无错误。Dans le royaume des aveugles, les borgnes, les borghes sont rois（法语：举国皆盲人，独眼称大王）。"①

徐继畬入职总理衙门，起初作用并不显著，甚至可以说是默默无闻。这在某种程度上与总理衙门的行政管理方式有关。"总署的组织类似于合议制的委员会"，"（总署大臣）个人的职权在原则上以管理为主，其余并未明定差异；一般是通过会商的形式来解决"②。不难看出，对于需要解决的事项，一般由全体大臣共同会商，联衔上奏或咨会相关部院。但晚清官场陋规的存在，使得在实际的操作过程中不免有些偏颇。"中国总理衙门，其规矩与欧洲各国之外部，迥然不同。……虽事权不一，然大臣仍不敢各抒己见。每使臣发一议论，则各人以自相视，大臣视亲王，新入署之大臣，又视旧在署之大臣。若亲王一发言，则各人轰然响应，亦莫非是言。若亲王不言，诸大臣必不敢先言也。"③ 相对于总理衙门设立之初的元老，徐继畬的资格无疑不太足够，在其任职的五年里，排名一直较为靠后，详见下表。

徐继畬在总理衙门供职时（1865—1869 年）的同僚姓名表

年份	姓名（按原表排名先后顺序）
同治四年（1865）	奕䜣、文祥、崇伦、恒祺、宝鋆、董恂、薛焕、徐继畬、谭廷襄
同治五年（1866）	奕䜣、文祥、崇伦、恒祺、宝鋆、董恂、薛焕、徐继畬、谭廷襄
同治六年（1867）	奕䜣、文祥、宝鋆、董恂、薛焕、徐继畬、谭廷襄、倭仁（未到任）
同治七年（1868）	奕䜣、文祥、崇伦、宝鋆、董恂、薛焕、谭廷襄、徐继畬
同治八年（1869）	奕䜣、文祥、崇伦、宝鋆、董恂、薛焕、谭廷襄、徐继畬

资料来源：钱实甫编：《清季新设职官年表》，中华书局1961年版，第65—69页。

---

① ［美］丁韪良：《花甲忆记——一位美国传教士眼中的晚清帝国》，沈弘等译，广西师范大学出版社2004年版，第230页。

② 钱实甫：《清代的外交机关》，生活·读书·新知三联书店1959年版，第157页。

③ 孟深等编：《清代野史》，中国人民大学出版社2006年版，第600页。

对于此种顺序，钱实甫在其专著《清代的外交机关》中解释："总署大臣中因有管理的皇族在内，自然便居于领袖的地位，和军机处的没有明确首长方式不同。其他大臣（学习行走不计）的挂名，大致以任命时间的先后为序，这又和军机大臣相同。"① 钱说颇有道理，但无法解释同治七年和八年徐继畬与谭廷襄顺序的前后改变。惜资料限制，笔者亦未找寻到充分证据，不能不说是一种遗憾。

二 "爱屋及乌"式的重印：《瀛寰志略》价值的凸显

如果说徐继畬入职总理衙门是其政治生命的重新开始，那么与身份的提升所伴随的则是学术地位的凸显——《瀛寰志略》在总理衙门重印且被列为同文馆的教科书便不足为怪。《瀛寰志略》付梓于道光二十八年（1848），徐继畬力著此书主要着眼于"综古今之沿革，详形势之变迁，凡列国之强弱盛衰，治乱理忽"②。从某种程度上来说，这可以说是早期系统地介绍国外史地知识的权威著作。这种权威当来自徐继畬孜孜不倦的好学精神和严谨科学的学术态度："荟萃采择，得片纸亦存录勿弃。每晤泰西人，辄披册子考证之，于域外诸国地形时势，稍稍得其涯略，乃依图立说，采诸书之可信者，衍之为篇，久之积成卷帙。每得一书，或有新闻，辄窜改增补，稿凡数十易。自癸卯至今，五阅寒暑，公事之余，惟以此为消遣，未尝一日辍也。"③ 按理说，《瀛寰志略》振聋发聩的价值应当受到国家精英阶层至少是致力于向西方学习的知识分子的肯定。但实际情况不是这样。

徐继畬在著述《瀛寰志略》时，曾将草稿示其友人以听取意见。知交好友张穆就对此表示出委婉的不满："春秋之例，最严内外之词。执事以控驭华夷大臣而谈海外异闻，不妨以彼国信史，姑作共和存疑

---

① 钱实甫：《清代的外交机关》，第157页。
② （清）王韬：《弢园文录外编》，上海书店出版社2002年版，第226页。
③ （清）徐继畬：《瀛寰志略》，上海书店出版社2001年版，第6页。

之论。进退抑扬之际，尤宜慎权语助，以示区别。"① 守旧分子的反对更是偏激："（徐继畬）轻信夷书，动涉铺张扬厉。泰西诸夷酋，皆加以雄武贤明之目。佛英两国，后先令辟，辉耀简编，几如圣贤之君六七作。……似一意为泰西声势者，轻重失伦，尤伤国体。况以封疆重臣，著书宣示，为域外观，何不检至是耶！"②《瀛寰志略》面临的这种受抵制的遭遇，有深刻的历史渊源。徐继畬所宣扬的先进文化，冲破了传统的以君权为中心，华夷有别的等级名分制度，超越了当时坐井观天的知识分子的理解能力。这正如德雷克所说："因为他对中国之外世界的开明观点，摇撼着中国文化至高无上的传统观念，他变成了守旧的反动派的靶子。"③《瀛寰志略》的价值便被淹没在盲目的叫嚣与反对声中，以致造成"罕行世，见者亦不之重"的后果。④

这种情况直到 19 世纪 60 年代才有所改变。"经过欧洲列强的第二次战争，那些改革的对立势力再不能保持长期的优势地位了。徐继畬关于中国需要处理好与新世界的关系的意见，终于拨动了 19 世纪60 年代改革派政治家们的心弦"⑤。同治五年（1966），得李鸿章、沈桂芬等人赞同，徐继畬同僚董恂奏准，由总理衙门重新刻印《瀛寰志略》，"同治乙丑（1865 年）继畬应召进呈，板入内府，今都城有翻刻本，上海有缩刻本"⑥。与此同时，《瀛寰志略》亦被同文馆用作教科书，成为了解世界形势和国际关系的必读之书。这本"19 世纪 40年代就出版的简明扼要介绍世界知识和国家管理学的著作，终于赢得了广泛的承认和尊敬"⑦。"中外刊布，群奉为指南。"⑧ 但这种迟来的《瀛寰志略》潮流，让人在庆幸之余不免感到沉重的遗憾："如果当

---

① （清）张穆：《㐆斋文集》，顾廷龙主编《续修四库全书》第 1532 册，第 269 页。

② （清）李慈铭撰：《越缦堂读书记》，商务印书馆 1959 年版，第 480—481 页。

③ ［美］德雷克：《徐继畬及其瀛寰志略》，任复兴译，第 2 页。

④ （清）徐继畬：《松龛先生全集》，沈云龙主编《近代中国史料丛刊续辑》第 411 册，台北文海出版社 1977 年版，第 2 页。

⑤ ［美］德雷克：《徐继畬及其瀛寰志略》，任复兴译，第 4 页。

⑥ 潘振平：《瀛环志略研究》，《近代史研究》1988 年第 4 期。

⑦ ［美］德雷克：《徐继畬及其瀛寰志略》，任复兴译，第 4 页。

⑧ （清）徐继畬：《松龛先生全集》，沈云龙主编《近代中国史料丛刊续辑》第 412 册，台北文海出版社 1977 年版，第 701 页。

年（1948 年）他对中国面临的新形势的理解能在皇朝和官僚主义化的领导阶层中推行得更广，中国也许能避免在'现代化'进程中丧失十年时间，避免伴随着缺乏准备的急速转变而产生的某些极度痛苦。"① 而在与中国一衣带水的日本，曾于 1859 年和 1861 年两次翻刻《瀛寰志略》。日本学者大古敏夫在他的文章中说："《志略》继《图志》之后，传入幕府末期的日本，日本人用日文译注了《志略》，普及到一般人中间。如果说，幕府末期的地理说特别是有关东南洋的知识，是出于《志略》之赐，那也并非过甚其词。"②

郭剑化先生在《〈瀛寰志略〉近代化思想析》文中认为："事实上，以同治五年总理各国事务衙门重版发行为转折点，《瀛寰志略》日益成为所有追求新知识的中国人的必读书。"③ 作为晚清政府第一位走出国门的国家官员斌椿，他在出国时就带着好友徐继畬赠送的《瀛寰志略》。此后，出洋考察或充当使节的中国官员大多随身携有《瀛寰志略》，以便查阅。且"昔时译署翻书，人地国名，皆取准于《瀛寰志略》"④。薛福成出使英国、法国、比利时、意大利时，在《瀛寰志略》的基础上，继续收集资料，主持编撰了《续瀛寰志略初编》。由此可见，在以总理衙门为首的国家新派官员的鼓励与肯定之下，《瀛寰志略》的重新出版发行无疑提高了中国人对于西方的认知程度，从某种程度上启蒙了中国人崭新的世界观。

与此同时，美国人也表示了对徐继畬及其《瀛寰志略》的莫大关注。徐继畬曾经在《瀛寰志略》中高度称赞美国开国总统华盛顿，这段赞扬的文字被镌刻成碑文镶嵌在华盛顿纪念碑上。同治六年九月二十四日（1867 年 10 月 21 日），即将卸任的美国驻华公使蒲安臣根据总统和国务卿指示，举行隆重仪式向徐继畬赠送美国著名画家普拉特

---

① 任复兴主编：《徐继畬与东西方文化交流》，中国社会科学出版社 1993 年版，第 31 页。

② ［日］大古敏夫：《〈海国图志〉与〈瀛环志略〉——中国近代的始刊启蒙地理书》，胡修之译，《求索》1985 年第 5 期。

③ 郭剑化、杨华：《瀛环志略近代化思想析》，《山西高等学校社会科学学报》2000 年第 2 期。

④ 张静庐辑：《中国近代出版史料初编》，中华书局 1957 年版，第 52 页。

所绘的华盛顿肖像并发表演说褒奖了徐继畲。

三　总管同文馆大臣：不可或缺的精神表率

同文馆设立的契机，当溯源于第二次鸦片战争失败后相关条款的签订。《中英天津条约》第五十款规定："嗣后英国文书俱用英字书写，暂时仍以汉文配送，俟中国选派学生学习英文、英语熟习，即不用配送汉文。自今以后，遇有文词辩论之处，总以英文作为正义。此次定约，汉英文字详细较对无讹，亦照此例。"[1] 为避免因语言文字的误差而造成国家主权的更多丧失（《中法条约》中传教士利用文字的隔阂满足己方私利），以奕䜣为首的总理衙门大臣在同治元年（1862）设立同文馆，致力于西方语言及科学人才的培养。设立之初，同文馆的建制与组织在很大程度上沿袭与借鉴俄罗斯文馆的先例，故并未引起多大的思想矛盾和政治纷争。但在徐继畲入职同文馆之后，形势发生了明显变化。

徐继畲与同文馆的结缘是顺应恭亲王奕䜣及其总理衙门同僚的奏请："惟查臣衙门前设学习英、法、俄国语言文字各馆，均设洋教习一员，专司讲译；此外各设汉教习一员，兼课汉文，令该学生等奉以为师。现在学习天文算学之员，均系已成之材，汉文无不通晓，汉教习自可不设，但亦必须有群情宗仰之一人，在彼指引开导，庶学者有所禀承，否则该馆只有洋人讲贯，而中国无师表之人，恐来学者竟疑专以洋人为师，俾修弟子之礼，未免因此裹足。臣奕䜣与臣文祥、臣宝鋆、臣董恂、臣崇纶公同商酌，惟有臣徐继畲老成望重，品学兼优，足为士林矜式。拟请旨饬派徐继畲作为总管同文馆事务大臣，以专稽查而资表率。"[2] 简单地分析这份奏折可以看出，徐继畲作为"群情宗仰"的总管大臣似乎更多地意味着精神领袖的作用而没有实

① 王铁崖编：《中外旧约章汇编》第1册，生活·读书·新知三联书店1957年版，第102页。

② （清）宝鋆等编：《筹办夷务始末》（同治朝），沈云龙主编《近代中国史料丛刊》第611册，文海出版社1971年版，第4524页。

质的权力，总理衙门才是同文馆的管理决策机构，总理衙门大臣是同文馆的行政长官。但一般而言，"同文馆管理大臣于本衙门大臣特简"①。以总理衙门大臣身份兼职同文馆总管大臣，为徐继畬的系列革新提供了有力的支撑。

从同治六年正月二十一日（1867 年 2 月 25 日）着手管理同文馆始至同治八年二月十五日（1869 年 3 月 27 日）以老休致短短的两年间，徐继畬将原先单纯学习英、法、俄三国语言的同文馆改造为全面学习国际经济法律、天文历史地理等内容的中国近代高等教育的雏形。他不仅注重同文馆教材的修订与补充、生员的数量与质量，还多方聘请西方博学人士担任教习，"这里的教员都是来自国外的教授，他们受雇于中国政府，教授中国学生欧洲语言、文学与自然科学等课程"②。同时，他还提出"兼容并包，智周无外"③ 的办学方针。对于外国人士来说，顺应时代要求而作出的变革是理所当然天经地义的，但对于墨守成规的国人来说，一切显得荒谬而可笑："同文馆之设，谣言甚多。有对联云：诡计本多端，使小朝廷设同文之馆；军机无远略，诱佳弟子拜异类为师。"④ 这种强烈的否定与责难集中体现在1866 年年底至 1867 年年初开始的震荡朝野的同文馆招收科举正途人员学习天文算学知识一事上。

依据总理衙门奕䜣等大臣最初的设想，"设立同文馆，取用正途学习，原以天文算学为儒者所当知，不得目为机巧。正途人员用心较精，则学习自易，亦于读书学道无所偏废。是以派令徐继畬总管其事，以专责成，不过借西法以印证中法，并非舍圣道而入歧途"⑤。但是对于深受儒学道统浸淫的中国保守士人来说，这无疑是奇耻大辱，

---

① 刘锦藻撰：《清朝续文献通考》第 2 册，第 8779 页。

② ［英］约翰·汤姆森：《镜头前的旧中国——约翰·汤姆森游记》，杨博仁等译，中国摄影出版社 2001 年版，第 216 页。

③ （清）宝鋆等编：《筹办夷务始末》（同治朝），沈云龙主编《近代中国史料丛刊》第 611 册，第 4499 页。

④ 陈义杰点校：《翁同龢日记》第 1 册，中华书局 1989 年版，第 519 页。

⑤ （清）宝鋆等编：《筹办夷务始末》（同治朝），沈云龙主编《近代中国史料丛刊》，第 611 册，第 4542 页。

引起京城内外的轩然大波在所难免，其中以顽固著称的倭仁为代表："以奴才所见，天文、算学为益甚微，西人教习正途，所损甚大。……窃闻立国之道，尚礼仪不尚权谋；根本之图，在人心不在技艺。……天下之大，不患无才。如以天文、算学必须讲习，博采旁求，必有精其术者，何必夷人，何必师事夷人？……今复举聪明隽秀，国家所培养而储以有用者，变而从夷，正气为之不伸，邪氛因而弥炽，数年以后，不尽驱中国之众咸归于夷不止。"① 时倭仁任同治帝师，学术造诣和政治地位颇为崇高，有"理学大师"之称。他的"立国之道"和"人心根本"的立论在士林具有相当的权威性，对盲目恪守传统的国人产生了广泛影响。对于顽固派的责难，虽然总理衙门提出了有力的反驳，并在慈禧的暂时支持下获得了表面上的胜利——同意同文馆招生。但实际上，同文馆"延聘西人在馆教习，务期天文、算学均能洞彻根源，斯道成于上，即艺成于下，数年以来，必有成效"② 的努力成效几乎微乎其微："自倭仁倡议以来，京师各省士大夫聚党私议，约法阻拦，甚且以无稽谣言煽惑人心，臣衙门遂无复有投考者。"③

以倭仁为首的顽固派，在对天文算学馆的设立与招生不遗余力攻击的同时，对于总管同文馆大臣徐继畬的批判也不留情面："至今季开同文馆，以前太仆（寺）卿徐继畬为提调官（其头衔实为总管同文馆事务大臣。——笔者注），而选翰林及部员之科甲出身年三十以下者学习行走，则以中华之儒臣而为丑夷之学子。……驯将夷夏不别，人道沦胥，家国之忧，非可言究……湘乡之讲习泰西技算，实为祸端；至于继畬，盖不足责尔！"④ 对此，徐继畬虽感到委屈和无奈，但仍能坚持自己的立场与理想。然时隔不久，精于权术的慈禧出尔反尔，下旨明令除非另行科举出身之外的同文馆毕业生朝廷一律不予分配录用。徐继畬躬亲力行所培养的朝政改革的希望遭到了封杀。在此

---

① （清）宝鋆等编：《筹办夷务始末》（同治朝），沈云龙主编《近代中国史料丛刊》第 611 册，第 4557—4559 页。

② 同上书，第 4417 页。

③ 同上书，第 4605 页。

④ （清）李慈铭撰：《越缦堂日记》第 6 册，广陵书社 2004 年版，第 3821—3822 页。

打击面前，徐继畬自认衰老，回天无力，于同治八年（1869）"以老病乞休"①，离开了风云变幻无常的政治舞台。

结语　作为晚清士人思变求新努力的一个缩影

晚清以降，以英国为首的西方国家对中国的侵略与掠夺步步加深。面对此种变局，从传统经世致用学派蜕变而来的先进士人开始寻求中国独立发展的道路。从 19 世纪 60 年代初开始，冠以"求强、求富"旗号的洋务运动在一批掌握军政大权的官僚的推动下进行。这时候的变革已初步从鸦片战争伊始对船坚炮利的单纯重视发展到对国家建立新式机构的尝试，在奕䜣、桂良等筹划下设立的总理衙门即为显著一例。徐继畬入职总理衙门固是因为他对涉外事务的得当处理及对西方政治地理的通达了解，但在很大程度上而言，这是适应时代更新，适应国家思变求新的趋势。《瀛寰志略》价值的重新被发掘亦是因此原因。

徐继畬作为 1865—1869 年总理衙门的成员之一，深得奕䜣的倚重，他试图利用这段中外关系相对和平时期来谋求国家地位改变的决心是坚定的，当然，囿于总理衙门的任职，这种改变主要体现在对同文馆教育的变动上。然而，徐继畬作为一个对西方有着深刻认知的中国士人，他对同文馆所进行的变革努力不免携带着西方的影子，含有激进的内容。这种激进对于故步自封而又以中华文化的博大精深为自豪的中国保守士人来说，在短时间里是无法接受的，因此受到以倭仁为代表的顽固派的攻击，最终导致失败也就不足为奇了。究其失败原因，就徐继畬自身而言，这主要在于他对改革同文馆教育弊端的困难认识不足以及改变这种弊端的过分急切。马士曾说："那些同中国行政方面曾经有过密切关系的人们，当完全了解它的缺点并清楚地看出它的弊端的时候，一般的都认为中国的学者和官员们只需予以学习西方现代行政方法的优点的机会，他们便会迅速的采行一些可以使这个

---

① 《清实录》第 50 册，中华书局 1987 年影印本，第 518 页。

帝国的辗轧着的机器与现代世界相协调的改革。"① 这种将行政改革看得过于简单的做法，与徐继畬对于同文馆改革的看法如出一辙。另外，就整个士人阶层而言，传统知识惯性所形成的禁锢，使他们对于新事物有着天然的排斥。在思想尚未解放之时，对变革的群起而攻之是解决保守士人内心恐惧的惯用伎俩。因此，虽然徐继畬"比其他人更早地领悟到了中国何去何从的真谛"，但"也备尝了它的苦果"②。当然，国家政权执掌者态度的动摇不定也在很大程度上决定了这种失败。

然而有意味的是，徐继畬思变求新的努力只是晚清士人寻求国家变革的一个缩影。推及整个晚清时期（1840—1911），虽变革声浪不断，却鲜有真正成功者。察其败因，与徐继畬有着惊人的相似。但不管怎样，他们为中国的自强与近代化所做的努力确实是值得铭记的。这正如阎锡山所说："（徐继畬）深识远虑，常烛照数计于数十年之前，数十年之后。……泰西名硕，独敬礼先生，诸王大臣莫能拟也。今先生殁四十年矣，世益变而事益亟，而先生之一身，始也纷然，今也漠然。"③

本文与吕霞合作，系提交"徐继畬及其开放思想与实践学术研讨会"论文，原载《甘肃社会科学》2009 年第 5 期，收入论文集《穿越时空的目光——徐继畬及其开放思想与实践》（虞和平、孙丽萍主编，中国社会科学出版社 2009 年版）。

---

① ［美］马士：《中华帝国对外关系史》第 2 卷，张汇文译，世纪出版集团、上海书店出版社 2000 年版，第 203 页。

② ［美］德雷克：《徐继畬及其瀛寰志略》，任复兴译，第 146 页。

③ （清）徐继畬：《松龛先生全集》，沈云龙主编《近代中国史料丛刊续辑》第 412 册，第 1—2 页。

刘长佑在直隶

刘长佑，湘军将领，因军功升任封疆，先后担任了广西巡抚、两广总督、直隶总督等职。本文试就刘长佑在直隶总督任内的活动做些考察和分析。

一

同治元年十二月（1863年1月），清廷上谕调两广总督刘长佑转任直隶总督，要他"迅速航海北上"。同治二年二月（1863年3月）初，刘长佑甫抵天津，又接清廷寄谕，要他"无庸来京"。按常例，新任直隶总督须进京陛见皇帝，尔后再到任所，这次刘长佑接任直隶总督却是免去常礼，原因就是军情急迫。

刘长佑调任直隶之际，正是京畿动荡之时。白莲教配合太平天国和捻军等军事斗争在直隶起事，张锡珠率众数千在畿南各州县活动，号为黄旗，另有蓝旗姚泰来、红旗张玉怀、黑旗陈顺书、绿旗杨鹏山等各支骑兵，在华北大平原上纵横驰骋，声势浩大，震动京师。前直隶总督文煜就是因为镇压不力而被革职戍边。刘长佑来直后清廷对他寄予很大期望，要他"尽其心力"，放手去做，朝廷"不为遥制"①。刘长佑根据当时的实际情况，首先整顿杂凑成军、散漫无纪的清军，针对张锡珠等部骑兵的特点，制定了步军分扎迎截、马队跟踪追击的战术，并明定所属州县守城章程，使张锡珠等部步步受制，不及两月便被镇压了下去。

---

① （清）梅英杰等撰：《湘军人物年谱》第1辑，岳麓书社1987年版，第365页。

与此同时，前已投降清廷的山东白莲教黑旗军首领宋景诗又返回山东重举义旗，威震直隶。清廷命刘长佑督办直隶、山东、河南三省交界事宜，旗、绿各营均归节制，专门镇压宋景诗义军。同治二年六月（1863年7月）初，刘长佑率部直抵山东，指挥三省军队合力镇压义军。他先是采用节节为营战术，使宋景诗军活动地盘日益缩小，接着会同僧格林沁等部清军与义军决战，击溃义军后督率清军不分昼夜，穷追一月余，从山东临清、馆陶，到直隶大名、威县、冀州、定州等地，最后于当年九月将宋景诗黑旗军镇压了下去。

同治四年（1865）春，由张宗禹、赖文光率领的后期捻军进入河南省的尉氏、中牟，逼近黄河南岸，清廷命令直隶、山东两省设防，直隶形势顿时又紧张起来。三月初五日（3月31日），捻军由河南进入与直隶毗邻的山东曹州境内，刘长佑担心捻军北渡黄河，亟调大名、广平清军防守黄河要隘，自己亲率督标练军及宣化、通州、天津、正定驻军进驻威县，居中指挥。二十四日（4月19日），僧格林沁在曹州中伏毙命，捻军乘胜占领了与直隶相邻的曹州及直隶的东明等地。形势颇为严峻。刘长佑自忖仅靠自己指挥的这支杂牌军难以与捻军较量，便于四月底上奏清廷，建议淮军将领刘铭传率精锐奔赴直隶，曾国藩统军北援，自己又命三口通商大臣崇厚统带天津洋枪队1500人西进，并调吉林、黑龙江马队南下。江苏巡抚李鸿章派潘鼎新10营淮军航海援直。直隶境内清军云集。刘长佑仍嫌不足，又将古北口、宣化驻军调援山东，这才稍觉心安。然而捻军纵横驰骋，转战于鄂、豫、皖、鲁之间，曾国藩打捻无功。清廷调李鸿章为钦差大臣，接替曾国藩镇压捻军。鉴于捻军骑兵作战，飘忽不定，难以与之决战的情形，刘长佑于同治六年六月（1867年7月）上疏建议采用合围之术，即集中直、鲁、豫、苏、皖、鄂等省清军，严密防守运河，然后由李鸿章淮军从西南步步进逼，将捻军赶至山东青州一带的狭小区域内，使之渡黄不能，浮海不得，围厄而亡。这是一个恶毒的计划，后来李鸿章使用的就是这种战术，将捻军镇压了下去。

同治六年（1867），直隶久不下雨，旱象严重，饥民遍地，盐山、静海两地盐民乘机与饥民联合起义，得到附近十数州县响应。起义很快蔓延到天津、河间、保定三府各属，京师再次震动。清廷亟命刘长佑"先办土匪，缓赴河防"，刘长佑只好先丢下捻军，全力指挥镇压事宜。义军避实击虚，先后到广平、曲周、平乡、清苑、安州、永清、霸州等地。七月底，盐民军经安平、献县至新河，八月初越过滹沱河进入无极，再由任丘进文安，接着再到任丘、高阳，至十月初又转战肃宁、安平、蠡县等数十州县间。刘长佑指挥清军疲于奔命。针对盐民军往来驰骋、飘忽不定的特点，他在直隶练军中挑选 2000 名精壮骑兵，对盐民军前截后追，并令步兵密布冲要扼守。当他大功就要告成之时，清廷突然震怒，于十一月以镇压盐民军"日久无功"为由将他革职，但仍责令带兵作战。卸任后的刘长佑专事军事，终于在数日后将这次起义全部镇压下去。

二

刘长佑督直五年，在军事征战之余，还比较注重对地方的治理。

晚清时期，由于朝廷的腐败，官吏大都贪污腐化，吏治由是废弛。贪官污吏实际是封建统治机器的腐蚀剂，刘长佑对此感触颇深。早在广西之时，他就认识到了吏治的重要性，"欲振民生，当清吏治"①，来到直隶后对吏治更为关注。同治二年十一月（1863 年 12 月），他向清廷上疏揭露吏治废弛："顾名思义之人少，背公循私之人多。"②同治三年正月（1864 年 2 月），他入都觐见，又面陈吏治之弊，回来后正己率属，察吏简军，举劾必公，赏罚必信，一洗从前官吏拖沓之习。同时，他还访求地方有声望的社会贤达，向他们咨询利弊，考核得失，并请他们写条陈递上，凡有关风化政教、裨益国计民生者均予采纳，立即施行。为了教育属下官吏，刘长佑捐出自己的养廉银买了数百部《牧令书》，发给各府厅州县官员。后来他为陈崇砥的《教士语》作跋，重印多部，遍发所属官员，要他们认真学习，为官清廉，不要做贪官污吏。

直隶地处北方，水旱灾害频仍。刘长佑非常重视这些关系到国计

---

① （清）朱孔彰撰：《刘武慎公别传》，《咸丰以来功臣列传》，清光绪刊本。
② （清）龙继栋编：《刘武慎公遗书》卷6，清光绪刊本，第27页。

民生的问题。直隶境内的永定河承接发源于山西的桑干河，入直隶后向东南流经京师由天津入海，泥沙含量很高，下游常常淤塞，河流经常改道，实际上是条害河。清代在河两岸筑堤四百余里，每年拨维修费白银9万两，后因军费浩繁、经费紧张减少到二万余两。刘长佑认为此河泛滥关系重大，于同治三年三月（1864年4月）奏准拨修护费四五万两白银，指示永定河道备办各种物料，每到险期极力抢护。这年八月，刘长佑亲率永定河道员及天津、通州、永清、霸州、昌平等地方官到武清、东安等地考察，因河流北徙，下游淤塞，附近村庄频年遭灾。刘长佑与属下议定从北六工以下的柳坨起，挑挖淤塞河床，引河南向，由叉光、二光坝口直出凤河，到天津进入海河。从当年九月初八日动工到十月十七日，全长八十余里的挑挖工程告竣，永定河复归故道，流势顺畅，数年无水患。刘长佑还令沿河各州县官员每年组织挑挖，以保长久。

　　黄河在历史上是条害河，在下游地区常常决口，在河南铜瓦厢集决口后改道经直隶、山东入海，直隶的东明、长垣、开州地区经常受灾。刘长佑上任后对此非常重视，为了使人民避免流离失所，他到任后不久便奏请拨银3万两赈灾。事后他认为赈灾仅仅是一个方面，与此同时还必须治河，最好是将二者结合起来。第二年在汛情到来之前，他采用了"以工代赈"的办法，即以赈款中的八成2.4万两白银作为工钱，雇用受灾地区青壮民工来修筑已被冲毁大堤，剩下的二成即6000两白银发给那些老弱病残不能工作者，来度过灾荒。这样，既修了堤，又赈了灾。

　　位于直隶的长芦盐区为全国十一大海盐产区之一，其盐行销直隶长城以南地区和河南52个州县，是国家重要的产盐区，但是在同治年间也是弊病丛生。大学士周祖培认为"长芦近来悬岸甚多"，要求朝廷严令直隶总督"严拿私贩，招商认领，勿再任令久悬，以致额征短绌"①。刘长佑一上任即整顿芦盐：一是"停止捆运"②。长芦盐场

---

　　① （清）黄彭年等修：光绪《畿辅通志》第1册，河北人民出版社1985年版，第488页。

　　② 同上书，第502页。

历年积欠河南东河料价息银，河南因此要求盐场捆运芦盐 10 万引赴河南销售，以其余利的一半，留抵应解料价。刘长佑认为，河南岁销盐不过 5 万引，而今要求 10 万引，结果会是本地销不了而流入他地，即使如此仍会滞销，最终是既无益于河南又有害于长芦，于是奏明停止捆运。二是坚持听商人自行融销。户部因芦盐销售疲软，议令畅销区在销足额引外，代销滞销区引盐，每年规定定额。刘长佑认为，销盐区畅滞无常，经常变化，如果每年预定代销引数，一旦销不完，畅销区反而转变为滞销区，不如听任商人自行融销，调节畅滞。他的认识是符合商品销售规律的，得到了朝廷的批准。

三

刘长佑在直隶紧张的征战和治理过程中，还做了一件他虽未意识到但关乎晚清军制变革的大事，这就是创建练军。

练军的创建始于刘长佑。同治二年四月（1863 年 5 月），为了有效地镇压宋景诗等农民起义，刘长佑将他所指挥的包括旗绿营兵在内的兵勇按湘军营制进行组编，这在当时仅是战时的权宜之计。五月，署礼部左侍郎薛焕奏请在直隶练兵四万分设四镇，用以加强畿辅防务。两广总督毛鸿宾建议就刘长佑新募之勇略增其数，再将直隶旗绿营兵挑选即可。清廷将两人的奏折交给刘长佑，要他"通盘筹划"。刘长佑经过认真思考，向清廷上了一个长篇奏折，请在直隶"抽练营兵"，建立练军。清廷基本上同意了这个方案，并要刘长佑妥筹直隶练军的"一切章程"。直隶练军由此发轫。

刘长佑向清廷所上的这个奏折，包含了他创建直隶练军的基本思想。这个基本思想就是用勇营制度改造直隶绿营。它主要包括三点内容：一是在编制上改变绿营编制不齐、老弱混杂的状况，在绿营中挑选精壮，按勇营营制另行组编，500 人为 1 营，5 营为 1 军，每军配马队 500 人，分为前后左右中 5 军。二是在驻防上改变绿营散布营汛的状况，学勇营集中驻防，加强训练。上述五军和另外增练的两军勇营共七军，全部集中省垣训练，然后分驻保定、河间、正定、大名、威县、宣化、天津七镇，拱卫京师。三是设立专门经费，请户部责成江苏、江西、福建、湖南、湖北、山东、山西、四川、河南各省每月提银 5000 两，广东 1 万两，作为"固本军饷"。这就是所谓的"七军计划"。对此，清廷立即作出反应：它担心勇营制度会彻底破坏绿营制度，认为直隶练军"仍当一切俱从标兵规制"，即使增练的两军勇营，"一切俱用勇营制度，恐诸多窒碍"①。但是，在紧接着的一道上谕中却又肯定刘长佑"所筹尚属妥协"，严令各省立即筹办"固本军饷"以"整顿营务"②，同时要刘长佑留下楚军将弁充当教练。数日后清廷上谕再次肯定刘长佑"所奏均属周妥"，并令他详细妥筹直隶练军的"一切章程"。清廷的这种态度，反映了它既想用勇营制度挽救绿营而又极其惧怕勇营制度这样一种矛盾心理。在这种情况下，刘长佑只好放弃用勇营制度彻底改造直隶绿营的计划。他将原计划中的集中驻防改为各守营汛，将集中训练改为逐步抽练，但是仍然坚持用勇营营制挑编直隶绿营。从同治二年（1863）至同治五年（1866），刘长佑由督标、提标开始，渐及各镇，陆续抽练马步兵丁 10200 名，当然，这样建起来的直隶练军是不会有多大起色的。

同治五年七月（1866 年 8 月），恭亲王奕䜣认为，直隶练军毫无成效，"饷既虚糜，而兵仍无用"③，主张对刘长佑的七军做些变化，提出了六军计划。其主要内容有三：一是将直隶练军的驻地保定、正定、大名、威县改为遵化、易州、古北口。二是将每军步队人数由原定 2500 人改为 2000 人，再加马队 500 人，一军 2500 人，六军共 15000 人。三是将各守营汛分别抽练改为集中驻防训练。六军计划除各军人数和驻地与七军计划略有不同外，集中驻防训练则是对七军计划的恢复。清廷批准了这个计划，仍然责成刘长佑具体负责。六军计划给了刘长佑很大鼓舞，他详细拟定了直隶练军营制。这个营制是根据湘军营制制定的，每营步兵 400 人，马兵 100 人，共 500 人，分为 5 哨，每哨 100 人，分为 4 队，每队 25 人。正当刘

① 《清实录》第 46 册，中华书局 1987 年影印本，第 700 页。
② 同上书，第 701 页。
③ （清）宝鋆等编：《筹办夷务始末》（同治朝）第 5 册，中华书局 2008 年版，第 108 页。

长佑将更多的精力投入直隶练军的建设中去时，他却于同治六年（1867）被清廷以镇压盐民起义不力而免职。直隶练军的建设便告一段落。

刘长佑在直隶时直隶练军有了大致规模，但其成效却不为清廷所满意。其原因是刘长佑在建设直隶练军的过程中受到了多方掣肘。首先是清廷并不放手让他自行操办，使他无法真正按勇营制度建设直隶练军，只能"仅将营哨队伍略为更定"①。其次是各衙门的干预。户部、兵部制定了练兵章程十七条，对直隶练军的将领、营务、纪律、驻地、战马、兵饷都给予了严密的规定，使刘长佑无所适从。最后是朝臣的横加指斥。户部尚书罗惇衍上奏说练军流弊有十可虑，主张将固本军饷移用京营。大学士倭仁也认为"与其藉外援以资声势而流弊滋多，不如练京兵以固本根而缓急可恃"，来"强干弱枝，无尾大不掉之患"②。此外，在经费和装备等方面也受到了牵制。刘长佑自己无法筹饷，虽奏准使用固本军饷，但各省拨解寥寥，数年仅解到应解数的1/6。种种牵制使刘长佑动辄得咎，不能卓有成效地建设直隶练军。他向清廷发牢骚说："以逆料饷项之难断，顿改严定之章程，朝论二三，下情疑阻，事无大小，鲜能有成?"③尽管如此，直隶练军在刘长佑的任期内毕竟建立了起来，以后经过曾国藩、李鸿章两任直隶总督的建设，真正成为一支颇具规模的"缓急可恃"的军队。④同时，由于直隶练军是由绿营转化而来的军队，所以清廷对它的信赖程度远远高于同时期的勇营军队。再由于它以迥异于绿营的面貌出现，因而被视为改造绿营的一种良方。各省纷纷仿建，从同治九年（1870）起，全国有近20个省或地区仿直隶练军章程陆续建立起各地练军，遂使练军成为清季特有的一种全国性军事组织。追根溯源，刘长佑草创直隶练军功不可没。

---

① （清）朱孔彰撰：《刘武慎公别传》，《咸丰以来功臣列传》。

② （清）葛士浚辑：《皇朝经世文续编》卷62，清光绪刊本，第6页。

③ （清）梅英杰等撰：《湘军人物年谱》第1辑，第396页。

④ （清）朱寿朋编：《光绪朝东华录》第3册，中华书局1958年版，第3225页。

四

以上是对刘长佑在直隶总督任期内活动的一些初步考察。看得出来，刘长佑在同治元年十二月（1863年1月）至同治六年十一月（1867年12月）将近5年的时间里，几乎是"喘息无暇"地为清廷效忠。为了捍卫清朝的封建统治，他往来奔波，追逐、镇压农民起义，这是他统治阶级本性的本能表现。其实，刘长佑就是靠镇压人民起义起家的。咸丰（1851—1861）初年，他以拔贡随江忠源率楚勇镇压广西太平军及天地会起义，靠军功不断升迁，到咸丰十年（1860）升任广西巡抚，攻灭"大成国"政权后不久升任两广总督。正因为他镇压农民起义"有方"，所以当京畿"不靖"时，清廷调他转任直隶总督。

但是，刘长佑最终还是被清廷革职，逐出直隶。其原因不是镇压农民起义不力，而是与当时的晚清政局颇有关系。刘长佑是靠军功起家的勇营头子。同治（1862—1874）初年，像他这样的一大批勇营头子都靠手中的军队当上了地方督抚，这些人掌握了地方的军政大权，是相对独立于清廷的地方实力派。由于这些人的出现，初步形成了晚清内轻外重的局面。但是清廷只允许这些地方实力派在远离京师的南方做官，绝不轻易让他们在天子脚下做"封疆"。刘长佑进入"畿疆"，那的确是因为那个满洲总督文煜太无能而又抽调不出其他能干的满蒙贵族，只好调他这个镇压农民起义的"能手"来直隶了。刘长佑带到直隶的楚勇不过15000名，但也引起过满蒙贵族的恐慌。蒙古科尔沁亲王僧格林沁曾上疏清廷，认为调刘长佑来直隶是"专倚南勇，恐日久轻视北方"①，清廷赶快降旨，以南北风土不同、日久恐难相习为由，要刘长佑等直隶的营务整顿后，酌量撤留。刘长佑为了避免嫌疑，赶紧将所率来的"楚勇"送回两湖。但这仍不能使清廷放心。等刘长佑在直隶镇压人民起义的使命基本完成时，赶紧把他撵走了事。

---

① （清）梅英杰等撰：《湘军人物年谱》第1辑，第376页。

刘长佑在直隶做了一些关系到国计民生的事情，这是他的经世致用思想使然。刘长佑的家乡湖南在鸦片战争前后就出现了一批主张经世致用的学人和社会活动家，如陶澍、魏源、贺长龄、熙龄等。他们揭露时弊，主张改革，并亲自参加兴利除弊、发展经济等社会实践。在他们的倡导下，以经世致用为特征的湖湘学风滥觞了。在这种环境生活的刘长佑不能不受到强烈的影响。他和其他士人曾国藩、左宗棠、刘蓉、罗泽南、江忠源都认为自己投身于镇压农民起义就是经世致用思想的实践，如果有可能都不会放弃"兴利除弊"的机会。刘长佑在直隶的活动，可以看作他经世致用思想的实践。

本文与陈芳合作，系提交"义和团运动与华北社会暨直隶总督学术讨论会"论文，收入论文集《义和团运动·华北社会·直隶总督》（黎仁凯、成晓军等编，河北大学出版社 1997 年版）。

郭嵩焘与"夫人外交"

郭嵩焘（1818—1891），字伯琛，号筠仙，别号玉池老人，清代湖南湘阴人，道光进士，选为翰林院庶吉士，入值南书房行走。曾担任过苏松粮道、两淮盐运使、署理广东巡抚、福建按察使，于1875年被清廷正式加授为出使英国大臣，这是中国历史上第一位驻外使节。郭嵩焘是近代中国第一个按外交礼仪觐见外国元首并递交国书、第一个制定使团外事纪律、第一个开展"夫人外交"、第一个提出建立领事馆、第一个提出培养职业外交人才的人。作为中国近代意义上的外交拓荒人，他的工作在中国外交史上具有开创性的意义。"夫人外交"是指夫人（一般指国家领导人和高级外交官的夫人，即有资格正式作为国家政治代表的夫人）在对外交往中的活动和作用，其中尤指由夫人出面完成某种特定的外交任务的外交形式，"夫人外交"是使团外交工作的重要组成部分。作为首任驻外使节，郭嵩焘如何实践"夫人外交"，为什么要开展"夫人外交"，郭嵩焘的"夫人外交"在国内产生了什么影响？本文拟对这些问题略作探讨。

一

1876年12月2日，郭嵩焘一行由上海启程，前赴英国。同行者除副使刘锡鸿外还有"参赞官黎庶昌（莼斋），翻译官德明（在初）、凤仪（夔九），洋人马格理（清臣），随员刘孚翊（鹤伯）、张斯枸（听帆）、姚岳望（彦嘉），暨武弁七人，跟役十余人而已"①。郭嵩焘

---

① （清）刘锡鸿：《英轺私记》，湖南人民出版社1981年版，第24页。

此次出使英国，其"夫人外交"主要是以其"如夫人"梁氏的名义在中国驻英使馆举行盛大茶会这一形式实现的。"茶会"是西方上层社会宴请宾客之重要礼俗。郭嵩焘的副使刘锡鸿在其《英轺私记》中就曾提到："所谓茶会者，煮加非及茗，剂以白糖牛酪，佐以饼饵，布席堂侧，以俟客至而饮之。客多，则皆立谈。"① 同时，尤其重要的一点，"西洋茶会皆由夫人主政也"②。

使团于1877年1月21日抵达伦敦后，郭嵩焘多次出席西方茶会、舞会等各种社交活动，为了感谢伦敦各界及各国驻英使领，于1878年6月19日在位于"伦敦新城之东南"③ 的坡兰坊45号的中国公使馆举行盛大茶会。郭嵩焘邀请了英国外交部各官员，英国社会名流、绅商、公爵、学者，以及德国、俄国、奥地利、意大利、丹麦、荷兰、葡萄牙、土耳其、波斯、日本、海地等数十国驻英使节及其夫人、随员。茶会自5月28日即开始筹备，预算是500英镑（合白银1750两），并于6月2日议定邀请名单，共七百余人。④ 关于中国使馆的布置及茶会当天的情况，郭嵩焘在其日记中仅以两句话简单记之，而随行翻译官德明（即张德彝）在其《随使英俄记》中对茶会当天的记载则详细得多。

> 请茶会，自晨至暮。经男女工匠收拾陈设，由大门至二层楼，左右列灯烛，置鲜花，中铺红毡。楼梯阑以白纱，挂红穗，分插玫瑰、芳药及茶花。客厅、饭厅皆悬鲜花灯彩，横设长筵，一置茶、酒、加非、冰乳、小食，一置热汤、冷荤、干鲜果品。刀叉杯盘，罗列整齐，玻璃银盏，光华耀目。客厅对面，鲜花作壁，内藏红衣乐工一班。饭厅旁马清臣住屋二间，以木板横支榻架，以便来者脱外袭之所。楼上第一层客厅，及凤夔九与彝原住

---

① （清）刘锡鸿：《英轺私记》，第79页。

② （清）郭嵩焘：《伦敦与巴黎日记》，钟叔河主编《走向世界丛书》第4册，岳麓书社1984年版，第563页。

③ （清）张德彝：《随使英俄记》，钟叔河主编《走向世界丛书》第7册，岳麓书社1986年版，第309页。

④ 同上书，第560—561页。

二屋，皆开门去槅，联为一间。地铺红毡，壁挂灯镜。窗外支帐，列鲜花台，置五彩冰塔。第二层星使（即郭嵩焘）住屋五间，亦修饰华美整洁。悬花结彩，鼓乐喧天。门外支棚帐，雇巡捕六名，以便弹压一切。由亥正至寅初，男女绅富士民来者计七百九十余人。①

中国驻英公使馆在郭嵩焘领导之下举办此茶会，而且"一切布置悉照西式，焕然一新"②，真可谓开风气之先。

茶会开得十分成功，"凡客至皆以为欣幸"③。对此，英国多家报纸也做了报道，比如茶会的次日，《泰晤士报》（The Times）便报道："此为天朝使者初次在欧洲举行之盛会……郭公使与夫人依欧俗于客堂延见来宾，女主人服饰按其本国品级。尤堪注意者，为一中国贵妇首度出现于男女宾客俱在之公众场合之事。"④ 一个半月后，上海《申报》也评论说："此乃抵英后初次之盛举也。"⑤

二

郭嵩焘为何要以如夫人梁氏的名义举行这样一次盛大的茶会来开展"夫人外交"呢？

首先，是因为郭嵩焘出于外交礼仪，回请西方各国重要官员。

郭嵩焘到达英国后，积极参与各种社交活动，经常出席西方官员举行的茶会、宴会、舞会，与上层社会各界酬酢，从英国女王到首相、外相、议员、学者，以及各国公使，均有来往。当时西方社交场合，早已是男女同席共舞，这虽与中国国情相去甚远，但郭嵩焘对此

① （清）张德彝：《随使英俄记》，钟叔河主编《走向世界丛书》第7册，第567—568页。

② 《钦使宴客》，《申报》1878年8月6日。

③ （清）郭嵩焘撰：《郭嵩焘日记》第3卷，湖南人民出版社1982年版，第547页。

④ 郭廷以编：《郭嵩焘先生年谱》，台北"中研院"近代史研究所1971年版，第268页。

⑤ 《钦使宴客》，《申报》1878年8月6日。

已逐渐习惯适应。为了开展"夫人外交",郭嵩焘要求如夫人梁氏学习英语,参加各国公使夫人的聚会,如让梁氏出席英国格非斯夫人的家宴等,① 并拟由梁氏发请帖召开茶会。

根据欧洲外交惯例,驻欧使节每到驻在国,都必须以女主人的名义举办"茶会",宴请其政要官员及各国驻该国使节夫妇,以示友好联络,也便于开展外交。郭嵩焘多次参加过这样的茶会,理应回请。郭嵩焘等抵达英国之后,却因身体、应酬等种种因素,始终没有完成这一礼仪性活动。按照郭嵩焘一贯的态度和作风,这一活动不但要补,还要补得漂亮且有气势。茶会的时间一拖再拖,差不多拖了一年半,直至1878年6月19日才举行。此次盛大的茶会是按照国际惯例由女主人梁氏操办的,这是中国驻外使团"夫人外交"正式开始的标志。梁氏还在郭嵩焘的安排和支持下,开展了请使节夫人看戏等活动。

其次,是因为郭嵩焘在西方获得了"女性的发现"。

郭嵩焘在英国期间,给他留下较深印象的是女性在西方社会中所扮演的重要角色。在郭嵩焘抵英后参加的各种社交活动中,女性的参与是必不可少的,有女王、公主、西方官员夫人、大学问者、富妇等。1878年5月6日,郭嵩焘赴嘎尔得尔举办的茶会,"嘎尔得尔,女士之以学问名者,每茶会,邀集知名士谈学问。兼通中国文理,尝言及见中国《大清律例》,义深词美,叹为尽善"②。通过与西方女性的接触,他发现原来女人可以如此博学、聪慧、活泼、健谈。西方上层社会的贵妇名媛永远是社交活动的主角,而家便是她们的舞台。在将近两年的欧洲生活中,郭嵩焘逐渐习惯镇定自如地与热情好客的夫人们应酬交谈,虚心聆听并感悟西方女性的哲思妙理,无法想象缺少了女性的参与西方社会是个什么模样。在各种大型社交场合,英国人对妻子女儿尊宠有加,往往是左丈夫,右随员,中为夫人,处处体现

---

① (清)郭嵩焘:《伦敦与巴黎日记》,钟叔河主编《走向世界丛书》第4册,第268页。

② 同上书,第611—612页。

着"女士优先"的良好风尚，"盖一家之内，女权最尊"①。可见，一种礼仪、一种习俗、一种风尚、一种文明的背后，对女性的尊重，可追溯至文化根源处的人性。而相比之下，中国确实是女性缺席的社会。

郭嵩焘的精神世界是外倾而敏悟善感的。对他来说，西方社交活动所体现出来的"女性主义"既亲切又自然，一步一步走入他的心里。西方女性生活与中国女性生活的"迥异"，并未让他惊诧不已，相反让他觉得这种生活令女性更有生命的活力，更可敬，更有魅力，更具内涵与气质。在这种感性的亲和与理性的追求的基础之上，向外交礼仪的国际化靠拢，对郭嵩焘本人来说，是没有生涩感的。

西方国家的驻使惯例，"凡公使所拜之官，公使夫人即当拜其夫人"②，同时也把茶会、游园、观剧等文化活动当作重要外交手段，而这些活动的主角，一般是公使夫人。这便是真正的"夫人外交"。而中国传统的禁忌，对"妇道"的强调和严苛，郭嵩焘是十分清楚的。女人不能与男人平起平坐，即使出身贵族，也不能跻身公众场合，甚至根本就不能抛头露脸。女人只能为男人私人所有，即使是她们的一举一动、一颦一笑，也是不能与外人"分享"的。

然而郭嵩焘的观念在英国逐渐发生了变化，认识到了女性在外交方面的重要性。为了使如夫人梁氏适应社交礼节，熟悉公使夫人的社会角色，郭嵩焘把梁氏从幕后推到台前，让梁氏参加公使夫人聚会。郭嵩焘抵英后的第一个月内，便有"威妥玛夫人来见梁氏，并携其二稚子至"③，又有金登干夫人邀请梁氏"为万生园（动物园）之游"④。梁氏还受威妥玛夫人之邀参观伦敦精美绝伦的"织绣馆"，"盖皆世族之不能自给者，以织绣为业，凡三百余人，所织皆大幅花卉"⑤。

---

① （清）张德彝：《随使英俄记》，钟叔河主编《走向世界丛书》第7册，第498页。
② （清）刘锡鸿：《英轺私记》，第73页。
③ （清）郭嵩焘：《伦敦与巴黎日记》，钟叔河主编《走向世界丛书》第4册，第100页。
④ 同上书，第105页。
⑤ 同上书，第135页。

三

今天看来，郭嵩焘的"夫人外交"应该得到支持、赞许和发扬。但在当时的社会背景下，就他所从属的群体而言，他已经走得太远了。充满刚正之气的郭嵩焘心中只有探求救国道路的历史使命感，而他的使命感却被险恶的官场阴谋和世俗舆论玷污了。

为适应西方外交场合，郭嵩焘一直奉行理性外交，采取各种措施以推动中国走向世界。但是，副使刘锡鸿对于郭嵩焘的言行却早已不满，这与彼此的宿怨有关。郭嵩焘起初是不愿意要刘锡鸿做副使的，当时就曾表示："刘锡鸿出洋有三不可：于洋务太无考究，一也；洋务水磨工夫，宜先化除意气，刘锡鸿矜张已甚，二也；其生平好刚而不达事理，三也。"① 可见彼此的关系一开始就比较紧张。刘锡鸿密劾郭嵩焘蔑视谕旨、披洋人衣、议论黄旗、崇效洋人、不遵国制、怨谤国家等"十大罪状"，尤其是其中第十款，"谓以妇女迎合洋人，令学洋话、听戏，指为乱俗"②。刘锡鸿背地里弹劾郭嵩焘令梁氏学英语、四处应酬、令梁氏出入戏园，并首先以如夫人的名义举办茶会以开往来之端，表现出他对西俗的排斥与对封建礼教的固守。"茶会"，即相当于今天我们所说的"party"，前面已经提到，此次茶会是郭嵩焘按照西方风俗礼节而举行的，而且郭嵩焘此次携如夫人梁氏出使英国，各国公使皆知，郭嵩焘已经参加过他们的茶会，也理应回请。但是，这件维护国体的事在国内却被拿来作为郭嵩焘的罪状。

对于此次茶会，不仅英国多家报纸做了报道，就连上海的西文报《字林西报》（*The North China Herald*）和中文报《申报》也做了报道。1878 年 8 月 6 日，《申报》在头版的位置以《钦使宴客》为题进行了报道，其中说道："侍郎与其如夫人暨英参赞官马君（即马格

---

① （清）郭嵩焘：《玉池老人自叙》，养知书屋光绪十九年（1893）刻本，第 31 页。

② （清）郭嵩焘：《伦敦与巴黎日记》，钟叔河主编《走向世界丛书》第 4 册，第 810 页。

里）出至厅室接见男女诸尊客。"① 8 月 9 日,《申报》又登载《论礼别男女》一文,对茶会一事大加评论,最后得出结论:"甚矣,礼之所以别男女也。泰西人未尝泥之而能合礼之本,中人则无不知之而徒存礼之末,此礼之所以难言也。"② 言外之意是郭嵩焘在伦敦此举虽符合西方的文明,但有违中国的礼仪。

郭嵩焘得知《申报》的消息后心中大为不快,接着又获悉张佩纶"引茶会为词"③ 来参劾他的消息,当即表示对《申报》关于茶会事的报道要一并追查。郭嵩焘首先怀疑到与他有宿怨的副使刘锡鸿,或有意中伤诬蔑,或指使使馆随员为之,尤其是"刘和伯曾在《申报》局多年",又与刘锡鸿过从甚密,"行迹绝可疑"④,于是寓书上海友人李凤苞请查究刘和伯致《申报》馆的信。马格理也按照郭嵩焘的要求,致信《申报》馆主事美查,希望查询刘和伯与《申报》馆的往来信件。通过传示刘和伯致《申报》馆书信,郭嵩焘向总理衙门提出"请查《申报》馆华人诬造谣言",为他"辩《申报》之诬"⑤。

《申报》于 1879 年 4 月 9 日(光绪五年三月十八日)以《解明前误》为题,公开向郭嵩焘道歉,并一再声明:"爰即辩正在报,现在此事已闻于驻沪英达(文波)领事,故即请领事据情能达侍郎,以明本馆并非有意嘲谑。蒙侍郎俯鉴愚忱,不与计较,而本馆益深愧恧矣。"⑥ 到此时,《申报》公开向郭氏表示歉意,又寄望达文波等人从中调停,而郭嵩焘见此也不再深究。为了表示诚意,《申报》于 1879 年 4 月 10 日(光绪五年三月十九日)又刊出《郭侍郎出使英国事》的专文,极力称赞郭嵩焘使英"诚能为国宣猷不负委任矣",还说他两年多来"遇事和衷商榷,期于至善,其才大心细,识广量宏,迥出寻常万万,迄今舆论翕服称道勿衰"。文章还特别将去年使馆茶会事

---

① 《钦使宴客》,《申报》1878 年 8 月 6 日。

② 《论礼别男女》,《申报》1878 年 8 月 9 日。

③ (清)郭嵩焘:《伦敦与巴黎日记》,钟叔河主编《走向世界丛书》第 4 册,第 842 页。

④ 同上。

⑤ 同上书,第 870 页。

⑥ 《解明前误》,《申报》1879 年 4 月 9 日。

称赞一番:"上年在英都特设茶叙,上自执政大臣,以及官绅士庶来会者几千余人。侍郎一一接晤,睹者惟觉词和气蔼,如坐春风,伦敦人士无不仰其仪容,佩其言论,深望侍郎久驻英都,得以长亲教益。"① 这与上年8月9日《申报》所发《论礼别男女》的议论,形成明显对比。《申报》虽然向郭嵩焘公开道歉,但是并未宣布茶会评论文章的作者姓名。马格理坚持认为此事出于刘锡鸿的中伤,但郭嵩焘看到4月10日《申报》的专文之后,认为辩诬目的已经达到,也就不深究了。此案终成一场不了之局。

四

1878年8月25日,清廷谕命曾纪泽接替郭嵩焘为出使英国大臣,但直到1879年1月25日曾纪泽才抵达伦敦,郭嵩焘亦于此日正式卸任。郭嵩焘在卸任回国前专门偕如夫人梁氏远赴阿思本行宫面辞英国女王,女王非常高兴,与梁氏谈话,并分别设席款待郭嵩焘与梁氏。② 这次面见英王为郭嵩焘的外交生涯画上了一个圆满的句号。在英国期间,郭嵩焘被英国人誉为所见东方人中最有教养者。他卸任归国时,伦敦《泰晤士报》写道:"郭去曾继,吾人深为惋惜。郭氏已获经验与良好之意见,此种更调实无必要,对于其国家将为一大损失。"③《字林西报》也说:"凡熟悉欧洲政情者,均知郭氏对其政府确已尽职。"又说:"郭氏已树立一高雅适度榜样,与外国相处无损于其影响与威仪。"④

近代中国已经走向世界,外交不能游离于国际惯例之外。中国女人,哪怕是为妾的女人,也同样享得起公使夫人的尊严,与西方女性没有什么不同。也许,郭嵩焘还没有明确表达这种理念,但他的言

① 《郭侍郎出使英国事》,《申报》1879年4月10日。
② (清)郭嵩焘:《伦敦与巴黎日记》,钟叔河主编《走向世界丛书》第4册,第870—871页。
③ 钟叔河:《绪论:论郭嵩焘》,钟叔河主编《走向世界丛书》第1册,岳麓书社1984年版,第51页。
④ 同上书,第52页。

行、作风、态度，便已是再明白不过的表达了。作为中国第一位驻外公使，郭嵩焘在当时的条件下，没有也不可能接受世界局势、国际关系和外交学等基本知识的系统训练。他是靠接触为数不多的材料和虚心考求去认识外部世界的。今天看来，令人惊奇的不在于他的认识有所偏颇，而是比同时代的大多数人都高出一筹，最好的例证便是刘锡鸿在妇女问题上的看法。据刘锡鸿的《英轺私记》记载：某日，"归途，博郎与刘孚翊论中国闺教之严。博曰：'妇女亦人也，何独幽诸室而不出？'刘无以答。洎晚，余谓刘曰：'君何不云，胸吾体，背亦吾体，何为胸则前，而背则后乎？以胸阳而背阴也。头吾皮肤，少腹以下亦吾皮肤，何为头则露，而少腹则覆之乎？以头阳而少腹阴也。'"① 两人对女性的看法真可谓是天壤之别！

郭嵩焘无疑是近代中国外交的先行者，但他回国前后遭到了顽固派的猛烈攻击，他启迪国人心智的《使西纪程》也惨遭毁版，他被攻击的主要"罪证"之一就是在英国实践"夫人外交"。这是郭嵩焘本人的不幸，也是近代中国的悲剧。

本文与林广荣合作，原载《江西社会科学》2008年第7期。

---

① （清）刘锡鸿：《英轺私记》，第153页。

刘坤一的洋务思想及其实践

刘坤一，清末湖南新宁人，历任江西巡抚、两广总督、两江总督兼南洋通商大臣，帮办海军军务等要职。作为清朝同光时期的重要疆吏，刘坤一自然参预和主持了许多洋务活动，对洋务运动的发展、晚清政局都有着不可忽视的影响。因此，探讨刘坤一的洋务思想和活动，无疑将有助于洋务运动史和晚清政治史的研究。

一 "练兵言战始可言强"

第二次鸦片战争之后，中国即处于西方列强的环伺之中，民族危机日益严重，刘坤一密切关注列强侵华动向，对日本侵台、沙俄窥视中国东北、西北地区的阴谋多次给予揭露，提请清廷注意。同时，他认为制止列强侵略的最有效办法，是中国本身的自强，这就是效法西方，练兵制器。刘坤一认为，"方今之势，非日日练兵，人人讲武，不足以转弱为强"[1]。早在江西巡抚任内，他就积极参加练兵活动，对练兵表现出极大的热忱。刘坤一在江西采用了轮练之法，抽练选锋兵2000人，后来派人取回直隶、江苏的练兵章程，并在江苏雇募5名熟悉洋操的军人在江西充当教练，进行洋式训练，任两广总督后又练广东兵5000名。在练兵过程中，刘坤一非常重视炮队的编练，认为

---

[1] 中国科学院历史研究所第三所主编：《中国近代史资料丛书·刘坤一遗集》第5册，中华书局1959年版，第2133页。

"行军以火器为先，火器以炮队为利"①，遂于光绪五年（1879）将江苏留存的勇营庆字中营的 500 名勇丁和 180 名长夫，全部改编为炮队，配备前后膛洋炮 24 尊，添募 3 名教习，训练使用洋炮。

甲午战争前后，刘坤一认为"时局艰难，外侮频仍，自以制械练兵为当今急务"②，愈益注重练兵制械。光绪十八年（1892），刘坤一在所辖湘军和督标亲军中改编炮队，有的以营为单位，配备两磅后膛车炮 24 尊，有的是步炮混编，每营配备洋炮 4 尊。光绪二十四年（1898），他认为"今日时势，练兵为第一大政，练洋操尤为练兵第一要著"③，将所属江南防军 37 营旗一万一千余人一律配备后膛九响毛瑟枪，由自强军挑选一百余名排长充当教习，按照德国操典训练操法、枪法、阵法等新式军事操练技术，他还将《西法类编》《德国陆师操法入门》等书印发给官兵学习。这年八月，他与张之洞一块上奏清廷，认为"外国之所最长，盖莫过于兵"，请求下令在全国"赶紧讲求练习外国操之法"④。在练习过程中，刘坤一深感"惟一军之强弱，恒视将领之优劣为转移"⑤。因此，他又比较注重用近代军事科学技术知识培养军事指挥人才。光绪二十五年（1899），他在江宁设立选将学堂，选拔各营旗官弁入堂学习，聘请洋人教授马步枪炮、工程、辎重、测量等课程。与此同时，他还选择由德国人任教习的江南陆师学堂的优秀毕业生，分配到各营担任中下级军官。

与练兵紧密相连的是制器。早在同治十年（1871），时任江西巡抚的刘坤一就派人在上海雇募工匠到江西制造洋火药和炸炮子，接任两广总督后认真经营他所主持的机器局。在他的主持下，广东机器局仿制的各种新式枪炮，"俱属精良灵便"，尤其是格林炮，工巧价廉，

① 中国科学院历史研究所第三所主编：《中国近代史资料丛书·刘坤一遗集》第 2 册，中华书局 1959 年版，第 675 页。

② 中国科学院历史研究所第三所主编：《中国近代史资料丛书·刘坤一遗集》第 3 册，中华书局 1959 年版，第 478 页。

③ 刘锦藻撰：《清朝续文献通考》第 3 册，浙江古籍出版社 1988 年影印本，第 9647 页。

④ （清）朱寿朋编：《光绪朝东华录》第 4 册，中华书局 1958 年版，第 4756 页。

⑤ 中国科学院历史研究所第三所主编：《中国近代史资料丛书·刘坤一遗集》第 3 册，第 1124 页。

直隶等省纷纷要求购买。江南制造局在光绪七年（1881）便能制造出中针林明敦后膛枪，光绪十八年（1892）已能仿制前后膛钢枪和后膛新式步枪。为了不依赖国外的钢料，他主张在制造局设炉炼钢，三年后开始出钢。以后，他又奏准在该局设立炼钢、栗色火药和无烟火药等三厂，并为该三厂奏准每年在江海关税项下拨银 20 万两，作为常年经费。在"制器"过程中，刘坤一深感当时因人设厂和制造杂乱的状况不能满足"自强"的需要，因而向清廷提出：第一，应该规定南北洋各机器局一局专造一项，以期"专而能精"。为此他向外国订购机器，在南京设局专门制造洋火药，是一局专造一项之范例。第二，全国广设机器局，一省设一局，偏远省份两省设一局。以上建议都是从全国整体考虑，不能说没有见地。

对于海防所需军舰，刘坤一也主张自己制造。光绪三年（1877），刘坤一在广州仿照外国样式制造内河小轮船 14 艘，用于内江巡防。光绪五年（1879），他又令广东机器局和盐务所制造轮船 4 艘，用于巡察海口。李鸿章用银 240 万两向英国购买 8 艘蚊子炮船，刘坤一不以为然，认为花费太多，应当自己制造。他下令广州机器局仿造了两艘蚊子炮船，并上奏清廷请责成福州船政局，江苏、广东等省的机器局自行仿造蚊子炮船，以代替向外国购买。为了制造和修理舰船，刘坤一早于光绪二年（1876）用 8 万元从英国人手中买下了黄埔船坞，船坞内机器等物一应俱全。他当时就说："将来如有扩充机器局务、自行制造大船大炮之时，此处便为得用。"① 前述广州机器局就是在此处制造了两艘蚊子炮船。

办理海防，刘坤一倾向以守为主，认为"海防虽不可不办，然目前似当以守为主"②。因此，他花费了大量精力在沿海沿江修筑洋式炮台。同治十三年（1874），刘坤一派人去镇江、上海察看洋炮台，随即在九江和湖口各修筑了两座。到广州后他对前任所筑虎门等处的数

---

① 孙毓棠编：《中国近代工业史资料》第 1 辑上册，科学出版社 1957 年版，第 457 页。

② 中国科学院历史研究所第三所主编：《中国近代史资料丛书·刘坤一遗集》第 4 册，中华书局 1957 年版，第 1792 页。

十座炮台加以改进，并配备前后膛大炮一百余尊，其中有重达 2500 斤者，到光绪五年底增筑洋炮台至一百三十余座。在两江总督任上，刘坤一对沿江及长江海口各炮台亦极重视，说"炮台为江海干城"，令守台将士勤加操练，他还经常出巡察看，在军事要地添筑炮台，给各炮台不断配备大炮。在防御方面，与炮台相辅助的是水中的水雷。刘坤一认为"办理海防，必须水陆相辅"，"水雷实为制敌利器"①。他在广州时就督饬广东机器局仿制水雷，亲自考校金陵机器局仿制成的浮雷、沉雷、碰雷等各种水雷的功用。

二 "非富无以致强"

与其他洋务派一样，刘坤一在练兵制器的活动中也认识到了"强"与"富"的关系，认为"非富无以致强"，从而积极投身于"求富"的洋务经济活动中。

刘坤一认为中国"各省矿产甚多，为我自然之利，取之不尽，用之不竭，生财之道无逾乎此，然非有铁路，则矿务不能畅行"，因此必须"铁路与矿务相需而成"，由此提出"善后之策，唯有亟修铁路，广开矿务"②。光绪二十二年（1896），刘坤一上折请设商务大臣，请开办卢汉铁路。他提醒清廷，当时列强对中国"莫不虎视眈眈，思欲择肥而噬"，中国必须"发奋为雄"，而不能"甘就削弱"。就当时形势而论，刘坤一提出"中国必须开办铁路，以为富强之基"，首先应当修筑卢汉铁路，然后以此为干路，"接办各处支路，循序渐进"③。同年南京附近发现煤矿，刘坤一便派人招聘矿师进行踏勘，然后制定办法，或由官或由商进行开采。徐州铜山煤矿产量较高，但运销上海成本很高，难以与洋煤竞争，刘坤一便向清廷上片，请求蠲免

---

① 中国科学院历史研究所第三所主编：《中国近代史资料丛书·刘坤一遗集》第 4 册，第 1925 页。

② 中国科学院历史研究所第三所主编：《中国近代史资料丛书·刘坤一遗集》第 5 册，第 2162 页。

③ 中国科学院历史研究所第三所主编：《中国近代史资料丛书·刘坤一遗集》第 2 册，第 910 页。

沿途厘捐，以减轻商人的负担。

对于洋务企业的经营形式，刘坤一不同意官督商办，而主张官商合办。光绪七年（1881）他上片清廷，主张将官督商办的轮船招商局内的官款及其利息，"作为官股，照商股一律办理"，这样"其利得以分润，公私两得其平"①。对于路矿企业也是如此，刘坤一不赞成官办和官督商办，而主张商办。他认为"仍旧官办，值此库帑支绌之时，无从筹此巨款"，"若复狃于官督商办之说"，"势不至本集自商利散于官不止"，因此请求"以官发其端，以商任其事"，进行商办。②他在请求开办卢汉铁路的折子中建议："访查殷实绅商，及由商而官，或由官而商者，派充总商，令其自设公司，招集股分。"③他在给翁同龢的信中也明确表示"官办不如商办"。但是，他所说的"商办"，是必须由"官为保护"，即由政府控制的。光绪二十四年（1898），刘坤一遵旨在上海设立商务总局，目的是"联络绅富，鼓励商民，讲求物土之宜、仿办制造之事"。到光绪二十七年，他与张之洞上折清廷，认为"西国之富实以工"④，请求在国内奖励工艺，鼓励人民设厂制造，发展工业，并请求制定矿律、路律、商律，保护国内工商业。

刘坤一主张与外国通商，认为"中西通好通商，将与天地相始终，即有圣神文武之主起，而内修外攘亦不能闭关绝市"⑤。光绪七年，在对轮船招商局前往东西洋贸易的讨论中，刘坤一极力赞成并主张给予支持。早在两广总督任内时，他就曾批准轮船招商局"和众"号轮船前往美国檀香山进行贸易。他认为"泰西各国以商而臻富强"，中国应当仿效，中国商船到各国贸易，还可以"分洋人之利"。同时，刘坤一还主张在国内保护中国商人的利益。光绪六年，他上折清廷，

———————

① 中国史学会主编：《中国近代史资料丛刊·洋务运动》第 6 册，上海人民出版社 1961 年版，第 608 页。

② 宓汝成编：《中国近代铁路史资料》第 1 册，中华书局 1963 年版，第 203 页。

③ 中国科学院历史研究所第三所主编：《中国近代史资料丛书·刘坤一遗集》第 2 册，第 909 页。

④ （清）朱寿朋编：《光绪朝东华录》第 4 册，第 4761 页。

⑤ 中国科学院历史研究所第三所主编：《中国近代史资料丛书·刘坤一遗集》第 4 册，第 1824 页。

主张采煤运煤"应一例减税","以广销路而顺商情"。第二年他上片清廷，主张中国商人运茶到俄国，也照俄国商人只交正、半两税，此外概不重征，"庶几有利可图，商情自能踊跃"，不致被俄商挤垮。①

刘坤一主张"富""强"并重，"非富无以致强"，这与其他洋务派没有什么区别。但他"求富"的途径却与其他洋务派不同，他不仅反对企业的官办，而且反对官督商办，大力提倡商办，主张保护国内工商业，并付诸行动。这些都有利于中国民族工商业的发展，是顺应历史潮流的。

三 "中学宜兼西学"

机器生产与科学技术紧密相关。对此刘坤一也深有认识，他主张引进西方先进的科学技术，认为这才是"自强根本要图"。

刘坤一早年主张设西学馆传播西方的先进科学文化和技术。光绪二年，他准备在广州设西学馆，认为"西学馆之设，诚为当今急务"，以后又请福建船政大臣黎兆棠替他在福建艺学馆和福建船政出洋留学生中，物色各学科优秀人才，"堪充各西学馆教习"②。西学馆拟开设制造、驾驶、矿学、化学、汽学、重学等课程。可惜他不久被罢职，西学馆也就半途而废了。

光绪二十一年（1895），刘坤一上折清廷，建议广泛翻译西学书籍，发给各省书院，供诸生学习，并由各地方官聘请西洋饱学之士和精通西学的中国学者为书院教习。另外，在各通商口岸设立学堂，聘请懂西学的人做教习。光绪二十四年，刘坤一在《创立江苏省郡县学堂折》中指出"学堂之设，为自强根本要图"，在江苏"应迅设省、府、县各学堂以植其本，另设农、工、商等学堂以造其精"③。于是，

① 中国科学院历史研究所第三所主编：《中国近代史资料丛书·刘坤一遗集》第2册，第608页。

② 朱有瓛主编：《中国近代学制史料》第1辑上册，华东师范大学出版社1983年版，第478页。

③ 中国科学院历史研究所第三所主编：《中国近代史资料丛书·刘坤一遗集》第3册，第1046页。

他在南京将原储材学堂改成江南学堂，作为江苏省高等学堂，将各府、县旧有书院改为府、县学堂，宗旨仍是"中学为主、西学为辅"。同时，他打算再设立农务学堂、工艺学堂、矿路学斋，分别学习种植、农艺、树艺、畜牧、制造、重力、汽化、地质等各种专门学科。同年十月，清廷下令停罢各省学堂，刘坤一立即上奏加以反对，请求"饬各省分设中学堂、小学堂，多译中西政事有用之书，以资诵习，延请中外品学兼优之士，以为师儒，以期渐开风气"①。光绪二十七年，他与张之洞上奏清廷，建议"令各省分遣学生出洋游学……并宜专派若干人入其师范学堂，专习师范，以备回华充小学、中学普通教习"②。

与此同时，刘坤一还主张设立报馆、派遣留学和奖劝游学。光绪二十四年，清廷下令严禁报馆、学会等。刘坤一上片认为农学会、农学报、商学报、商学会，能够联络通气，考求物产，对于农务、商务大有益处，请求清廷不要禁设这类馆会。第二年，刘坤一在江苏各学堂中挑选了 20 名学生，派赴日本成城学堂学习军事，以期成为"干城之选"。光绪二十七年，他与张之洞共同上奏清廷，提出应当"奖劝游学"，或由"各省分遣学生出洋游学"，或由个人"自备川资出洋游学"，学习文武两途及农、工、商、师范等专门之学，学成者给以进士、举人、贡士等资格，这样清政府就"可省无数之心力，得无数之人才，已可谓善策"③。

在引进西学方面，刘坤一当然还不能脱离"中体西用"的窠臼，但他主张全面、系统地引进西学。他提倡的兴学堂、设报馆、遣留学、劝游学，都推动了西方先进的科学技术和文化知识在中国的广泛传播。

① 中国科学院历史研究所第三所主编：《中国近代史资料丛书·刘坤一遗集》第 3 册，第 1067 页。

② 朱有瓛主编：《中国近代学制史料》第 1 辑下册，华东师范大学出版社 1983 年版，第 983 页。

③ （清）朱寿朋编：《光绪朝东华录》第 4 册，第 4737 页。

四 "据理力争"与"以夷制夷"

刘坤一久任地方疆吏,在长期的对外交涉活动中形成了自己的思想。

19世纪70年代,刘坤一对外交涉的基本思想是既要维持和约,但又不迁就退让,正如他所说:"中外交涉事件,固须推诚布公,亦在于直捷坚忍,不躲闪,不游移,有时亦足以服其心,挫其势。"① 同治十三年(1874)日本侵台,刘坤一认为"不可不防其渐"。《中日北京专条》签订后,他很不满意,认为清政府"议给五十万,虽以抚恤为名,终是苟且将就"②。光绪五年(1879)崇厚与沙俄谈判归还伊犁问题,刘坤一上疏认为"俄约决不可迁就,致启得步进步之渐,恐以肉啖虎,肉不尽而虎不止"③。及至曾纪泽与沙俄签订了《中俄伊犁新约》,他仍觉得清政府"过于迁就,将来善后为难"。

在具体办理对外交涉中,刘坤一基本上做到了"据理力争"。这方面比较典型的事例是他在江西办理教案和在广州交涉华工出国问题。刘坤一认为,"天主教之败坏民风,有碍吏治,难以言罄,现在污染渐深,蔓延渐广,居然异类,隐然敌国,尤为将来之忧",非常不满"领事、主教、教士等不惟每事干预,并且多方把持"④。同治八年(1869),因为酉阳和遵义等教案问题,法国公使罗淑亚在法国水师提督的陪同下,率军舰沿长江西上。法国天主教九江主教戴济世闻知此事,便推翻同治二年南昌焚毁教堂已赔银完结之案,要求在南昌清理地基,重建教堂。罗淑亚等人到南昌后,刘坤一与他反复谈判,辩论达两年之久,最终使之理屈词穷,不再争闹。同治十二年(1873),江西抚州崇仁县天主教教民章建明,仗恃传教士护持,

---

① 中国科学院历史研究所第三所主编:《中国近代史资料丛书·刘坤一遗集》第4册,第1785页。

② 同上书,第1760页。

③ 同上书,第1933页。

④ 中国科学院历史研究所第三所主编:《中国近代史资料丛书·刘坤一遗集》第5册,第2312页。

在县衙门截捉七十多岁的老贡生汪波，将其打伤，并多次在县里滋闹。崇仁知县非但不敢捉拿，反而还打算赔修教堂。刘坤一认为"过于迁就，不惟不成政体，更虑养成该教士恶习，将来必至创巨痛深"①，批饬将章建明等人提解到南昌审办。法国传教士罗安当写信给刘坤一干涉此事，而刘坤一不受干扰，最终将章建明等人施以杖徙之刑。

西方殖民者为了牟取暴利，在中国各通商口岸大肆从事诱骗、掠卖华工的活动。光绪四年，广东省番禺县在城外查出一所为美国同孚洋行诱拐华工的地下"招工馆"，并查获被诱拐的数十名华工。事发后，同孚洋行与美国驻广州领事林干、秘鲁驻华公使爱勒谟串通一气，多次到两广总督衙门纠缠，要求将所扣华工放还同孚洋行。刘坤一与之反复辩论将近两个月，最后除准许自备川资取保的11人仍准出洋外，其余一律扣留。同年，西班牙驻广州领事多达要求在广东进行所谓"招工"，刘坤一立即将其驳回。西班牙驻华公使伊巴理在外扬言以借给华工盘资为条件在广东招工，实际上仍是诱拐华工。刘坤一得悉后立即写信给总理衙门，要求出面制止。接着多达又多次亲自到总督衙门进行交涉，均被刘坤一驳回。刘坤一又与多达信函往复，进行辩论，最终使多达放弃了要求。

在对待列强侵略的问题上，刘坤一虽然主张在交涉中据理力争，但同时还主张依靠列强调停，利用他们之间的矛盾使之相互牵制，来达到制止他们侵华的目的。例如，对待俄国的南侵，他就主张"宜结援西洋以拟俄人之后，使之不敢南牧"②。甲午中日战争以后，刘坤一更深刻地意识到了列强对中国的威胁，但他也更一味地把祖国的安宁寄托在列强之间的相互牵制上。光绪二十一年（1895），俄、法、德三国干涉日本将辽东半岛归还中国，刘坤一喜出望外，认为"为目前计，为将来计，均应联络俄与法、德，以壮声援"③。为了取得俄国的

---

① 中国科学院历史研究所第三所主编：《中国近代史资料丛书·刘坤一遗集》第5册，第2328页。

② 中国科学院历史研究所第三所主编：《中国近代史资料丛书·刘坤一遗集》第4册，第1824页。

③ 中国科学院历史研究所第三所主编：《中国近代史资料丛书·刘坤一遗集》第6册，中华书局1957年版，第2559页。

"声援"，刘坤一一反常态，把他一向视为最危险的俄国看作可以依赖的朋友。他上奏清廷，建议密饬总理衙门及出使大臣，"凡与俄交涉之事，务须曲为维持，有时意见参差，亦须设法弥缝，不使起衅"，并认为"中俄邦交永固，则倭与各国有所顾忌，不至视我蔑如，狡焉思启"①。光绪二十三年，德国借口巨野教案出兵强占了胶州湾，刘坤一给总理衙门和翁同龢、荣禄等人写信，建议秘密联络英国、日本和法国进行干涉，或者干脆将胶州湾开放给各国来牵制德国。义和团运动时期，俄国乘机出兵占领了东三省，并强迫清朝当地官员签订了《奉天交地暂且章程》。刘坤一立即给随慈禧流亡在外的军机大臣发电报，要求密电各国全权代表不承认这个章程。此外，刘坤一还与张之洞给英国和日本专使发电报，打算将东三省开放给各国，以此遏止俄国的独占，只是由于日本的反对才未实行。刘、张又托盛宣怀把中俄章程秘密交给英、日、美、德四国领事，企望各国共同"责以大义"，俄国"似亦不能不从"②。这种"以夷制夷"的主张，是利用列强之间的相互矛盾使其互相牵制，以阻止他们对中国的进一步侵略。这是刘坤一在列强环逼、国力虚弱的形势下不得已想通过外交途径抵制侵略的办法。正如他所说："引狼自卫，本属非计。然处此万不得已之势，若因应不善，则狼且与狈共售其奸。"③

刘坤一一生中参与了大量的洋务活动，并形成了自己的洋务思想，是晚清同光时期一位重要的洋务派人物。作为一个重要的洋务派人物，刘坤一的洋务思想和活动都有着一定的积极意义。他的爱国思想贯穿于他所从事的全部洋务活动之中。为了抵抗侵略，他主张"练兵能战始可言强"，从而进行了练兵、制器、筹办海防等一系列活动。他极力主张兴办矿务、铁路，这固然是因为"非富无以致强"而奠"富强之基"的，但更重要的是为了防止"利源外溢"，"杜外人窥视之渐"。在对外交涉方面，他主张争主权。虽然他总的倾向是为了保

① 中国科学院历史研究所第三所主编：《中国近代史资料丛书·刘坤一遗集》第2册，第876页。

② 中国科学院历史研究所第三所主编：《中国近代史资料丛书·刘坤一遗集》第5册，第2296页。

③ 同上书，第2149页。

"和局"而坚持不切实际的"以夷制夷"的幻想，但在某些具体问题上也能做到"据理力争"。他并不甘心中国永远积弱不振，因此在主张维持"和局"的同时，还主张"自强"。在谈判《辛丑条约》的光绪二十七年（1901），他建议清廷"既须筹赔偿之款，尤宜筹办事自强之款"，因为"赔偿之款所以纾目前之祸难，自强之款所以救他日之沦胥"①。作为"国家柱石之臣"，刘坤一的洋务思想及其活动影响很大，对清政府内政、外交的决策都起了一定的作用。他在光绪二十七年与张之洞联衔合奏《江楚会奏三折》，全面而又系统地提出了"采西学"的建议，大部分为清廷所接受，在随后进行的"新政"中给予实施。这些对中国在军事、经济、文化教育等方面"近代化"，都起了重要的推动作用。

本文系提交"全国第四届洋务运动史学术讨论会"论文，原载《史学月刊》1998年第1期。

---

① 中国科学院历史研究所第三所主编：《中国近代史资料丛书·刘坤一遗集》第3册，第1289页。

张之洞在山西

　　在中国近代史上，张之洞是洋务运动后期领袖。在洋务运动前期，张之洞是朝野闻名的清流派代表人物。洋务派和清流派是当时统治阶级内部政治主张有同有异的两个派别，在一定条件下，清流派可以向洋务派转变。张之洞是由清流派转变为洋务派的一个典型。而其开始转变的关键，则是由中央出任山西巡抚的几年。本文试就张之洞在山西巡抚任内的这个转变作一探讨。

一

　　张之洞是光绪七年（1882）十一月到山西的。他出任山西巡抚之前，曾担任过浙江乡试副考官、湖北学政、四川学政、翰林院侍讲学士等官职。在这个时期，张之洞是清流派的主要成员。他经常议论政治的得失，揭露清朝政府中的一些弊病。他对清朝的腐朽统治，曾经提出过不少改良修补的办法，例如，要清政府采纳属下意见、修整武备、注意河防等，企图从各个方面来巩固清朝的封建统治。同时，他经常攻击洋务派妥协投降的对外政策。光绪五年（1879）十月，洋务派崇厚擅自与沙俄签订了丧权辱国的《里瓦几亚条约》。对此，张之洞坚决要求刑部"明正典刑，治使臣之罪"，同时对"岁糜数百万金钱以制机器而养淮军"却不能迎敌作战的李鸿章极不满意，建议清廷如果李鸿章并不能一战，就不能再任用他为"重臣"[①]。就这个问题，他于光绪六年（1880）五月再次攻击洋务派的主要首领北洋大臣李鸿

---

① 许同莘编：《张文襄公奏稿》卷2，民国九年（1920）刊本，第4页。

章和南洋大臣刘坤一，"身为干城，甘心畏葸，不能任战以解君父之忧，但恃曲赦以为侥幸之计"，要求清廷对这两个洋务大员"力加严谴"①。他认为，"自咸丰以来，无年不办洋务，无日不讲自强，因洋务而进用者数百人，因洋务而靡耗者数千万"，但是，"阅三朝积弱如故"，一旦遇有战事，那些洋务派"号持高论者亦徒手吁嗟太息而不能知其然"②。可见，这时期他对洋务派及其洋务活动基本上是持否定态度的。作为清流派，张之洞的思想也不同于极端顽固派。他曾以通达权变与同僚们相互标榜。对外，他主张抵抗，反对侵略，但并不反对采用"西法"和洋枪洋炮来武装清朝军队。光绪六年（1880）正月，他在《会议未尽事宜片》中认为，"教练海战实是西人所长，闻赫德愿觅西士助我教练海防，其说未尝不可酌采"③。同年（1880）八月，他奏请"立发数十万金，饬南北洋大臣向上海洋行迅速购买各种精巧后膛枪、洋炮洋枪及戈登所云之春坎炮，并火药、炸弹等物，务令足敷各军半年之用"④。由此看来，张之洞并不完全否定洋务派的活动。尽管他与洋务派在采用"西法"和洋枪洋炮上的动机不同，他是要以此对付外国侵略，而洋务派却旨在对内镇压人民反抗、对外妥协投降、培植自己的势力。但是，就采用"西法"和洋枪洋炮维护封建统治这个问题，他的思想与洋务派的思想是一致的。尽管如此，若要他接受洋务派思想，并进一步发展为行动，则需要一个很重要的条件，这就是他必须由不当权的京官变为掌握实权的地方督抚。他出任山西巡抚，为他提供了至关重要的条件。

当时，山西的情形怎么样呢？19 世纪 80 年代，由于外国资本主义势力的入侵，中国沿海地区封建的自给自足的自然经济结构已经大大瓦解，洋务派在沿海各省和长江流域各省举办了一大批近代军事和民用工业企业，民族资本主义已经产生并得到初步发展。而山西僻处内地，较为闭塞，受外国资本主义势力的影响较少，风气未开，仍基

---

① 许同莘编：《张文襄公奏稿》卷2，第13页。
② 同上书，第10页。
③ 同上书，第11页。
④ 许同莘编：《张文襄公奏稿》卷1，第31页。

本上处在腐朽的封建统治下，落后于全国。用张之洞的话说，由于他的几任前任，鲍源深"太儒"，曾国荃"太滥"，葆亨"太昏"，致使山西"官场大患，州县则苦累太甚，大吏则纪纲荡然"①，以致"公私困穷，几乎无以自立，物力空匮，人才艰难，上司政出多门，属吏愍不畏法，民习颓惰以蠖其生，士气衰微而废其学，军律日即荡弛，吏胥敢于为奸。譬如尪羸之躯，而后为百病诸创所攻削"②。山西可说是从上到下各个方面都已腐败不堪，到了非表里兼治不可的地步。但他很自信地认为，山西经他大加振作，将"虽不能为强国，可为治国"③。于是，他在山西便开始了政治、经济、军事、文教各个方面的治理。

二

从光绪七年（1882）十一月到光绪十年（1884）四月，张之洞任山西巡抚两年四个月。他在这个时期的思想和活动，我们从如下四个方面分别加以叙述。

第一，政治方面。张之洞在任山西巡抚之前，基本上属于传统的封建官僚那种类型，他在短期的山西巡抚任内所进行的活动仍主要是采用传统的封建的治理方式。面对"大吏则纪纲荡然""属吏愍不畏法"的局面，张之洞首先大力抓了吏治。从光绪八年（1882）四月到光绪十年（1884）二月，他大致劾罢了害民不职文武官员达四十余人。当时属于山西的在长城以北的归化、萨拉齐、和林格尔、托克托、清水河、丰镇、宁远七厅的理事同知，按规定只有满员才能任职。张之洞认为当时的情形与以往有所不同，于光绪八年（1882）七月请求清廷"不分满汉，量才授缺"④。

山西当时虽然闭塞，张之洞也还是遇到了一些新问题。因为山西

---

① 许同莘编：《张文襄公函稿》卷2，民国九年（1920）刊本，第2页。
② 许同莘编：《张文襄公年谱》卷2，商务印书馆民国三十五年（1946）版，第13页。
③ 许同莘编：《张文襄公函稿》卷2，第4页。
④ 许同莘编：《张文襄公年谱》卷2，第37页。

人民和外国教堂发生冲突的案件日益增多，张之洞不得不于光绪八年（1882）四月设立了教案局，对逞刁生事的教士教民，令主教撤换或驱逐出境，对安分讲理的教堂则给予嘉奖。这样，外国传教士的嚣张气焰才有所收敛。同时，外国人游历各省，毫无禁阻，深入到了中国内地的穷乡僻壤，张之洞便上奏清廷，请求给以限制，只准指定一二处。

在这期间，地方上更新的问题影响了他。他看到许多洋务派官僚通过他们所从事的洋务事业扩大了自己的政治权势，便也试图进行一些洋务活动，作为扩大自己权势的资本。早在光绪八年（1882）四月到山西不久，他就产生了这种想法。他在《与张幼樵》书中不满意他"僻在一隅，大事都不能闻知"的处境，认为"如蒙朝命洋务亦许与闻"，那他就不至于"徒为不切题之文章"①。可见，他当时是羡慕在沿海地区凭办洋务而成为朝廷中枢的洋务派的。早在张之洞到山西之前，英国传教士李提摩太就为他的前任曾国荃拟订了一个包括开矿、兴实业、办学校在内的大规模"西化"山西的方案。曾国荃没有接受这个方案，但这个有着诱人前景的方案却大大地吸引了张之洞。张之洞决定借助李提摩太的指导，来尝试举办洋务事业。光绪十年（1884）四月，张之洞发出了《延访洋务人才启》，明确地谈了他对洋务的认识。根据多年的细心观察，他感觉到了"中外交涉事宜，以商务为本，以兵战为用，以条约为章程，以周知各国物产、商情、疆域、政令、学术、兵械、公法、律例为根柢，以通晓各国语言文字为入门世用所资，至广且急"，从而认为"方今万国盟聘，事变日多，洋务最为当务之急"。他在启事中说，由于山西闭塞，因此非常愿意集思广益，希望全国各地的洋务人才前来。不管是熟悉洋务的哪一方面，或是钻研精通天文、算术、历算、地球；或是通晓各国语言文字；或是熟悉沿海险要之地；或是多见机器运用得宜；或是根据洋法能自己制造；或是研究船舰大炮；或是精通开矿之学；或是能阐述新旧条约的变迁；或是能剖析公法西法的异同；还是对洋务全面熟悉

---

① 许同莘编：《张文襄公函稿》卷2，第4页。

的，都将受到欢迎。到山西后，根据其才能，给予优厚的薪金。① 在招徕洋务人才的同时，张之洞也开始了具体筹办洋务事业。他在发给下属的《札司局设局讲求洋务》中强调，"直省各局林立，取精用宏，裨益甚多，关系甚重"；山西"亟宜仿照兴办，极力讲求，开利源以复旧规，图近功而求远略"。他要求司局认真讨论筹办洋务事宜，就在省城东门内设立洋务局，选派提调、正佐、委员等办洋务官员，先就本省中熟悉洋务之人和已经购来的各种洋务书籍研究试办，详细订立章程，广泛访求洋务人才，并具体指示：设洋务局之处要选择地势宽阔的地方，以便将来在附近添修院落，来作为制造厂所；所有新出有关洋务的各种书籍，随时向天津、上海等地购买；各省著名通晓中外交涉事务之人，由清源局随时访求；立即筹集款项派官员去苏州雇募机匠，并在上海购买若干种外国新式织机、农器，运到山西作为洋务局厂的发端；如果试造各种新式器械，不得吝惜工料；举办洋务事业的所有一切经费就在河道库提存。② 由此我们可以看到，张之洞不仅在思想上已经开始向洋务方面转变，而且也已见诸积极的行动。

第二，经济方法。为了改变山西"公私困穷""民习颓惰以蹙其生"的面貌，张之洞多次札饬各厅州县劝办社仓，并制定《劝办社仓章程》。同时，他多次减免各属差徭，并改旧有差局为清徭局。对于向清廷进贡的物品，他也多次请求缓解。为了使政府财政收入不致短绌，他奏请清查山西库款并设清源局于巡抚衙内。与此同时，他还举办了一些疏河、筑堤、修路、赈灾等事情。山西历来烟患较大，他看到"有嗜好者，四乡十人而六，城市十人而九，吏役兵三种几乎十人而十矣，人人枯瘠，家家晏起，堂堂晋阳，一派阴惨，败落气象，有如鬼国"③。鸦片烟不仅摧残劳动者，侵夺地力，使封建政府收入减少，而且使封建统治的支柱——军队和官吏日益腐败。因此，他多次申禁烟之令，禁种罂粟，禁吸鸦片，并于年终考核地方官禁烟功过，上报清廷，分别给以奖惩。

---

① 许同莘编：《张文襄公公牍稿》卷3，民国九年（1920）刊本，第19页。
② 同上书，第17—18页。
③ 许同莘编：《张文襄公函稿》卷2，第2页。

张之洞不同于顽固派，他在山西处理具体事务时没有被传统的"重农抑商"思想禁锢住，而是采取了"通商惠工"政策。光绪八年（1882），泽州府铁货销路不畅，从事贩运的铁商日益稀少。对于这种情况，张之洞认为，"通商惠工乃善后诸政中切要之务，但有可兴之利，自应多设方略，广为招徕，况铁货为晋省物产大宗，岂可坐听凋零，失此地利"。他要求泽州府属员认真考虑这个问题，劝令铁工分别添设炉座，并借发银两给铁商，免其起息，来鼓励他们从事此业。他叮嘱务须切实办理好这个事情，以免将来断绝了这个财源。① 为了使山西之铁运销通畅，光绪九年（1884）十二月，张之洞与北洋大臣李鸿章会奏，山西之铁运销奉天、上海等地时，请变通成例，改由天津出海，仍然在产铁地方进行熔炼，然后招商运销。山西潞安府产盐运销陕西时，行商困于重叠抽厘。张之洞于光绪十年（1884）四月奏请制定了潞盐起运预缴陕厘办法，规定在山西缴纳厘金时一次纳完，沿途不再抽厘，来给商人贩运以方便。②

与此同时，沿海沿江地区洋务派开矿、设局织布获取厚利的情形引起了他的浓厚兴趣。光绪八年（1882），他在《与张幼樵》书中就已表露出他欲开铁矿的想法。他觉得山西可忧虑的不是没有铁，而是灾后人民流散、工匠寥寥、无人熔造的情形。对直隶开平兴办的铁务，他非常眼红。③ 张佩纶光绪九年（1883）路过山西时，张之洞对他说，购买洋铁不是长久之计，应该在山西开矿炼铁来供应天津局厂之用。到这年（1883）九月，张之洞给在总理衙门的张佩纶写信议论时政时，又谈到了在山西开矿炼铁的问题。总理衙门对此进行了讨论，决定委托张之洞筹备办理。张之洞曾说，从那时起他就非常关注这个问题。第二年，他就在山西筹议开采铁矿。④ 在纺织业方面，张之洞也想创办企业。他在《批灵丘县禀修筑堤规教习纺织》中认为，教习纺织是利普一方的事情，要求灵丘县属下即使经费不足，推行不

---

① 许同莘编：《张文襄公公牍稿》卷1，第6页。
② 许同莘编：《张文襄公年谱》卷2，第37—39页。
③ 许同莘编：《张文襄公函稿》卷2，第3页。
④ 许同莘编：《张文襄公年谱》卷2，第38页。

易，也要"持之以恒，督之以勤"①。光绪九年（1883）四月，张之洞在省城设立了桑棉局，并说明他的目的是"志在修复，为晋民开生财之源"。为了筹办桑棉局，他向江苏巡抚请求雇募技术熟练的机匠一二十名，携带纺织生、熟、花、素等种布匹的机具到山西，住在桑棉局来传授纺织技术。至于这些机匠所需要的路费、工钱和纺织机具所需款项，也希望江苏巡抚会同山西赴苏委员商定，提前给发。他盼望这些机匠"早日就道北来"②。洋务派在统治阶级内部之所以占有举足轻重的地位，是由于他们与外国侵略势力的密切关系和在经济、军事上的雄厚实力。对于后者，张之洞看得很清楚。于是，他就在职权范围内，积极从事扩展其经济、军事力量的活动。开办局厂，就是扩展经济实力的主要途径。

第三，军事方面。晚清时期，地方军队逐渐取代中央军队在清朝军事力量中占据主要地位。地方督抚无不把其所控制下的军队视为自己的私有军队，凭此在统治阶级内部争权夺势。显然，"军律日即荡弛"的山西地方军队是不能使雄心勃勃的张之洞满意的。早在张之洞任山西巡抚不久的光绪八年（1882）四月，他就认为，晋军"种种恶习殊难尽述"，"整顿营规莫急于此"③。到这一年（1882）九月，他首先编练抚标马步亲军营。光绪九年（1883）正月，他开始筹办练军。练军是当时各省依照湘淮军营制编练的地方军队。在《札委知府李秉衡统领精兵马步三营》中，他提出编练练军的要求是："不用一无能之将，不养一糜饷之兵。至于训练阵法技艺，当求临阵可收实用，不可沿袭绿营故套。"希望达到"日臻强劲，缓急可用"④。可见，他对其所控制下的军队是多么重视。

在这个时期，军队要达到"强劲"，就必须学习李鸿章等人用洋枪洋炮武装军队。光绪十年（1884）四月，他上奏清廷，认为"绿营积弊无可挽回"⑤，勇营"其兵在随将领为去留，不与地方相杂系，

---

① 许同莘编：《张文襄公公牍稿》卷19，第6页。
② 许同莘编：《张文襄公公牍稿》卷2，第17页。
③ 同上书，第4页。
④ 许同莘编：《张文襄公公牍稿》卷1，第26页。
⑤ 许同莘编：《张文襄公奏稿》卷6，第15页。

亦往往有迁地弗良之时"①。因此,他建议在山西裁改兵制,并奏陈事宜十二条。在这个"十二条"中他提出,以前绿营是以弓箭取胜,而这个时候"临敌制胜,首望火器",因此在各军中不论官兵都要掌握"火器"②。这里的"火器"就是洋枪洋炮。当时,一些洋务派头子如李鸿章等人手中的军队之所以强大,就是因为是用洋枪洋炮武装起来的。对这一点,张之洞自然看得很清楚。既然他已控制了一省的武装,而这个武装又是他借以抬高自己政治地位的资本,而且用洋枪洋炮武装军队是当时增强军事实力的一个有效途径,那么,对于以"通达权变"著称的张之洞来说,当然不会舍弃这个途径,从而极力讲求用洋枪洋炮武装他所控制下的山西地方军队。

第四,文教方面。张之洞从小就一直受封建文化的熏陶。他14岁考中秀才,16岁中顺天乡试第一名举人,27岁考中进士,在功名前程上拼搏了半生。任清朝官吏后,他非常重视封建文化教育,任浙江乡试副考官时创建了经心书院,任四川学政时又创建了尊经书院。出任山西巡抚后,他当然不能容忍山西"士气衰微而废其学"的状况,而要进行一番整顿。他入闱监临光绪八年(1882)的山西乡试后,就下令对贡院大加整修。兴工两年,用银三万余两,在贡院两廊修房七十余间,同时把内帘各考官住房和办公地点全部改建在地势高、干燥而又明亮的地方,贡院外边的门楼、围墙等也全部增高加固。③ 针对"斯文日替,人不以读书为重,读书人遂亦不知自重,士习文风交承其敝"的情况,他认为必须"端蒙养而兴文教,优新进而重士林,振淹滞而革锢习"。光绪九年十二月(1884年1月),他开始筹划推广兴办义学的办法,打算把义学普及到大村设两所、中村设一所、穷苦之村两三村合办一所、零散不成村的数村合办一所,企图以此强化封建文化教育。

但是,张之洞在这个时期所进行的文教活动已不完全同于以前。他到山西的第二年便下令山西书局购运南方出版的书籍到山西发售。

---

① (清)刚毅等修:《晋政辑要》卷25,清光绪刊本,第95页。

② 许同莘编:《张文襄公奏稿》卷6,第18—22页。

③ 许同莘编:《张文襄公年谱》卷2,第32页。

光绪九年十二月（1884 年 1 月），他又命筹饷局拨银 5000 两，加上书局存银 3000 两，统由山西书局汇至天津招商局，托其代运"南省书籍"①。虽然，我们还不知道他所购买的"南省书籍"都是哪些种类，但到 19 世纪 80 年代，随着洋务活动的开展，洋务派所创办的一些较大的局厂（如福州船政局）附设有新式学堂，有的局厂（如江南制造总局）还设有专门翻译西方科技书籍的机构，联系张之洞在这个时期设洋务局等活动，我们可以把这批"南省书籍"视为包括有西方译著的书籍。他要用这些书籍在山西开风气，培养新式人才。为了培养封建统治人才，张之洞于光绪八年（1882）与学政王仁堪仿照浙江诂经精舍和广东学海堂的形式，在山西设立令德堂。令德堂培养学生的原则是汉学宋学并重。但也不仅仅限于此，张之洞所聘请的教师，如杨深秀主讲《尚书》，主张今文经学，杨秋湄精通算术、史学，尤精于地理，都是主张变通的。为了使令德堂得以长期办下去，张之洞还于光绪十年（1884）四月令冀宁道讨论令德堂经久章程。令德堂培养了一批为封建统治服务的人才，据记载是"通省人才多出于此"②。这些人才中就包括有一些新式人才，如杨之培跟父亲杨秋湄学地理，跟杨深秀、吴锡钊学算术等，而通"中西法"，成为令德堂学生所仿效的榜样。③ 张之洞在山西所进行的文教活动仍不能完全脱离封建礼学那一套，或可说主要就是那一套。这与他以后在《劝学篇》中总结的洋务派理论"中学为体，西学为用"并不矛盾。"中学为体"即主张维护封建纲常名教，"西学为用"则是向西方学习生产技术和坚船利炮。他在山西从事文教活动，开始注重"西学"。从这里，我们可以看出他思想发展的渊源关系。

三

上面是对张之洞任山西巡抚时期思想和活动的简要叙述。为了出

---

① 许同莘编：《张文襄公年谱》卷 2，第 37 页。
② 同上书，第 38—39 页。
③ 常赞春辑：《山西献征》卷 6，山西书局民国二十五年（1936）版，第 47 页。

人头地，张之洞在任所"喘息无暇"地进行了政治、经济、军事和文教各个方面的整顿和"革新"。由于他是以清流派身份第一次出任疆吏，因此，他的许多主要措施，仍然是传统的封建主义的治平之道。诸如他大抓吏治、设义仓、清查库款、减免差徭、禁烟、筑路、治河、整饬"邮政"、推广兴学、整顿营规等，都是为了消除"晋省弊政"，维护封建统治。但是，随着时间的推移，在外国资本主义和买办势力的影响下，他的思想发生了明显的变化。他认识到单靠古代的"圣经贤传"已很不够，承认了"洋务最为当务之急"，因而开始了如前所述的办洋务活动。他企图利用西方的近代军事装备和工业技术来强化封建专制制度，靠办洋务来抬高自己在封建统治集团内部的政治地位。

张之洞调离山西以后，先后在两广总督、湖广总督任内大张旗鼓地兴办洋务，逐渐成为洋务运动后期首领之一，正是奠基于他在山西的洋务活动。因为他在山西举办过欲培养通"中西法"人才的文教事业，而有以后在南方"广立武备、农工商、铁路、方言、军医诸学堂"等广兴洋务学堂的举措；① 因为他在山西有过大力开采铁矿的设想，到南方便办起了炼铁厂等工矿企业；因为他在山西有过设立桑棉局以求"开利源"的尝试，以后便毅然办起了"织布、纺纱、缫丝、制麻革"等新式纺织工业企业；② 因为他在山西有过欲用洋枪洋炮武装军队的企图，以后他果然就用"西法"编练了新式军队——"江南自强军"。因此，我们有理由认为，张之洞确实是在山西迈出了他向洋务派转变的第一步，也即他由清流派主要代表人物转变为洋务派后期首领的关键。

作为清流派的代表人物，张之洞为什么会开始向洋务派转变呢？我们首先要看到的是，清流派和洋务派的阶级本质是一样的。它们是当时封建统治阶级内部大同小异的两个政治派别，彼此间只是在怎样维护封建统治上有意见分歧。洋务派主张对外妥协、利用西方的近代军事装备和工业技术来维护封建统治，清流派则主要梦想用中国传统

---

① 《清史稿》第41册，中华书局1977年版，第12379页。

② 同上书，第12378页。

的"圣经贤传"教条来维护封建统治。在维护封建统治这个根本问题上，他们的主张是没有任何不同的。因此，清流派有转变为洋务派的可能性是不足为奇的。张之洞的转变，是一个突出的例子。他一生的活动，都是为了维护封建专制统治，都是出于封建统治万古长存幻想的需要。

其次我们还要看到，清流派由靠"清议"博取声誉的不掌实权的清朝中央小官僚变为掌握一省或数省地方军政大权的督抚后，在外国资本主义和买办势力的影响下，为培植私人势力，也自然会增长向洋务派转变的必然性。19世纪后半期，由于外国资本主义势力的入侵，中国社会逐步加深了半殖民地化的程度，清朝封建统治阶级对外国资本主义的依赖性日益加强。表现在地方督抚身上，要比无权的中小京官突出得多。因为前者直接受外国资本主义、买办势力的影响是经常的，实践中他们逐渐感觉到采用"西法"、洋枪洋炮可以更好地维护封建统治，所以相继办起洋务来。张之洞在山西的活动，也正说明了这个问题。清朝的地方督抚总揽一省或数省的军政大权，到晚清尤甚。这同他们举办洋务、形成各集团势力的封建割据大有关系。洋务活动的"先行者"曾国藩、李鸿章、左宗棠等早已为张之洞树立了榜样。曾、左、李等人的"业绩"对张之洞无疑有着巨大的诱惑力。因此，他决心凭借已掌握的山西军政大权，迈开办洋务的步伐，以步曾、左、李的后尘。历史没有辜负他，山西成了他作为后期洋务派头子的发祥之地。

纵观张之洞在山西的活动，我们可以得出这样的结论：由于本质相同，清流派有转变为洋务派的可能性；清流派由不掌握实权的京官出任地方督抚，是它向洋务派转变的一定条件；张之洞在山西巡抚任上的表现是清流派向洋务派转变的一个典型。

本文的写作得到了郭吾真教授的悉心指导，特此致谢。原载《山西大学学报》1983年第4期增刊。

张之洞与台湾

台湾是中国第一大宝岛，它不仅蕴藏着丰富的矿藏、地热、水力、森林、水产等资源，而且还是联结南北海运和远东航线的必经之地，在经济发展和国际交往中具有非常重要的战略地位，因而成为近代列强各国所争夺的一个重要目标。台湾也就成为近代中外关系中比较敏感的地区之一。张之洞，清末直隶南皮人，历任山西巡抚、两广总督、湖广总督、署理两江总督、内阁大学士、军机大臣等职。作为一位晚清重臣，张之洞自然非常关注台湾的命运。本文拟对张之洞与台湾的关系问题作些考察，以期有助于台湾史的研究。

一

张之洞很早就开始关注台湾。1882 年 11 月，在清廷关于对沙俄订立条约的讨论中，时任翰林院侍讲学士的张之洞，在积极建议加强西北边防的同时，认为沿海"所防者唯台湾为急"，因为"日本灭球乃垂涎台湾之渐"，但是台湾防务"毫无成效者不得人故也"①。于是，他向清廷推荐湘军宿将刘璈和广东潮州镇总兵方耀智担任台湾文武官员，以加强台湾的治理和防务。后来，清廷于第二年 5 月任命刘璈为台湾道，全面筹划台湾防务。

中法战争爆发后，张之洞临危受命，于 1884 年 5 月接替因备战不利而被革职的张树声，担任两广总督，主持两广抗法事宜。此时，台湾也成为法国侵略军的主要攻击目标。虽然张之洞的主要职责是负

---

① 王树枏编：《张文襄公全集·奏议》卷 3，民国刊本，《台防重要敬举人才片》。

责两广边防，但他善于从全局出发，对台湾的防务也非常重视，密切关注。在整个中法战争中，张之洞主要做了以下几方面的工作。

第一，张之洞能从整个战争的战略角度考虑台湾的防务，提出切实可行的建议。

1884 年 8 月，法国海军少将利士比率军舰进攻台湾基隆，台湾形势顿呈紧张。对此，张之洞向清廷提出"牵制以战越为上策"的建议，① 即以加强在越清军的力量来牵制攻台法军。他举荐吏部主事唐景崧募勇入越，联合在越的刘永福黑旗军，攻破了被法军侵占的越南宣光，沉重打击了侵越法军，从而牵制了侵台法军。1884 年 10 月，法国侵华海军司令率主力舰队进占台湾基隆后不久，宣布封锁台湾海面，阻绝大陆对台湾的人力物力支援。面对这种严峻的形势，张之洞经过深思熟虑，向清廷提出了"围魏救赵"的建议，主张以加强进攻在越法军来解台湾之围。他认为当时清军"唯有力争越南，攻所必救"，"越圻渐恢，台围自解"②。为此，他推荐前广西提督老将冯子材和右江镇总兵王孝祺各率一支军队由广东进援广西。后来，他们率军在中越边界打败了前来进犯的法国军队，取得了震惊中外的震南关大捷，并乘胜追击，收复了越南境内的许多失地。同时，刘永福的黑旗军也取得了临洮大捷等胜利。这些胜利都有力地支援了台湾军民的抗法斗争。从实际效果来看，张之洞的建议措施是正确的。

与此同时，张之洞还特别关注台湾本身的防务问题。他觉得在台湾海面被法舰封锁、大陆难以接济的情况下，台湾只有自筹办法才能坚持抗法。他多次主动与主持台湾防务的福建巡抚刘铭传取得联系，探询守台办法。1884 年 10 月 29 日，张之洞向清廷和刘铭传建议防守台湾的四项"自筹办法"③：首先，应当在台湾当地制造火药以维持长期抗战，台湾本地产磺，硝可从旧砖盐卤中提取。其次，多募团勇，法兵登岸后用团勇昼夜进行骚扰，消耗其弹药，疲劳其军队，然后派清军精锐攻打。再次，不要转移基隆附近的清军，用其牵制法

---

① 王树枏编：《张文襄公全集·奏议》卷 9，《唐景崧募勇出关片》。
② 王树枏编：《张文襄公全集·奏议》卷 10，《分遣广军规越折》。
③ 王树枏编：《张文襄公全集·电牍》卷 1，《致淡水刘爵帅》。

军，减轻淡水清军的压力。最后，破格赏爵，来激励全台人民抗法，如对成功地组织团勇抗法的豪绅，可以封其五等爵，捐饷之人可较平时从优叙奖，打走法军后全台免缴一年钱粮。在当时全台湾被全面封锁的情况下，这些办法都是切实可行的。

第二，张之洞在整个中法战争期间都能够始终尽其所能对台湾抗法给予积极的援助。

其实，当时广东的人力物力也非常缺乏，张之洞自己也承认"海防吃紧""饷需奇绌"①。但是，张之洞能力任其难，尽其所能支援台湾。1884 年 8 月，法国海军少将率法舰轰毁基隆，台守军队急需军火经费。张之洞立即命令广东善后局、海防局、军火局筹措到白银 2 万两、哔木地洋枪 1400 支、子弹 52 万发、火药 600 桶，雇外国轮船运送台湾。10 月 30 日，张之洞从西方人办的报纸上获悉法国军舰在台南一带骚扰的消息后，立刻致电台湾道刘璈，询问敌情，探讨援台办法，"欲济饷、通信，有何法？有便即示数语为慰。尊意如有保台良策奇计，祈示。能代谋者必竭力"②。法国军舰封锁台湾海峡后，台湾全岛防务就显得比较单薄，兵力、饷械都比较缺乏。张之洞就千方百计支援台防。台湾被围时，张之洞立即派游击（武官名）方沿挑强汰弱，组成装备充足的粤军 5 营赴台，但因刘铭传想调旧部吴宏洛军援台而作罢。张之洞便遵照刘铭传的意愿，将驻粤淮军吴宏洛部 5 营派赴台湾。12 月中旬，张之洞派林国祥向台湾运送白银 3 万两。12 月下旬，法舰封锁更加严密，张之洞便将 3 万外国银元请香港商人分别汇往淡水和台南。他认为在战时用香港商人向台湾汇款不失为一个有效的好办法，致书刘铭传说，"此次汇项办妥以后，可源源照办"。请刘铭传派人向台北、台南商人商谈汇兑事宜，若能办妥，"少则数万，多则数十万，粤东都能应付"③。张之洞在广东为台湾购买了前膛枪和后膛枪各 2000 支和各种弹药等，派人分批送往台湾。对于张之洞的

---

① 王树枏编：《张文襄公全集·奏议》卷 9，《接济台湾军火饷项片》。
② 王树枏编：《张文襄公全集·电牍》卷 1，《致台湾刘道台》。
③ 中国史学会主编：《中国近代史资料丛刊·中法战争》第 4 册，新知识出版社 1955 年版，第 527 页。

大力支援，当时主持台湾军务的刘铭传在一份奏折中曾感激地说："张之洞于救台接济饷项、军火，不遗余力。"① 对此，清廷在一个上谕中也提到"两广总督张之洞，筹济军事，不分畛域"，"著交部议叙"②。

第三，张之洞在战后还积极为解除台湾封锁而奔波努力。

1885年4月4日，清政府在清军取得胜利的情况下，授权英国人金登干在巴黎与法国代表毕洛签订了《中法停战条件》，其中第二款明文规定"法国并允将台湾封港事宜撤除"③。但是，法国侵华海军并未立即解除对台湾的封锁。对此，张之洞深为忧虑。4月19日，他致电总理衙门，请朝廷"敕北洋速与法商，令将台口即日认真弛封，以符原约"，"告以彼不开口，显然背约"，"及早力争，大局幸甚"④。4月27日，法军仍未解除对台湾的封锁，而且还向这一地区增派船舰。张之洞焦虑万分，再次致电总理衙门，指出"原议彼开各口，今台仍封"，"禁我济台，彼船不断"，"我所虑者唯台、澎"。法军仍在封锁台湾，目的在于"以便要挟"⑤。所以，他请求清廷责令李鸿章速与法国代表商谈照约解除台湾封锁，"无论如何为难，亦宜尽力争取"。焦灼之情溢于言表。

二

1894年7月，日本发动了侵华战争，甲午中日战争爆发。孤悬海外的台湾就成为最易遭受攻击的目标。清政府调派抗法名将刘永福募勇赴台，加强防务。当时，日军进攻的重点还不在他们梦寐以求的台湾，而是在朝鲜和辽东半岛。但是，随着清军在战场上的节节溃败，

———————

　① 中国史学会主编：《中国近代史资料丛刊·中法战争》第6册，新知识出版社1955年版，第198页。

　② （清）朱寿朋编：《光绪朝东华录》第2册，中华书局1958年版，第1900页。

　③ 王铁崖编：《中外旧约章汇编》第1册，生活·读书·新知三联书店1957年版，第463页。

　④ 中国史学会主编：《中国近代史资料丛刊·中法战争》第6册，第417页。

　⑤ 同上书，第431页。

所有关注台湾的人不由得紧张起来。因为日本很早就开始觊觎台湾，1874年就曾发动侵台战争，但那次占据台湾的野心没有实现。这次随着日军的不断取胜，日本必然不会放过他们垂涎三尺的宝岛台湾。事实上，到1894年10月，日军在朝鲜战场取得对清军的全部胜利并侵入中国辽东半岛后，日本政府就拟定了《媾和预定条约》，提出了割取台湾的方案。甲午中日战争时期，张之洞担任湖广总督，其间有一段时间署理两江总督。他自始至终关注着台湾的局势，对日本觊觎台湾保持着高度的警惕。早在战争刚刚爆发，张之洞就致电时任台湾布政使的唐景崧，提醒他"台但防倭耳"①。在整个战争过程中及战后，张之洞为保卫台湾不遗余力。

首先，张之洞充分利用这种机会影响清廷的决策来保卫台湾。1894年11月，张之洞听到"倭索台湾"的传闻，立即致电主持对日作战的直隶总督兼北洋大臣李鸿章，认为"台湾万不可弃"。如果台湾被日本割占，"从此为倭傅翼，北自辽南至粤，永无安枕。且中国水师运船终年遭其挟制，何以再图自强？"② 他非常担心日本乘战胜之机割占台湾，所以致电李鸿章，晓以利害，使其提高警觉。1895年2月底，张之洞听说日本"有索台湾开矿十年"的消息，便致电总理衙门，分析"台湾极关紧要，逼近闽浙，若为敌踞，南洋永远事事掣肘"③，所以绝不能答应日本的要求。

尽管张之洞为保住台湾而四处活动，大造舆论，但是此时清政府已经被日军打怕了，表示准备接受日本提出的割地赔款条件。张之洞心急如焚，"三次电奏，力阻和议"。清廷屈服于日本侵略者的压力，电令李鸿章在《马关条约》上签字。张之洞听到这个消息，"不胜焦灼痛愤"，明知难以挽回，但还是电奏清廷，极力劝阻。他分析了条约对中国的危害："倭约各条贪苛太甚，闻台民不甘属，必然起衅，各省军民必至痛恨深怒，断不甘。稍有枝节，彼即谓不依条约，立刻

———————

① 中国史学会主编：《中国近代史资料丛刊·中日战争》第5册，新知识出版社1956年版，第1页。

② 王树枏编：《张文襄公全集·电牍》卷18，《致天津李中堂》。

③ 王树枏编：《张文襄公全集·电奏》卷5，《致总署》。

生事，彼时战不及战，守不及守，和不及和，即欲暂避亦不及避"，"其祸岂堪设想"，"中华何以立国?"① 请求毁约再战，但是遭到了清廷的痛斥。

其次，张之洞在谏阻和约的同时，还在谋求西方列强的支持来保住台湾。当然，当时的西方列强莫不对中国这块肥肉虎视眈眈，它们都不会成为中国真正的同盟。但是，也并不排除它们为了各自的利益相互钩心斗角，或通过支持中国来谋求更大利益的可能性。张之洞正是基于这一考虑，在万般无奈之中向清廷提出了"结强援"的策略。

早在 1894 年 11 月，张之洞在致李鸿章的电文中就提出"与其失地赔费求和于倭，不如设法乞援于英、俄，饵以商务利益"，"英、俄当可为我用"，"似与古语'远交近攻'之义相合"，"中国如何吃亏，总胜于弃台湾与倭矣"②。但李鸿章回电说，英、俄均以局外中立拒绝，此事暂罢。

1895 年 2 月底，日军已取得对清军的全面胜利，中日和议已在酝酿进行。张之洞非常关注台湾的命运，担心日本占据台湾，急向清廷提出一个"押台保台"的办法，即通过驻华公使与英国外交部商量，中国"向英国借款二三千万，以台湾作保。台湾既以保借款，英必不肯任倭盗踞，英必自以兵轮保卫台湾，台防可纾"③。如果英国不同意，可再允许英国在台湾开矿一二十年，英国必然同意。这就是将台湾的一部分利益让给英国，来抵制日本吞并台湾。张之洞在向清廷上奏的同时，致电清政府出使英、法、意、比四国大臣龚照瑷，请他与英国外交部商谈此事。虽然清政府采纳了这个意见，由总理衙门与英国驻华公使多次商谈，龚照瑷也多次与英国外交部商谈，但都没有取得什么进展。

1895 年 4 月 17 日，《马关条约》签订。张之洞"痛愤发指"，致电清政府出使俄、德、奥、荷四国大臣许景澄，认为日本"据朝鲜，赔巨款，割要地——凡已占辽境，东至旅顺、营口，台湾全岛皆属于

① 王树枏编：《张文襄公全集·电奏》卷 5，《致总署》。
② 王树枏编：《张文襄公全集·电牍》卷 18，《致天津李中堂》。
③ 王树枏编：《张文襄公全集·电奏》卷 5，《致总署》。

倭"，"中国无以自立"①。请他面谒俄国沙皇，请俄国出面干涉。但许景澄从俄国外交部得到的消息仅仅是俄国联合德国、法国只争辽东，不管台湾。4月23日，张之洞致电清政府赴俄专使滞留于法国巴黎的湖北布政使王之春，要他与法国外交部密商，请法国出面阻止日本割取台湾、辽东，中国则以"厚利相报"，但亦无结果。两天后，张之洞上奏清廷，再次请求"乞援强国"，建议"与俄国商订立密约，如肯助我攻倭，胁倭尽废全约，即酌量划分新疆之地，或南路回疆数城，或北路数城以酬之，并许以推广商务。如英肯助我，则酌量划分西藏之后藏一带地让与若干以酬之，亦许以推广商务"。这样，"同一弃地，而捐荒远之西域，可保紧要之威旅、全膏腴之台湾"②。在张之洞看来，这是两害相权取其轻，但实际上仍是牺牲中国的领土。然而，清廷并没有采纳他的这项建议。俄、法、德三国干涉日本将辽东半岛归还中国后，张之洞有些喜出望外，多次电奏清廷，请求一面设法推迟换约以争取时间，一面利用英法等国对日本的防范心理，请它们出面阻止日本割取台湾。与此同时，他又分别致电王之春、龚照瑗和许景澄，请他们加紧与法、英、俄、德等国外交部商谈，请各该国出面阻止换约，谋求保住台湾。但是虽经多方努力，却终无结果。为了联络西方列强阻止日本割取台湾，张之洞可算是费尽心机，用他的话说，"去冬至今，敝处分致英、德、俄、法使节转商外部，电商数十次，电奏数次，百计俱施，然率以无权，事竟不就"③。

最后，张之洞非常关心台湾的具体防务，在这方面做了大量工作。

早在1894年9月初，张之洞就致电时任台湾布政使的唐景崧，嘱其"台防总须一年计"④，全力做好台湾的防务工作。1895年2月下旬，张之洞听说日军在澎湖一带活动，立即电示升任署理台湾巡抚

---

① 中国史学会主编：《中国近代史资料丛刊·中日战争》第5册，第101页。

② 王树枏编：《张文襄公全集·电奏》卷6，《致总署》。

③ 中国史学会主编：《中国近代史资料丛刊·中日战争》第5册，第106页。

④ 同上书，第8页。

的唐景崧做好战守准备，并多次致电唐景崧，帮他分析守台的有利条件："台湾山险民强，瘴盛雨多，甲申、乙酉间，法攻半截不能深入，前二十年倭人到台，病亡过半"，唐景崧"才略忠勇，必能御倭"①。

唐景崧与帮办台湾防务刘永福关系不睦。面临危局，将帅不和，此乃兵家之大忌。张之洞非常焦急，利用他与二人的旧情，进行多方调解。他致电唐景崧："刘永福究系曾经百战之将，较之寻常提镇之未见战阵、习气太深者，胜之远矣，且素有虚声，借以定民心，壮士气。且此时事机紧急，切望略其所短，曲意联络，优加鼓舞，当能为公效臂指之力。"② 同时他致电刘永福，称其"忠勇性成，兵民信服，立功报国，正在此时。处台为难情形，已知梗概。已电嘱唐抚院和衷优待，亦望麾下忍小任大，和衷共济，建立奇功，是所盼祷。鄙人与麾下及唐薇帅皆系旧交，两君同处海外，支持危局，鄙人不能奋飞相助，昼夜悬念。唯盼两君同心，则必能破贼成功矣"③。总之，张之洞要求他们在此危急关头，以台防大局为重，捐弃个人恩怨，和衷共济，保卫台湾。他的调解起到了一定的积极作用，唐景崧和刘永福都振作了起来，准备做好台湾的防务工作。

1895年3月下旬，日军进攻澎湖。张之洞立即命令上海道向台湾拨解毛瑟枪子弹50万发、林明敦枪500支子弹150万发、黎意枪120支子弹10万余发，交英轮"斯美"号，运送台湾，并指示江南制造总局"如有造成快利枪，无论多少，尽数拨解"④。3月25日，日军攻陷澎湖。张之洞闻讯，"愤灼万分"，觉得台防更加吃紧，一面将金陵机器局旧存的田鸡炮弹400发解拨台湾，一面电嘱唐景崧"台事万分悬系，唯有赶造土炮、土药，陆路多掘坑坎，埋地雷，或可补助"⑤。同时，他还致电总理衙门，请求紧急援助台湾。

4月19日，清政府割让台湾的消息传来，全台震动，一片混乱。张之洞在向清廷谏阻的同时，不断与台湾联络，鼓励唐景崧和刘永福

---

① 中国史学会主编：《中国近代史资料丛刊·中日战争》第5册，第9页。
② 同上书，第90页。
③ 同上书，第91页。
④ 同上书，第93页。
⑤ 同上书，第100页。

留在台湾领导抗日。他致电唐景崧:"台民必留公","台民既有主脑,方不致乱",希望他"力以必能保台不归倭自任",并勉励他与刘永福合作:"同舟遇风,刘必尽力。"① 他又致电刘永福,肯定了他的抗日保台宣言,勉励他与唐景崧同舟共济:"台民留麾下守台,正是豪杰立奇功报国家之日,必能与薇帅同心协力,保此危疆。"② 5月20日,清政府下令台湾官员内渡,高级官员中只有唐景崧和刘永福留了下来。

5月25日,台湾官绅成立了台湾民主国,张之洞给予了坚决的支持。早在4月20日,唐景崧致电张之洞称:"台本未失,今民又不服倭,皆公法可争者。"③ 表露了台湾自主的想法。张之洞第二天回电,援引西方的例子,表示赞同唐景崧的意见,"西人言普法议和,普索法两省地,法以两省人不愿属法,普不能驳。中国可援例,听台湾民自便"④,公开支持台湾以自立形式抗日保台,并鼓励他:"台军民合力战守,足可取胜。"⑤ 当然,张之洞在此并不是要台湾独立,而是为了更有利于台湾抗日,"事定后台仍归中国"⑥。同时,张之洞命令上海道员调拨洋枪3万支,配备弹药,运往台湾,另外还指示将"局存者及附近萧镇等营可收回者,有车炮若干,世邦炮有未发者,俱尽数拨往","毛瑟弹亦尽数解"⑦,"速于瑞记(洋行)借款内先提三十万,交赴台商轮运往(台湾)"⑧。

但是,张之洞对台湾军民抗日行动的支持,却受到生怕影响和约的李鸿章的指责。李鸿章在5月18日给清廷的一封电奏中称:"其实

① 中国史学会主编:《中国近代史资料丛刊·中日战争》第5册,第110页。
② 王树枏编:《张文襄公全集·电牍》卷24,《致台湾刘镇台渊亭》。
③ 思痛子录:《台海近思录》,中国社会科学院近代史研究所近代史资料编辑部编《近代史资料》总51号,中国社会科学出版社1983年版,第28页。
④ 王树枏编:《张文襄公全集·电牍》卷29,《致台北唐抚台》。
⑤ 中国史学会主编:《中国近代史资料丛刊·中日战争》第5册,第128页。
⑥ 同上书,第135页。
⑦ 同上书,第126页。
⑧ 同上书,第131页。

阴令台民叛拒者，南洋及台抚也。"① "南洋"即指署理两江总督兼南洋大臣张之洞。5月28日，清廷谕令张之洞："台事无从过问，饷械等自不宜再解，免生枝节。"并要他"饬查各海口究竟有无私运军械勇丁之事，设法禁止，免滋口实"②。

在清廷的压力下，张之洞不得不停止援台活动。尽管如此，他在6月3日还致电唐景崧，指出台湾地域广大，山险甚多，日军不易攻取，让他坚持，"但存一府一县，即有生发，相持三月，各国必有出头者"，并表示他对台湾"仍可随时接济"③。唐景崧内渡后，张之洞把保台的希望寄托在刘永福的身上。他在致闽浙总督边宝泉的电文中称刘永福在台湾抗日"成则为郑成功，败则为田横，皆不失为奇男子"，"即使终归身殉，总可杀倭贼数千，断不能令倭贼唾手而得全台"，而不愿附和边宝泉劝刘永福离台内渡。④ 张之洞自己虽然在清廷"严旨"的压力下不敢再公开援济台湾，但却还暗中示意属下官吏以私人名义筹款援台。9月初，湖北按察使恽祖翼和岳常澧道员桂中行筹款一万余两白银运送台湾。9月中旬，恽祖翼又筹款2.8万两交刘永福的特使易顺鼎。

张之洞一生中虽然没有到过台湾，但却非常关心台湾的命运。在中法战争和中日战争期间，为了维护国家的领土主权，保住台湾，呕心沥血，百计思虑，不惜抗颜上争，可以说是与台湾同呼吸共命运，在自己能力所及的范围内积极向台湾派兵，拨送军饷和武器弹药，有力地支援了台湾军民抗击法、日侵略者的斗争。在近代中国社会，抗击资本主义列强的入侵，维护国家主权，是时代的主题之一，是摆在中国人民面前的一项重要任务。张之洞能站在国家民族的立场上，坚决维护国家主权，这一点在支援台湾军民抗击侵略的斗争中得到了充分的表现，这是应当给予充分肯定的。为了保住台湾，张之洞曾幻想谋求西方列强的帮助，甚至不惜牺牲国家的一些利益，这种做法当然

---

① 顾廷龙、叶亚廉主编：《李鸿章全集·电稿》第3册，上海人民出版社1987年版，第549页。

② 王树枏编：《张文襄公全集·电奏》卷6，《总署来电》。

③ 中国史学会主编：《中国近代史资料丛刊·中日战争》第5册，第140页。

④ 同上书，第142页。

是错误的，也是不可能实现的。虽然张之洞和许多爱国人士做了巨大努力，但是台湾仍未能保住，沦陷在日本军队的铁蹄之下长达50年之久，这是时代的悲剧。

　　　　　　本文原载《台湾研究》1999年第2期。

张之洞币制改革浅议

　　19 世纪末 20 世纪初，晚清政权处于风雨飘摇之中，内政外交一片混乱。特别是关系到一国之基的财政，在内忧外患的冲击下，显得弱不禁风。于是财政方面的变革作为晚清政权垂死前挣扎的几项举措之一，提上了政府的议事日程。而作为财政核心的币制改革，显得尤为重要，它既是晚清财政变革的重要内容，又是最为关键的一个环节。作为晚清大员的张之洞，历任山西巡抚、两广总督、湖广总督，署两江总督，入军机，统学部，是晚清币制改革的有力推动者和实践者。张之洞币制改革的推行和实施，具有一定的积极意义，开启了中国近代币制改革之门，但由于时代和个人的局限性，改革并不成功。

一　晚清币制状况

　　晚清财政由于内外两重压力，处于危机之中，主要表现为财政收支的极度不平衡。而与财政密切相关的币制问题也相当严重，出现了铸币原料匮乏、币值不稳和币制混乱等一系列严重问题。

（一）铸币原料匮乏

　　晚清主要使用银两和制钱，而这两种货币都属于金属货币，铸币原料的丰富与稀缺必然会影响银两和制钱的价值及铸造发行。晚清制钱沿用传统制钱模式，是为圆形方孔钱，铸币原料主要是铜另加少量的铅和锌形成合金。云南系主要产铜区，"官局用铜，自（康熙）四十四年兼采滇产"①，其极盛时期是雍正、乾隆时期，到了嘉庆中叶以后，滇铜产量逐年下降。到道光二十三年（1843），御史张修育就曾上折奏请民间禁用铜器："铜尽归公，以资鼓铸，洵可易无用为有用，于钱法大有裨益，而风俗亦还淳朴矣。"②而太平天国农民战争和回民起义，则截断了云南到北京的通道，使铜的供应量更为减少。咸丰九年（1859），清廷曾下令："所有各项铜器除乐器及古铜彝鼎等物不计外，其余各样铜器凡在一斤以上者，概行禁止。在京大小官员民人等自奉旨之日，限三日将一斤以上铜器赴部呈交，如有逾限不交查出，将铜斤入官，仍照刑部等衙门奏定官民处分罪名成案，分别办理。其各省铜铺私造一斤以上铜器者，照例治以应得之罪。"③由此可见铜料之缺。

晚清银两主要用于大宗交易和巨额支付，政府会计以银两计算，增收田赋数额在一两以上，则只收银两。但一方面，中国产银量极少，大部分来自海外；另一方面，近代罪恶的鸦片贸易和巨额赔偿又造成白银大量外流。据光绪五年（1879）的一条史料记载："洋药进口，每年约七万余箱，洋人每箱售银五百两，总计三千五百万两。中国每箱收税三十两，总计不过二百一二十万两。洋药厘捐，各省多寡不同，总计只二百数十万。中国所得皆民输官用，并非获自洋人，而外洋以此毒物收中国之银，岁至三千数百万之多，中国如之何而不穷也。"④而晚清政府一轮又一轮的战败—签约—赔款则加剧了银两之短缺。

铸币原料的缺乏，必然导致市场货币的缺乏，如第一次鸦片战争后的"银贵钱贱"现象。而这种短缺再加上国家货币控制力的弱化，结果是私铸和私销的盛行。御史陈启泰在光绪八年正月初八（1882年2月25日）的奏折即言："窃维制钱历代变更，大抵轻则窳恶难

① 《清史稿》第 13 册，中华书局 1977 年版，第 3643 页。

② 中国人民银行总行参事室金融史料组编：《中国近代货币史资料》第 1 辑，中华书局 1964 年版，第 153 页。

③ 刘锦藻撰：《清朝续文献通考》第 1 册，浙江古籍出版社 1999 年影印本，第 7706 页。

④ （清）朱寿朋编：《光绪朝东华录》第 1 册，中华书局 1958 年版，第 819 页。

行，重则盗铸尤甚。国朝制钱最为精当，然至今民间不足资转者，销毁与私铸之危害甚烈也。"①

（二）币制繁杂

直到光绪三十年（1904）成立户部银行之前，晚清货币一直没有一个统一的货币发行和管理机构，几乎各省均有铸币权，民间私铸私销又非常严重，所以币制十分繁杂，主要表现在币种繁多、成色不一和计算繁杂等方面。

晚清制钱有各种划分和名称，当时市面上流通的制钱既有官铸之钱，又有私铸之钱。仅就官钱而言，又有古钱今钱之别。今钱之中各朝又有轻重不等，以至于市面上非常混乱。"官铸制钱有样钱（北京官局铸出之钱）、制钱（各省官局铸出之钱）、白钱（色稍带白）等各种，皆形大色美。私铸则有所谓沙壳、风皮、鱼眼、老沙板、毛钱、灰板、鹅眼、水浮等名目。盖皆薄而小，杂以土、砂、铜、铅、锡而铸造者。""人皆夹此小钱于制钱中以充用，而钱之市价、钱之名称亦因此私钱混杂之多少而大有分别。"大致按私钱的多少分为大钱、清钱、毛钱、一九钱、二八钱、三七钱、四六钱、对开钱、六四钱、冲头，按用途分为典钱、衣牌、酱钱，按私铸制钱的色彩形状分为红钱、青果钱、当头炮等。制钱的计算采用一进制，即一个为一文，百个为百文，一千个为一串（一贯、一吊），但各省在实际操作中则各有不同，如"直隶一带以一百文为一吊，东三省方面则以一百六十文为一吊"②。

银两在清代总名为元宝银，细分则有元宝、中锭、小锭、碎银等名称。元宝约重50两，形似马蹄，故称马蹄银。中锭重约10两，锤状，称为锞子，或马蹄形的，就做小元宝。小锭又称小锞银，为3—5两，状如馒头。碎银则为零星银屑，又有滴珠等其他诸种名称，专为补助银锭之用。由于清代银两各省都有铸币权，而各自所铸的银两形状不固定，成色不一。《清朝文献通考·钱币考》中对乾隆以前银两

---

① 佚名辑：《中国近代货币史资料》第2辑，台北文海出版社1974年版，第632页。
② 魏建猷：《中国近代货币史》，黄山书社1986年版，第61—62页。

做了描述:"今民间所有自各项纹银之外,如江南、浙江有元丝等银,湖广、江西有盐撒等银,山西有西鏪及水丝等银,四川有土鏪、柳鏪及茴香等银,陕甘有元鏪等银,广西有北流等银,云南、贵州有石鏪及茶花等银。此外又有青丝、白丝、单倾、双倾、方鏪、长鏪等名色。"① 到了晚清,银两名称则更加繁杂,如九八规元、炉银洋例银、行化银、海关银等。关于银两成色,各地标准不一,成色各异。以下是一个道光以后各地通用成色标准宝银表。② 从中可见成色各异之一斑。

各地通用成色标准宝银表

省地区名	地名	标准宝银	备考
京兆	北京	十足宝	名为纯银,实为九九二,故可称为二六宝
直隶	天津	化宝	成色九九二与北京同,故亦可称为二六宝
山东	济南	二四宝	
山东	芝罘	二六宝	
河南	开封	二八宝	名为二八宝,实系二四宝
山西	太原	二四宝	
陕西	西安	二四宝	
江苏	上海	九八规元	
江苏	镇江	二七宝	市上往来多用二四宝,但外省汇兑多用二七宝
江苏	南京	二七宝	
江苏	苏州	二八宝	
浙江	杭州	二七宝	二八宝亦通用
浙江	宁波	二九宝	
安徽	安庆	二八宝	二四宝通用
安徽	芜湖	二七宝	

---

① 《清朝文献通考》第 1 册,浙江古籍出版社 1999 年影印本,第 5002 页。

② 魏建猷:《中国近代货币史》,第 31 页。

续表

省地区名	地名	标准宝银	备考
湖北	汉口	二四宝	
	宜昌	二四宝	
	沙市	二四宝	
湖南	长沙	二四宝	又二四宝九九九兑
	常德	二四宝	
	湘潭	二四宝	又二四宝九九五兑
	岳州	二四宝	又二四宝九九五兑
江西	九江	二四宝	
	南昌	二四宝	
贵州	贵阳	二四宝	
四川	重庆	二四宝	
	成都	二四宝	
奉天	营口	二六宝	
吉林	吉林	二六宝	
黑龙江	龙江	二六宝	

外国银元流入中国，始于明清之际。嘉庆年间（1796—1820），由于中外贸易之增加，外国银元流入数量更大种类更多，到了道光年间（1821—1850）仍在广泛流通，特别是在东南沿海。道光九年（1829），道光帝在上谕中说："朕闻外夷洋钱有大髻、小髻、蓬头、蝙蝠、双柱、马剑诸名，在内地行使，不以买货，专以买银。暗中消耗，每一元抵换内地纹银计折耗二三分。自闽广、江西、浙江、江苏，渐至黄河以南各省，洋钱盛行。凡完纳钱粮及商贾交易，无一不用洋钱。"① 到了咸丰（1851—1861）以后，因为对外贸易逆差及国内现钱日少，银钱日贵。所以清政府严禁用现银与外商交易，外国银元有所减少，但直到光绪（1875—1908）末年，各国至行金本位制以前，在中国仍有较大流通和使用。外国银元之广泛流通也可以从张之

① 刘锦藻撰：《清朝续文献通考》第1册，第7692页。

洞的《洋商附铸银元请旨开办折》中得到印证："伏查粤省除藩司地丁、部款运司盐引正课、海关税项均用纹银投纳外，其余运库杂款、各府厂厘金、捐项、租息一切杂款及善后局支发各项，率皆通用洋铸银钱。至民间所用则更全系洋钱。此等情形不独粤省为然，如臣前折所称闽、台、江、浙、皖、桂等十余省大率相同。是外国洋钱之行销日多一日，即中国纹银之漏卮日甚一日，此以为中外所共知，无俟微臣之赘述。"[1] 19 世纪后期在中国流通的外国银元主要有西班牙的本洋、墨西哥的鹰洋、英国的站洋、美国的贸易银元、日本银元、法属安南银元等。而且，各国银元在中国各占一方，有很强的地域性，成色各异，阻碍了货币流通，使中国的币制更趋复杂。

晚清的纸币也十分繁杂和混乱。清政府在顺治年间（1644—1661）曾发行钞贯，在镇压太平天国的战争期间发行了官票和宝钞。前者发行数量少，流通时间短，后者由于通货膨胀，在数年之内惨遭失败。民间私票和外国银行在中国发行的钞票十分繁杂。民间私票主要是由民间的钱庄、银号、票庄所发行的票据，开始仅作为货币的代表，后来则由于贸易的发展和利润的驱使而使发行量越来越大，流通期越来越长，于是成为一种信用货币。由于地域和交通的限制，这种私票具有一定的区域性，各地纸币币值和大小、印刷各不相同。外国银行则至迟在咸丰年间已开始发行纸钞。外国银行主要发行两种纸币：一种用中国货币单位；另一种用外国货币单位。中国单位有银元票和银两票两种，银元票（钱票）和银两票（银票）开始盛行于广州，道光二十二年（1842）五口通商之后，开始流通于上海及沿江沿海通商口岸。银元票分一元、五元、十元、五十元、百元五种，银两票有一两、五两、十两、五十两、百两五种。外国单位的纸币则有卢布票等。

二 张之洞的币制改革

针对铸币原料缺乏的货币混乱情况，张之洞先后进行了一系列的

---

① （清）张之洞：《洋商附铸银元请旨开办折》，苑书义等主编《张之洞全集》第1册，河北人民出版社1998年版，第681—682页。

货币改革活动，主要是采用机器铸造制钱，试铸银元、发行纸币，铜元，驳斥金本位制，提出银本位制，统一国币，推行一两银币。

（一）机器铸造制钱

光绪十三年正月二十四日（1887年2月16日），张之洞在《购买机器试铸制钱折》中认为"粤省制钱自咸丰七年以后三十年未尝开铸，官钱日乏，商民病之"，于是提出用机器铸造制钱以整顿圜法，因为机器造钱"钱精而费不巨"①。得到清廷批准。于是，张之洞委托出使英国大臣刘瑞芬向英国喜顿厂订购造钱机器，该机器分三批运回国内。光绪十五年（1889）二月，张之洞在广州东门外一里之黄花塘设厂试铸，原料为日本紫铜六成参配英国白铅四成，所铸之钱"轮廓光洁，字体精好，私铸断难仿效"②。初时每日出钱百缗，预计机器全开，操作熟练后，每月可出钱二千多缗。至于制钱和银两之比价，则暂定为每钱一千值银一两，百文值银一钱，十文值银一分，一文值银一厘。这样，"整齐画一，无论官民收支出入，皆准此数，永无增减③。

光绪二十一年十二月二十二日（1896年2月5日），时为湖广总督的张之洞又以银贱钱贵为由，奏请拨款采购上等日本紫铜及西洋白铅，由广东钱局附铸制钱20万串，"分拨宁、苏、淮、扬四属行用，展转流通，以便商民"④。但是，"粤局附铸者不止一省，每日所出之钱，均摊分解鄂省，所得无多，仍不足以济民用"。同时，"由沪局购运铜铅赴粤，复由粤铸钱装运回鄂，往返运费不免折耗，自不若湖北购机自铸较为相宜"⑤。于是，张之洞于光绪二十三年正月十二日

---

① （清）张之洞：《购办机器试铸制钱折》，苑书义等主编《张之洞全集》第1册，第525页。

② （清）张之洞：《开铸制钱及行用情形折》，苑书义等主编《张之洞全集》第1册，第677页。

③ 同上书，第679页。

④ （清）张之洞：《拨款购铜附铸制钱折》，苑书义等主编《张之洞全集》第2册，河北人民出版社1998年版，第1099页。

⑤ （清）张之洞：《筹设铸钱局折》，苑书义等主编《张之洞全集》第2册，第1222页。

（1897 年 2 月 13 日）正式向清廷奏请在湖北设立铸钱局，广铸制钱，辅助银元，裨益商务民生。到光绪二十五年（1899），铜料缺乏而价格昂贵，"上年铜价每百斤需银二十两，洋白铅每百斤需银七两，近则铜价涨至三十四两，洋白铅涨至九两，成本过重"，而"本省竹山铜矿已停，建始铜矿未旺"，同时，衙门"各库各局款项日形支绌"①。针对这种情况，张之洞决定湖北铸钱局暂停铸造制钱，并入银元局。光绪二十八年（1902），张之洞将原设铸钱局改为铜币局，与银元局分开，各司其事。

（二）试铸银元

道光十三年（1833），两江总督陶澍和江苏巡抚林则徐曾上折奏请试铸西式银元，一来适应社会经济的发展，二来抵制外国银元的流入，但未被采纳。林则徐曾私自仿铸七钱三分的银饼，但因币质和伪铸而告终。后来吉林于光绪八年（1882）试铸银币，十年在机器局制造银钱，形如制钱，一面铸刻监制年份，一面铸刻轻重银数及"吉林广平清汉"字样，但由于地理位置的限制，未产生多大影响。大规模试铸银元，始于光绪十三年（1887）两广总督张之洞奏准在广州机器铸造银元。

光绪十三年正月二十四日（2 月 16 日），张之洞向清廷上了《购办机器试铸制钱折》，提出用机器铸钱。但是，"目前粤铸兼用中外铜铅，亏折过巨，力有不支，惟有搭铸银元，或有余息，借资弥补，庶免以亏耗牵掣，致阻圜法"②。在同日的《试铸银元片》中，张之洞对试铸之银元提出了大致的构想："外洋银元每元重漕平七钱三分，今拟每元加重一分五厘奇，定为库平七钱三分。银元上一面铸'光绪元宝'四字，清文汉文合璧，一面铸蟠龙文，周围铸'广东省造库平七钱三分'十字，兼用汉文、洋文，以便与外洋交易。"③ 至于铸造

---

① （清）张之洞：《札铸钱局暂停铸造》，苑书义等主编《张之洞全集》第 5 册，河北人民出版社 1998 年版，第 3828 页。

② （清）张之洞：《购办机器试铸制钱折》，苑书义等主编《张之洞全集》第 1 册，第 527 页。

③ （清）张之洞：《试铸银元片》，苑书义等主编《张之洞全集》第 1 册，第 528 页。

数量则是先铸 100 万元，视其流通情况而陆续添铸，但是多不逾 500 万元。而在光绪十五年实际铸币时，则因汇丰银行商请附铸而改为每元重库平七钱二分，以便于交易。同时兼铸每元二开、五开、十开、二十二开之小银元，标明分量轻重，以便民用，而银元的成色则大银元定位九成，小银元八成六递减至八成为止。但是，张之洞尚未来得及大规模在广东铸造银元就于光绪十五年（1889）调任湖广总督。光绪十九年八月十九日（1893 年 9 月 28 日），张之洞奏请在湖北设局铸造银元，一来维护国家主权，二来补湖北制钱之不足："自同治以来，滇铜不旺，洋钱价值日昂，鼓铸久停"，以至于"大率湖北各府州县城乡市镇，不惟制钱短缺，即粗恶薄小之现钱亦甚不多，惟以一纸空虚线条互相搪抵，民间深以为苦而无如之何，通省情形相同。近年鄂省商民生计维艰，市面渐形萧索，此实为一大端"，所以"惟有援照广东成案开铸银元，庶可以补制钱之不足"①。这样，湖北铸造银元一切均照广东成案办理，只是银元上所铸的"广东"二字改为"湖北"。张之洞设立湖北银元局，委任蔡锡勇负责办理。光绪二十一年闰五月二十七日（1895 年 7 月 19 日），湖北试铸银元出炉，日铸银元 5000 两，预计一月后可日铸 1.5 万两。光绪二十五年（1899），清政府为了统一铸币，谕令湖北、广东两省统一铸造银元，以资各省之用。虽然令行无效，但是湖北系张之洞任职之地，广东为张之洞首倡银元之地，说明张之洞在铸造银元上确实是功不可没。

（三）发行纸币

张之洞发行纸币始于光绪二十二年（1896）。他在湖北武昌银元局铸造银元的同时刊发银元官票，"加盖本省藩司印信，与善后局所发加盖司印每张一千之钱票相辅而行，以期转输不竭"，并规定"新铸本省银元及银元印票、官钱印票实与制钱无异，三项充足流转

---

① （清）张之洞：《请铸银元折》，苑书义等主编《张之洞全集》第 2 册，第 890—891 页。

民间"①。

光绪三十三年正月十二日（1907年2月24日），张之洞上《设立官钱局片》，称"湖北省钱少价昂，商民交困，虽议设炉购机鼓铸，一时骤难即有现钱供用。至行用银元，本以辅制钱之不足，而民间持向钱店易钱，每为奸商所抑勒，以致钱价仍不能平"。"惟有设立官钱局，制为钱票、银元票，精加刊印，盖用藩司印信及善后局关防，编立密码，层层检察，如有私造者照私铸制钱银元例严行惩办，通行湖北省内外。"可见，张之洞是要通过发行纸币这种信用货币来缓解日益紧张的币值高涨、通货紧缩问题。票面价值以制钱一千文为一张银元票，以大银元为一张，"以数少、票多、工精、罚重，则作伪者自绝"②。光绪二十八年（1902），张之洞再署两江总督。第二年二月，他奏请在江宁、苏州两地均设官钱银局，在江宁者称裕宁官钱银局，在苏州者称裕苏官钱银局，每票可换制钱1000文或铜元100元。张之洞对纸币质量要求很高。光绪二十五年（1899），湖北开始印制纸币，但质量不高而导致市面上很快出现仿票。张之洞就向日本定制银元票100万张，光绪三十年又向日本定制一千文钱票250万张，三十一年再定制一两银币票200万张和十两银币票20万张。

（四）试铸铜元

光绪二十六年（1900）六月，两广总督李鸿章始用机器铸造轻质铜元，以救钱荒，同时欲借此获取铸造余利。广东铜元每枚重2钱，原料中紫铜占95%，白铅占4.5%，锡占1%，当制钱十文，即每百个抵大银元一元。铜元圆形无孔，正面镌"光绪元宝"字样，内加满文"广宝"二字，周围镌"广东省造"，并分镌"每百个换一元"字样，背面中镌龙纹，周围镌有英文"Kwangtung one cent"，意为"广东一仙"。同年闰八月，闽浙总督许应骙奏准用银元局机器仿造广东

---

① （清）张之洞：《行用银元钞票示》，苑书义等主编《张之洞全集》第6册，河北人民出版社1998年版，第4889页。

② （清）张之洞：《设立官钱局片》，苑书义等主编《张之洞全集》第2册，第1224页。

办法在福建铸造铜元。第二年，清廷谕令沿江沿海各省铸造铜元，于是湖北也开始铸造铜元。

由于利益驱使，各省铸造铜元没有节制，甚至倾销他省，导致铜元种类繁杂，且引起各省间的利益冲突。对此，军机处和户部奏请对各省铸造铜元加以限制，清廷谕令江苏、湖北、广东每日铸造铜元不得超过 100 万枚，直隶和四川不得超 60 万枚，其余各省不得超 30 万枚。张之洞对此有异议，于光绪三十一年十一月二十八日（1905 年 12 月 24 日）上《湖北铸造铜元请由本省自行限制折》，陈述湖北在此之前已经限制，"一面通饬各关卡严行查禁，本省铜元概不准运销出境，一面饬令造币厂减铸铜元十成之四，盖早已自行限制"。同时强调湖北情况特殊，汉口为通商大埠，"商务需钱独多，近年制钱缺乏，全赖铜元为周转"。因此，他请朝廷"准由本省自行限制，随时体察情形"，并承诺"按实在需用之数铸造，断不容厂员任意多造，自取亏耗"①。

铜元只是名目货币，各省不顾实际需求而任意滥铸，导致铜元贬值。铜元开始铸造时为当十铜币，每制钱 1000 文易铜元 100 枚，但到光绪二十九年（1903）九月，"各省铜元增铸日多，贬价求售，遂致制钱之价与铜元之价离而为二，显判低昂。在湖北武汉等处，铜元价与钱价相差尚不甚远，而他省及鄂省外州县偏僻处所，如铜币一千值银六钱数分，制钱一千则值银至七八钱不等。于是铜币和制钱不能合一，而铜币所谓当十者，仅有虚名，诚恐寖久，失其本意。至类京师行用之当十钱，民间仅抵制钱两文，则公家暗中之亏耗，将以亿兆计"。为了稳定铜元、制钱比价，张之洞提出应速造一文铜币，与制钱并行。"以当十铜币为母，而以一文之铜币为子，使所谓当十者实有十钱之可易，其买卖诸货百物，民间皆以十钱视之，而后铜币当十本位确实可指，不致徒悬虚名，其价值之贵贱一定不移，不致迁流无

———————

① （清）张之洞：《湖北铸造铜元请由本省自行限制折》，苑书义等主编《张之洞全集》第 3 册，河北人民出版社 1998 年版，第 1684—1685 页。

准"①。湖北铜币局试铸的一文铜元，每枚重三分二厘，铜币原料紫铜占95%，铅占5%，形式、花纹、字样都与当十铜元一样。但是，结果并不理想，到光绪三十四年（1908），清廷下令各省暂时停止铸造铜元。

（五）驳斥金本位制，提出银本位制

尽管学术界对清代币制本位问题有不同说法，但可以肯定的一点是清代前期并无货币本位的概念。中国货币本位制的实行，是外国人提出的。在庚子事变后的中英商约的谈判中，英国就提出了要清政府统一货币的条款，以便于贸易。光绪二十九年（1903），赫德向外务部提出建立虚金本位制的建议。光绪三十年（1904），美国特派国际汇兑调查委员精琪则主张中国应实行金本位制。张之洞对虚金本位制和金本位制严加驳斥，认为"赫议怪谬，全是梦话，万不能行，各省必顶奏"②。而精琪之议则"一切议论，诸多支离"，"其开送中国圜法条议及条议诠解、续送条议各篇，种种虚诞，种种患害，不禁为之寒心"③，精琪之议"啖我虚无铸头之利，而夺我实在财政之权，其计至毒，其害至显"④。总之，张之洞认为赫德和精琪之议一则不适合中国的币制情况，二则有损国家主权。他认为中国币制改革的关键是币制的统一，因为中国不若外国"商务盛，货价贵，民业富，日用费，故百年以前多用银，或金银并用；百年以来，欧洲各国专用金者始渐多"，而是"民贫物贱，工役获利微，四民食用俭，故日用率以钱计"，"合计中国全国仍是银铜并用，用铜之地十倍于用银之地"⑤。因此中国最多只能实行银本位制，当时机成熟时再考虑金本位制：

---

① （清）张之洞：《试铸一文铜币折》，苑书义等主编《张之洞全集》第3册，第1743页。

② （清）张之洞：《致京鹿尚书》，苑书义等主编《张之洞全集》第11册，河北人民出版社1998年版，第9131页。

③ （清）张之洞：《虚定金价改用金币不合情势折》，苑书义等主编《张之洞全集》第3册，第1629页。

④ 同上书，第1634页。

⑤ 同上书，第1631—1632页。

"窃谓此时惟有先从银铜二币入手，讲求画一畅行之策，然后酌定银钱相准之价，每银一两限定值钱若干，此事若能办到，其利国利民之处已甚宏多。此乃切实当行之事、循序渐进之法。"①

（六）统一国币

正如前面所言，庚子之变后在中外商约谈判中都有中国自行厘定国家一律通用之国币一条，因此统一国币提上了晚清政府的议事日程。张之洞在光绪三十年八月十六日（1904 年 9 月 25 日）上《试铸一两银币片》，认为"厘定国币，为当今第一要义"，"今日铸全国画一之银币，自当以每元一两为准，出入均按十足纹银计算"②。他奏请首先由湖北试铸库平一两重银币，先行试用；银币分为四等，最大者重足库平一两，其次五钱、二钱、一钱；银币上铸文为"大清国币"，照从前银元式样，清文居中，环之其余洋文及省名、年份、计重若干、龙纹、花样均酌照从前银元样式。但是，由于商民已习惯于使用七钱二分之银元，所以试铸的银币并不能在市场上有效流通，最后只得被迫收回熔毁。光绪三十年（1904），度支部仍请铸七钱二分之银币，但遭到张之洞、袁世凯的坚决反对。一两银币虽然有悖于人们的习惯和市场需求，但由于张之洞和袁世凯在朝中的地位，最终以度支部的失败而告终。宣统元年（1909），张之洞去世，第二年制定的《币制条例》规定银币重量为七钱二分。

三 币制改革的推行措施

（一）原料上保证

铸币原料既是整个币制改革的起点，又是其最为基础的一个环节。首先，张之洞对于铸币原料的重要性有充分的认识，在《试铸银

---

① （清）张之洞：《虚定金价改用金币不合情势折》，苑书义等主编《张之洞全集》第 3 册，第 1634 页。

② （清）张之洞：《试铸一两银币片》，苑书义等主编《张之洞全集》第 3 册，第 1635—1636 页。

元片》中对矿务、钱法做了如是论述："矿务、钱法、银元三事相为表里，交互补益，如环无端。矿产盛而后铸铜铸银有取资，鼓铸多而后西南各省铜铅有销路，以铸银之息补铸铜之耗，而后钱法可以专用，内地铜铅而无虞亏折。迨至开采日多，铜价日贱，官铸无亏，商操其利，民便其用，边军资用饷，实西南徼外之边备，塞东南沿海九省之漏卮，未必非自强之一端也。"① 该折是为了能被获准试铸银元，但其中对于矿务及铸币原料的重要性也大书特书，不仅会"矿产盛"而后铸币"有资取"，而且"开采日多"，还可以带来"自强之一端"。既然铸币原料如此重要，甚至关系到晚清的自强，所以张之洞严禁私采私铸。他在光绪十八年（1892）《札张延鸿等接办鹤峰铜矿》中称鹤峰铜矿"境接湖南石门、桑植、慈利等县，向多私铸及不逞之徒，造言生事，应即遵札会同各该地方官出示严禁，并随时查拿私铸及盗买盗卖铜斤等犯，严行究办，以靖地方"②。在光绪二十七年（1901）《札兴国州大冶县购买龙角山银矿》中，他对开药材行的胡金林伪称奉他之命购买兴国、大冶交界的龙角山银矿一事非常生气，认为大冶县和兴国州境内各矿久已被批定，通归官厂议购采买，不准商民私行勘买，胡金林"希图朦买，实属藐法妄为"③，于是一面饬令大冶县和兴国州立即出示严禁，一面命令将龙角山银矿价买归公，以免别生枝节。另外，张之洞对开矿人员也极为重视，选免有方。光绪十八年（1892），湖北办铜矿委员另补知县杨钧办理鹤峰矿不力，"任用非人，开报不实，以致工费虚糜，所获铜斤价值与原议之数大相悬殊，实属有负委任"④。于是，张之洞撤去杨钧差使，派张延鸿补用。湖北试用知府高松如在办理原官钱局务时，"整顿局章，维持市

---

① （清）张之洞：《试铸银元片》，苑书义等主编《张之洞全集》第 1 册，第 529 页。
② （清）张之洞：《札张延鸿等接办鹤峰铜矿》，苑书义等主编《张之洞全集》第 4 册，河北人民出版社 1998 年版，第 2999 页。
③ （清）张之洞：《札兴国州大冶县购买龙角山银矿》，苑书义等主编《张之洞全集》第 6 册，第 4157 页。
④ （清）张之洞：《札张延鸿等接办鹤峰铜矿》，苑书义等主编《张之洞全集》第 4 册，第 2998 页。

面，条理井然，日有起色"①，张之洞就委任他兼新设铜币局提调。

（二）铸币上控制

张之洞注重铸币成色、质量，以抑制私铸、伪铸，保证货币能够顺利流通。光绪二十一年（1895）十一月，户部认为李瀚章在广东制造银元的原料是由善后局拨给的纹银"金称适用"，而湖北铸造银元则多用外洋银条，"以我之纹银购彼之洋条，势必诸多亏折"，"以银铸币，本易销耗，第以纹银铸银元，与以纹银易银条，同一销耗纹银，而徒多此亏折"。面对户部的责备，张之洞据理回复，认为之所以采用洋银铸币，是因为一则内地纹银供不应求，二则外国银条成色较高："历考内地元宝，高者每百两中不过十足净银九十八两八钱五分"，而外洋银条则"每百两中有十足净银九十九两八九钱"②。

张之洞在铸币数量上也做了一定的有效调控。光绪二十一年（1895），钱价日昂。张之洞认为"钱贵由于钱少，此乃自然消息之理"③，于是奏请广东铸造制钱，分拨宁、苏、淮、扬四局行用。光绪二十九年（1903），张之洞在《创设官钱局折》中进一步说明了钱缺以及"钱贵银贱"所导致的一系列严重的社会后果："钱缺价昂，商民皆病，其最苦累者以三项为尤甚。兵勇之领饷以银数计，钱过贵则饷项明不减而暗减。商贾之完厘捐以钱数计，钱过贵则厘捐名不加而实加。至于盐务为尤甚，运商行销外省以银数计，运商订场商之盐，场商收灶户之盐，皆以钱数计，钱价过贵则运商赢不补亏，势将停运，尤于大局有关。至于银价日低则定货疑沮，百货壅滞，行旅苦累，一切商务民生均多窒碍。"鉴于当时币材稀缺，张之洞提出较多发行信用货币："惟行用官钱票以代现钱，又多铸铜元以辅钱票，官票、铜元两皆充裕，由官酌赢剂虚，权其收放，则可以损其过而常持

---

① （清）张之洞：《会札委高松如兼充铜币局提调》，苑书义等主编《张之洞全集》第6册，第4221页。

② （清）张之洞：《湖北银元局请仍归南洋经理折》，苑书义等主编《张之洞全集》第2册，第1073页。

③ （清）张之洞：《拨款购铜附铸制钱折》，苑书义等主编《张之洞全集》第2册，第1099页。

其平。"① 但由于当时铜银等铸币材料较为缺少，以及个人币制理论的不足，张之洞更多地关注了货币供给的不足，再加上对流通注意不够以及铸造信用货币能够谋取巨额利润，这样这种不足就被扩大了，从而导致供大于求，形成通货膨胀。

此外，是张之洞对铸币权的控制，只许官铸，不准招商，"以重圜法而收利权"。光绪二十一年（1895）十二月，署理两江总督张之洞对上年六月十二日上谕所说的"现在广东、湖北等省，均已次第开铸银钱，南北洋沿海繁庶地方，如能招商集股，官督试办，实可以济圜法之穷"持有异议。他认为，"历代以来，铸钱有政，行钱有令，防私有罚，良以事关国计，必须官为铸造，方昭慎重，无准令民间铸造之举，虽为铜为银，体质有殊，而其为钱法则一。即近今泰西各国，遇事招商，独至钱币，则无论铜钱、尼格尔钱、银钱、金钱，莫不由其国家自造，亦无准民间铸造之举，古今中外无二理也"。这样，张之洞引古论今，引西论中，说明铸币权关系到一个国家的权利，不能商办。同时，他又从商办会引发的弊端进一步否认铸币的官督商办："况商人惟利是趋，往往不能遵守定章，颧若画一。将来分量成色必致参差不齐，有妨民用，不但不能杜外洋之漏卮，并与现有之官局有碍。"②

（三）实施上灵活

张之洞的币制政策在实施上具有灵活性，以保证其币制政策有效顺利地推行。这个灵活性主要表现在新旧并行、强制与怀柔相辅相济、由点及面几个方面。

先来看新旧并行。在张之洞的币制政策中，每一项新的币种之实行并不立即禁止原有货币的流通。不论是重新开铸制钱，还是铸行银元、铜元，发行纸币，都是允许市场上原有货币继续合法流通，直到

---

① （清）张之洞：《创设官钱局折》，苑书义等主编《张之洞全集》第3册，第1555—1556页。

② （清）张之洞：《钱币宜由官铸毋庸招商片》，苑书义等主编《张之洞全集》第2册，第1099—1100页。

旧币自行消亡。他在《开铸制钱及行用情形折》中说，"新钱虽经通行，其市面旧钱仍准照旧行用，严禁奸商藉端抬旧钱之价，以免物价增昂，军民受累"①。他在《试铸银元折》中还说，"沿江沿海各省口岸及内地商民准其与广东银元一体行用，一切听其自然，毫不勉强，至筹解京协各饷向用纹银者，仍用纹银"②。张之洞币制的新旧并行，一方面是为了减少币制改革政策的阻力，保证币制改革的顺利进行；另一方面也是对当时中国币制状况的现实和人们使用习惯的考虑，以"于市面民情两无纷扰"③。

再来看强制与怀柔相辅相济。虽然张之洞的货币政策实行了新旧并行这"怀柔"的一手，但仅靠"怀柔"的一手，过多考虑民情和市场，而没有强有力的政策约束，则币制改革由于传统习惯所产生的惰性会最终陷入矛盾和困境。这就需要有"强制"一手的保证。同是在《请铸银元折》中，张之洞在主张新旧并行的同时十分强调实行强制手段，"所有湖北省各局卡、厘金、盐课均准商民一律用银元交纳，支发官款一体酌量搭用，俱按照当时洋银市价核算"④。这样，用强制行政命令为币制改革开路，在其他币种的推行中也有类似的命令行文和规定。同时，对违令者要给予惩处。张之洞光绪二十八年（1902）在对下属的公文中说："当十铜元一百枚即抵九八制钱一千文，民间大小买卖亦同，不准稍有遏抑，亦不准任意折减。倘敢有意阻挠减扣，一经发觉，在官吏则从严参处，在商民则按律究惩。"⑤

最后来看由点及面。张之洞的币制改革是一个由试办到推广、由点及面的工程。由于张之洞的官宦生涯主要在两广、湖广，所以从文献中可以看到张之洞一般奏请由广东或湖北为试点进行试铸某种货

---

① （清）张之洞：《开铸制钱及行用情形折》，苑书义等主编《张之洞全集》第1册，第679页。

② （清）张之洞：《请铸银元折》，苑书义等主编《张之洞全集》第2册，第892页。

③ （清）张之洞：《洋商附铸银元请旨开办折》，苑书义等主编《张之洞全集》第1册，第684页。

④ （清）张之洞：《请铸银元折》，苑书义等主编《张之洞全集》第2册，第892页。

⑤ （清）张之洞：《札北藩司、道、局等铜元无论钱粮厘金及一切官款通饬一律收用》，苑书义等主编《张之洞全集》第6册，第4219页。

币，观其效果然后推广。光绪十三年（1887），张之洞奏请在广东试
铸银元，即体现了这种思想。"试造之初，先铸一百万元，察其是否
流通，陆续添铸，多至五百万元而止。如不能畅行，随时停铸，殊不
为难。即略有亏耗，亦甚微渺，可以预决。"如果试办成功，"粤省果
能畅行"，则"由部购置机器一副，在天津设局铸造，颁发通商口岸
一体同行"①。同样，在统一国币的过程中，张之洞也主张由湖北试铸
一两银币行用，"以觇商情民情，兼体察各国商人情形，出纳利弊"。
行之而通，则请敕下户部裁酌推行，利在全国。如果行不通，则湖北
一省承担损失，"亏耗亦尚无多"，而"从此中国货币轻重之所宜，
以及改换收发之难易，利病昭然，可有定论"②。值得提及的是，即使
在湖北本省，张之洞的币制改革也有一个由试办到推广的过程。在银
元票的发行上，张之洞首先于武昌银元局刊发银元官票，进而推及湖
北一省，而张之洞由点到面之最大限度可以说是由国内向国际这一
"面"了。对于赫德和精琪提出的金本位制，张之洞根据国情提出异
议并加以驳斥，认为只有首先统一国币，在国内这个"点"上做好文
章，才能以此为基，进而与国际金本位制接轨，即"厘定国币，为当
今第一要义"③。

四　张之洞币制改革评价

张之洞的币制改革是在晚清这一充满变数的特定历史时期进行
的，所以具有那个时代的特有属性，即时代性。而任何一个政策、一
项举措又都与其策划者、执行者有着密不可分的关系。所以，对于张
之洞币制改革的评价，要把时代的客观性和张之洞个人的主观性结合
起来。

关于张之洞的币制改革，主要有以下历史进步性。

---

① （清）张之洞：《试铸银元片》，苑书义等主编《张之洞全集》第 1 册，第 529 页。

② （清）张之洞：《试铸一两银币片》，苑书义等主编《张之洞全集》第 3 册，第
1636—1637 页。

③ 同上书，第 1635 页。

首先是他在币制改革中引进一些西方币制理论，并且一定程度地付诸实践，有利于币制的近代化。最引人关注的是币制本位制的理论。虽然他在与赫德的金本位制、精琪的虚金本位制的争论中，极力驳斥二者在中国施行的弊端，认为二者不仅不适合中国国情，反而会丧失中国利权。但值得注意的是，张之洞并没有排斥本位制的论点，而是在驳斥赫德、精琪的基础上，提出了银本位制的主张。开始主张以七钱二分银元，后主张一两银元为本位货币，而以铜元、纸币为辅币。虽然在他去世后，又改为七钱二分银元，但本位观念还是被接受和继承下来。

其次是张之洞币制改革的出发点是为了维护中国的主权和利权，避免外国势力对中国财政和币制的干预。光绪十五年（1889），张之洞在《试铸银元折》中即言，"窃惟铸币便民，乃国家自有之权利。铜钱、银钱理无二致，皆应我行我法，方为得体"[1]。光绪二十一年（1895），他在《钱币宜由官铸毋庸招商片》又说："窃惟钱币为国家大政，一国有一国之权，即一国有一国之钱，从不准彼国之钱行于此国，而外洋墨西哥小国银元乃充斥于中国，初行沿海省份，近且流及内地，殊与国体内政大有关系，自非亟行自造，不足以便民用而挽利权。"[2] 可见，张之洞的币制改革是要维护利权，强盛中国。

最后是张之洞币制改革的一些措施和方法值得借鉴。张之洞的币制改革由于时代和个人的局限性并未取得多大成效，但并不能否认他在币制改革中所采取的一些方法和措施。其中有些东西，如原料的保证、政府对于铸币权的控制以及货币改革推行中的新旧并行、循序渐进有步骤地推进，这些既有对前人经验的总结，又有张之洞个人的发展，对于今天仍有很大的借鉴作用。

张之洞的币制改革有一些积极因素，起到一定的积极作用，但总体而言，从其实施效果和最后的结果而言，则是一次不成功的改革。其失败的原因主要在于货币政策本身，同时又存在一系列不利的外部

---

① （清）张之洞：《试铸银元片》，苑书义等主编《张之洞全集》第 1 册，第 528 页。

② （清）张之洞：《钱币宜由官铸毋庸招商片》，苑书义等主编《张之洞全集》第 2 册，第 1900 页。

因素。概括言之，主要有以下几点。

第一，币制改革的出发点是要维护国家主权，解决币制混乱问题，但在改革过程中张之洞过多地关注了自身的利益，甚至不顾客观的经济规律，这也暴露了他在币制改革中遇到的货币理论匮乏、人才稀缺等问题。光绪二十八年（1902），张之洞在署理两江总督任上接受陈衍的建议，设铜币局，改铸当十铜元，从而"二钱之本可得八钱之利"。张之洞自己赢利甚巨，但却造成通货膨胀，扰乱了社会正常的市场秩序。此外，张之洞注意了小范围的流通，但从总体而言，却并未从货币流通中寻求解决货币短缺的出口，而是大量铸造并发行信用货币，从而导致通货膨胀。

第二，由于张之洞个人的性格和一贯作风问题，做事务求大动作，即《清史稿》所言"莅官所至，必有兴作，务宏大，不问费多寡"①，而缺乏实际调查。这样，他在币制改革中并没有一个整体性的统一规划，而是头痛医头，脚痛医脚。每一项新货币政策的提出和上奏都声言预期效果很好，但实际的结果却是阻塞难行。

第三，全国货币上的条块分割状况。在晚清的大部分时间里，地方都拥有铸币权，且各省铸币在名称和成色上各不相同。清政府也曾企图统一铸币权，或是集中于几个省份，但是由于利益缘故，结果却不尽如人意。这种条块分割状况既阻碍了货币的流通空间，使货币作为流通手段的职能不能很好地发挥作用，从而影响了货币的利用率，同时也增加了货币改革措施推行的难度。

第四，政府本身威信不高。晚清时期，由于内忧外患，政府在经济、政治、国家安全等方面都困难重重，面临严峻的挑战，统治岌岌可危。这样，政府的威信降低，给货币方面带来许多不利影响。张之洞币制改革中主要是使用一些信用货币，而信用货币，尤其是纸币，则是以一国政府在人民心目中的威信为基础的。晚清政府威信的一降再降，也使得币制改革的道路更加坎坷。

第五，中央和地方权力之争的影响。晚清政府在内忧外患的双重打击之下，中央权力逐渐衰弱，而地方权力则在对农民起义的镇压和

---

① 《清史稿》第 41 册，中华书局 1977 年版，第 12380 页。

晚清政府的自强运动及新政中得到加强。各省都纷纷仿铸西式硬币，发行纸币。地方势力的发展，引发了皇权贵族之担忧和不满，为此而要求加强中央集权，在货币改革方面的表现就是倡议由中央掌理全国货币的发行权，来统一全国财政。光绪三十一年（1905），清政府在天津设立了造币总厂。宣统二年（1910），度支部上《厘定兑换纸币则例折》，意在收回中央铸印钱币之权。面对中央的收权，张之洞当然表示不满，光绪三十一年十一月二十八日（1905年12月24日）上《湖北铸造铜元请由本省自行限制折》，针对军机处和户部所上的《各省铸造铜元日益增多请酌定限制》，提出"俯念湖北省需用铜元尚亟，暂予变通，准由本省自行限制"①。光绪二十五年（1899），清廷以各省设局太多，银元成色、分量不一，不便流通，谕令各省所需银元统归广东、湖北两省铸造，以统一货币。从表面上来看是对广东、湖北的信任，实际上则是中央加强对货币控制的表现。但是，中央的集权措施在地方也行不通，各省为了地方利益，并不愿放弃铸币所获之利。光绪二十六年（1900），闽浙总督许应骙仍就闽局铸造的奏折得到批准，各省又开始纷纷铸造银元。这种中央与地方的矛盾和斗争，也影响了张之洞币制改革政策的顺利推行。

第六，外国势力的干预。在租借地内，外国对其租借地财政有管辖权，外国人在各通商口岸通用的是各国货币。这也为币制改革的推行制造了障碍。

本文与赵晋胜合作，系提交"张之洞与武汉早期现代化国际学术讨论会"论文，收入会议论文集《张之洞与武汉早期现代化》（陈锋、张笃勤主编，中国社会科学出版社2004年版）。

---

① （清）张之洞：《湖北铸造铜元请由本省自行限制折》，苑书义等主编《张之洞全集》第3册，第1685页。

试论"东南互保"期间
张之洞的对外交涉活动

　　1900 年 6 月，就在义和团运动逐渐走向其高潮的同时，湖广总督张之洞、两江总督刘坤一等人，联络东南诸省督抚大员以及各国驻沪领事，甚至清朝政府出使日、英、俄、法等国大臣，私自与各国签订《东南保护约款》九条，策划并实施了一场旨在保护长江中下游各省份不受列强进攻的政治事件，即"东南互保"，完全对中央政府所颁布的宣战诏书视为无物。该事件可以说是地方督抚权力高度膨胀到公开违背清朝中央政府命令的严重事件，同时也开了近代外交史上的一个特例。时任湖广总督的张之洞，主持并且实施了此期间的一系列对外交涉活动，成为"东南互保"的主要首倡者之一。作为晚清地方督抚权力高度膨胀的必然后果，清朝中央政府对地方督抚的影响力和控制力正在不断地消退已经是不争的事实，所以"东南互保"局面的出现便也不足为怪。但这种局面的出现，毕竟对于晚清的外交及以后的政治格局都产生了重大且深远的影响。而作为主要首倡者的张之洞在此期间所进行的各项活动中所采用的明显越权的途径和方式方法所产生的严重后果，在这个影响中又有着浓墨重彩的一笔。

张之洞与列强各国的外交活动

　　随着义和团运动的不断发展，清政府中的部分官僚已经逐渐意识到，这种盲目排外且带有巨大破坏力的民间组织已经有可能超出他们所能控制的范围，但对于如何处理这些"犯上作乱"的"乱民"却又反应各异。对此，张之洞从一开始就坚决主张镇压，所以屡次上奏朝廷，认为义和团是以京师之重地作孤注一掷，请明降谕旨给予镇压。但是不久之后，他就看出建议不会被采纳，"总署换人，董军开衅，大局不可思议，恐非疆臣所能为力矣"①，失望之情溢于言表。不久，清政府于 1900 年 6 月 21 日发布宣战上谕，决定"与其苟且图存，贻羞万古，孰若大张挞伐，一决雌雄"②。并于同日下令各省督抚，盛赞义和团为"义民"，要求各省督抚将他们"招集成团，藉御外侮"，还特别提到了"沿江沿海各省尤宜急办"③。此时的张之洞恰在湖广总督的位置上，一贯主张镇压的他自然难以接受，又不甘心就这样看着局势一步步失控。他心里很清楚，"沿江若稍有纷扰，洋人必入据长江自为保护，东南非我有矣"④，后果不堪设想。于是，以张之洞为首的东南诸省官员与日、英、美、德等国驻华使节以及清朝驻外大臣等人，联手操办了一场未经任何授权的"私下"对外交涉。6 月 26 日，湖广总督张之洞、两江总督刘坤一电令上海道员余联沅，与各国驻沪领事议定《东南保护约款》九条，东南互保正式付诸实施。这样一来，东南数省便公开与中央政府的宣战谕令背道而驰，地方督抚与中央的分裂也暴露于世人面前。在此约款签订前后，为了使东南互保的局面顺利形成以及事后不会招致慈禧和顽固官僚的报复，张之洞充分利用了列强各国、清朝中央政府以及地方督抚之间的利益关系及矛盾冲突，进行了一系列的对外交涉活动。

张之洞本人的外交思路与李鸿章的联俄拒日主张不同，他一直坚持联日拒俄主张，所以最先想到的国家就是日本。6 月 16 日，湖北留日学生监督钱恂从日本东京给张之洞来电称："沿江若自能弭乱，外兵即不入江。"⑤ 日本传来的信号，使张之洞对东南互保有了初步的信

① （清）张之洞：《致上海盛京堂》，苑书义等主编《张之洞全集》第 10 册，河北人民出版社 1998 年版，第 7977 页。

② 《上谕》，故宫博物院明清档案部编《义和团档案史料》上册，中华书局 1959 年版，第 163 页。

③ 《军机处寄各省督抚上谕》，故宫博物院明清档案部编《义和团档案史料》上册，第 163 页。

④ （清）张之洞：《致长沙余抚台、锡藩台》，苑书义等主编《张之洞全集》第 10 册，第 7987 页。

⑤ 《钱守来电》，苑书义等主编《张之洞全集》第 10 册，第 7980 页。

心。6月19日，张之洞致电清政府出使日本大臣李盛铎，"请公速密商外部，讽以各国吞华于日本最无益"，京畿一旦大乱，"西国得九，日本得一，仍自蹙也"，日本"如能从中维持，宽缓定约，以后华感日德，必愿事事联络，谁能阻之？此日本无穷之利"①。7月9日，他在给钱恂的电文中称："若长江各省力弱，势必全为英据。保全长江上下游，不独中国之利，亦日本之利也……日肯助鄂，鄂亦能助日。"② 张之洞替人权衡利弊，企图打动日本政府，开始了其"互保"的第一步。此时的长江流域是英国人的势力范围，在北方的"拳祸"尚未蔓延到南方之前，英国人最为焦心。当时，"在英国的国内退休的人们当中，有很大一部分依靠从上海的财产中得到的收入过活。如果上海遭到破坏，对全国很大的一部分贸易界，将造成最严重的灾难。事实上，只有少数家庭不会因上海的陷落直接或间接地遭受痛苦"③。由于上述原因，英国政府主动向张之洞等人提出"如果他采取措施维护东南及长江一带的秩序，他将得到女王陛下军舰的支持"④。对此，张之洞做出了两点反应：一是承诺保证英国等列强各国在东南诸省的利益，代为维护秩序；二是东南督抚有能力保证各省秩序，反对任何国家以任何形式的海军示威。他认为这样一来，"他国入江干预，则吴淞外有英水师尽可阻拦，英不先进，他人断不敢进，彼此处以镇静，严密防范，自可相安无事"⑤。

在与日本、英国交涉的同时，张之洞又于6月21日致电清政府出使美国大臣伍廷芳，"素闻美人仗大义持公道，不肯乘人之危，以众陵寡……特请转达美总统及外部，恳其与各国切商保全东南大局，不可遽派船入江，弟与刘岘（帅）当力任保护，认真弹压匪徒，断不

① （清）张之洞：《致东京李钦差》，苑书义等主编《张之洞全集》第10册，第7999—8000页。

② （清）张之洞：《致东京钱念劬》，苑书义等主编《张之洞全集》第10册，第8104—8105页。

③ 胡滨译：《英国蓝皮书有关义和团运动资料选译》，中华书局1980年版，第147页。

④ 同上书，第42页。

⑤ （清）张之洞：《致轮墩罗钦差》，苑书义等主编《张之洞全集》第10册，第7992页。

容稍滋事端"①。将自己所拟定的互保条件通过伍廷芳通知美国政府，希望能得到支持。约款签订之后的 6 月 29 日，两江总督刘坤一致电清政府出使俄国大臣杨儒，告知互保条款大意，称"非此不能保全中外民命财产……请速商外部照办"②，以求得俄国的支持。同日，杨儒回电告知，"奉俄主谕办法甚好……长江一带人民商业均惟二公是赖，俄即不另添兵增舰……倘铁路有失，此约即做罢论"③。7 月 5 日，张之洞与刘坤一联名致电杨儒，称"恐北方军务愈紧，东南人心摇动。应声明无论以后如何，长江及苏浙内地，各国允不派兵，弟等亦按约保护所管省内人民财产"④，以求进一步确认东南互保的情势是否真正得到了列强各国的支持。

最麻烦的应该是德国人，原因是德国驻华公使克林德的被害。7 月 7 日，德皇得知克林德被杀后，致电张之洞："所有各洋人被困在北京者，如能救出一名全活送交德国或各国官员，我即给银一千两，且所有因我此言而往救援，一切费用一并给还……决不食言。"⑤ 7 月 11 日，张之洞致电德国亨利亲王，称"伤害贵国使臣，实非我朝廷意料所及"，同时又表明"敝处实难设法，焦急万分，现又与各省督抚会衔电达敝国政府，请极力救护各国西人矣。……惟望从此公平商办，勿过操切，以全旧日睦谊，而保无辜生灵，是为至祷"⑥。张之洞以此委曲求全之意，尽力将德国公使的被害与清政府的关系分别开来，同时又以政府代言人的崭新面目向德国做出承诺，以求换得该国对互保的支持，可谓用心良苦。

---

① （清）张之洞：《致华盛顿伍钦差》，苑书义等主编《张之洞全集》第 10 册，第 8008 页。

② 《刘坤一电》，中国社会科学院近代史研究所近代史资料编辑组编《近代史资料专刊·杨儒庚辛存稿》，中国社会科学出版社 1980 年版，第 129 页。

③ 《电刘坤一》，中国社会科学院近代史研究所近代史资料编辑组编《近代史资料专刊·杨儒庚辛存稿》，第 129 页。

④ 《刘坤一、张之洞电》，中国社会科学院近代史研究所近代史资料编辑组编《近代史资料专刊·杨儒庚辛存稿》，第 131 页。

⑤ 《德皇来电》，苑书义等主编《张之洞全集》第 10 册，第 8111 页。

⑥ （清）张之洞：《致德国亨利亲王》，苑书义等主编《张之洞全集》第 10 册，第 8110 页。

张之洞充分利用了列强各国的矛盾和弱点，因为各国在华都有各自的势力范围，而彼此又是虎视眈眈，时刻梦想将范围扩大。这样，彼此间维持一种势力均衡，成为无论是清政府还是列强各国都能接受的态势。各国都很清楚，北方战乱一旦蔓延到南方，将需要拿出更多的兵力和财力去应付，而且一旦各国军队进入南方各省，原有的势力范围势必随着军事的介入而发生变化，因此在北方镇压义和团的列强各国都不愿意分兵到南方作战。此时，张之洞等出来代为维持秩序，正是求之不得的事情，即使是本国外交人员在中国被杀的日本和德国，在张之洞等人通过驻外使节的一再劝说之下，也都同意了互保的条件。这样，各国政府允准，如能保护内地洋人，可不扰及东南各省，"东南互保"局面基本形成。

张之洞对外交涉活动所产生的影响

对于清廷的宣战决定，不仅是张之洞本人觉得不可思议，列强各国也是深有同感。英国驻华公使窦纳乐爵士在 9 月 20 日的电报中说："很显然，如果中国方面要挑起同所有欧洲国家、美国、日本的争端，那将是发疯。同时，没有人能认识到这样的可能性，即中国政府事实上将要发疯，而且她将做那些当她们仍然清醒时决不会想到要做的事，没有一个欧洲人曾预见到这件事，即义和团所吹嘘的神奇力量竟使中国政府受到如此深刻的影响，以致她们相信确能打败世界上其余的国家。"① 与这位爵士鄙视的态度有所不同，张之洞考虑更多的是如何将清王朝的统治秩序维持下去，所以苦心策划了这场"东南互保"。但是，张之洞或许没有想到，"东南互保"暂时保住了东南半壁江山不被列强染指，但清王朝覆亡的脚步也由此加快了。

从政治方面来看，张之洞公开在政府里安插耳目，擅自解释中央行政意图，使清政府的政令在东南九省遭到严重挑战，造成了中央与地方事实上的分裂。

清廷的宣战诏书下达之后，此前已经在进行中的互保活动就有了

---

① 胡滨译：《英国蓝皮书有关义和团运动资料选译》，第97页。

背上背叛罪名的危险。虽然这种情况早在意料之中，但要处理好宣战与互保这两者的关系毕竟不是一件容易的事。"七月初五日，东南各疆吏恐误大局，惶悚无措问难于湖广总督，张宫少保犹预不决，问计于两江总督刘坤一，定策以伪诏不奉，乱民不用为答，既且立互保之约，使沿海七行省，沿江五千里安然无兵革之事。"① 最后，张之洞等人做出的决定是：声称清廷的宣战诏书是"伪诏"而拒不执行。对此，英国驻重庆领事法磊斯有比较清楚的认识："地方官员拒绝服从实际上的中央政府（远在北方）命令对外国人开战的上谕和电报，并且已经采取小心谨慎的方针，把这些命令当作是伪造的。"② 中央政令对自身不利便可以以"伪诏"之名不予理睬，而只要小心谨慎，中央政府便也无可奈何，难怪法磊斯的电报中也有了"实际上的中央政府（远在北方）"的字样。更何况张之洞甚至对英国人做出了保证："他（张之洞）信赖女王陛下政府的支持，决定对他可能收到北京方面要他离开职务或破坏他同我们的协议的任何命令置之不理。"③ 除了一些策略性的因素之外，这种保证本身就是对中央政府的背叛。

为了更加小心谨慎，随时了解中央的动向，张之洞甚至要求"派一侦探委员在保定坐探……有关京畿要事确实者随时电禀"④，最终选定候补知府陈公恕兼充湖北侦探委员。地方大员在京畿地区安插亲信眼线的虽多，但不会公开，类似这样在电文中往返商讨侦探人选，实属罕见。

为了使列强相信成功和自己能够作为政府真正意志代言人的资格，张之洞向英国驻汉口总领事霍必澜透露，军机大臣文渊阁大学士荣禄说北京处于无政府状态。⑤ 对此，俄国人也认为，"目前中国首都

① 杨典诰：《庚子大事记》，中国社会科学院近代史研究所近代史资料编辑室编《庚子记事》，中华书局1978年版，第91页。

② 胡滨译：《英国蓝皮书有关义和团运动资料选译》，第202页。

③ 同上书，第170页。

④ （清）张之洞：《致保定廷藩台》，苑书义等主编《张之洞全集》第10册，第7971页。

⑤ 胡滨译：《英国蓝皮书有关义和团运动资料选译》，第65页。

都普遍存在着完全的无政府状态,这是无可怀疑的"①。张之洞这样做是为了使列强必须和他合作,为各国接受"东南互保"排除障碍。他承认北京处于无政府状态,就意味着他是在没有中央政府授权而自行其是,说明中央政府目前情况特殊,所做决定并非是其真实意图,而他现在是不得已力挽狂澜,他的举措才能体现中央政府的真正意愿。

从外交方面来看,张之洞有意避开中央政府,与清政府驻外使节甚至各国驻华使节直接联系,做出了一定的指导性决策,其越权行事严重侵夺了清政府的外交权力,也使清政府在后来的对外交涉上不得不更多地依赖他。

张之洞策划"东南互保"的初衷本是为了使东南地区避免卷入战火之中,因此与列强谈判就成了首选。这时的中央政府坚决主战,已无谈判的可能,只有地方官员出面来谈互保问题。

为了防止中外关系全面破裂,张之洞极力劝告清政府驻外使节不要回国。6月20日,他致电清政府出使日本大臣李盛铎说:"开战后有下旗回华之信否?鄙意万不宜下旗回华,方有转机。"②23日,李盛铎来电,称"沽口战后,宫内省尚派员来慰,似日廷尚无他意,此次开衅与寻常不同,自不便下旗内渡"③。此后,清政府出使俄、德等国大臣也相继有同样的表态。驻外使节继续留驻,一方面使清政府不至于与列强完全决裂,为互保的谈判留下一定的余地;另一方面也使张之洞可以直接通过驻外使节与列强各国随时保持联系,为互保谈判提供了最大的便利。这样,列强各国一面与清朝中央进行战争,一面又在与清朝的地方官员进行和平谈判。这种奇怪的现象只能解释为清朝中央和地方出现了分裂,这种分裂公开的表现在世界各国面前。无论动机如何,这种现象的出现对中央外交权力的损害是严重的。

为了逃避自己不遵旨开战可能带来的惩罚,张之洞甚至与驻外使节统一口径蒙蔽清廷。7月4日,他致电出使德国大臣吕海寰:"现

---

① 胡滨译:《英国蓝皮书有关义和团运动资料选译》,第133页。

② (清)张之洞:《致东京李钦差》,苑书义等主编《张之洞全集》第10册,第8006页。

③ 《李钦差来电》,苑书义等主编《张之洞全集》第10册,第8007页。

内间正在主战,外间与各国商议办法本是权宜之计。况外部语多离奇,尊电若转总署必干震怒,现岘帅与各督抚议定不转去矣,万望尊处切勿电署为祷。外部若询问,只可以浑沦语答之耳。"① 而后来的事实证明,驻外使节确实没有将有关"东南互保"的消息告知中央政府。作为驻外机构的直接领导机关,总理衙门在张之洞的干涉下甚至得不到任何关于"东南互保"的消息。而且,驻外使节居然都听从张之洞的指挥,大家齐心协力为"东南互保"出力。这里必须说明的是,清政府的驻外使节之所以这样做,与他们对清政府对外政策的看法有关。绝大多数驻外使节在这次事件中都反对与列强各国开战。他们身处列强各国,耳闻目睹西方强国的实力,深知与列强开战将带来的恶果,更何况围攻使馆危及各国驻华使节的生命安全这种有违国际公法的事件更为他们所不齿。再加上清政府的宣战诏书只是一个对内宣布的上谕,并未真正向各国下宣战书,同时清政府也没有给驻外使节一个很清楚的指令。在这种情况下,驻外使节的处境变得十分尴尬,但同时也给了他们留下了活动的余地,他们是赞成张之洞的互保主张的。此时,北京、天津、山西等地的电报线路已被义和团破坏殆尽,国外发回的电报须经湖广总督、两江总督、山东巡抚等转往总理衙门,张之洞等人反而要比总理衙门先看到这些事关重大外交事宜的电报。张之洞由此形成的外交背景使列强各国纷纷看好他,这也为他的"东南互保"提供了便利。

从军事方面来看,张之洞借策划"东南互保"之机,筹饷扩军,使自身的军事实力有了明显的增强。他在组织外交谈判的同时,并没有放松东南地区军事力量的建设,企图通过增强军事实力对列强形成"震慑",从而更容易使各方接受"东南互保"。

首先是从各处借调精兵强将。6月15日,张之洞致电袁世凯:"借拨训练已成之官弁六人来鄂,拟派充营官,各带哨官三员,每营

---

① (清)张之洞:《致柏林吕钦差》,苑书义等主编《张之洞全集》第10册,第8087页。

二百五十人，分三哨，再多带哨官数人备用，官阶守备、千总皆可。"① 17 日，他再次致电催促，"请派八营官廿四哨官来鄂，尤望速从海道来"②，迫切之情溢于言表。同日，他又致电湖南巡抚俞廉三和布政使锡良，武汉"亟需添兵数千……请饬中书黄忠浩将所部全军六旗暂借来汉口驻扎，以资弹压"③。

其次是补充军事装备，从国外购买武器弹药。6 月 16 日，张之洞致电在东京的钱恂，"长江弹压需械甚多，如汉厂枪不敷时拟购日本。新枪并弹能供用否？进口能无阻否"④。同日，他又致电出使德国大臣吕海寰："请向德厂代购无烟枪药一万磅、炮药五千磅……需用甚急，并催速运。"⑤

既要扩充人员，又要购置军火，而湖北的财政根本无法承受，张之洞便想到向外国借款一途。他主要是向英国借款，因为他要维护与英国人有重要利益关系的东南地区的秩序。英国人对他要维护东南地区秩序的决心毫不怀疑，但却怀疑他对军队控制的能力，认为他的军队"显然不反对制造麻烦"⑥。张之洞很好地利用了这一点。他使英国人感觉到他军队中的不稳定因素将随着发饷日子的临近而有发生兵变的危险，那时他将无法控制局面，除非得到英国的援助，否则他将丧失权威，不得不放弃"东南互保"。这样，张之洞便顺利地解决了自己的军费问题。

此外，张之洞对清廷要求各地派兵"勤王"的命令敷衍了事，以免削弱自己的军事实力。他在 7 月 9 日给钱恂的电文中说："鄂省需兵需械专为弹压土匪，保护地方。将来设或京城难支，董军系西兵，

---

① （清）张之洞：《致济南袁抚台》，苑书义等主编《张之洞全集》第 10 册，第 7978 页。

② 同上书，第 7984 页。

③ （清）张之洞：《致长沙俞抚台、锡藩台》，苑书义等主编《张之洞全集》第 10 册，第 7987 页。

④ （清）张之洞：《致东京钱念劬》，苑书义等主编《张之洞全集》第 10 册，第 7980 页。

⑤ （清）张之洞：《致柏林吕钦差》，苑书义等主编《张之洞全集》第 10 册，第 7980 页。

⑥ 胡滨译：《英国蓝皮书有关义和团运动资料选译》，第 162 页。

拳首系陕人李来中，董及各匪必然西溃，拥众横行。鄂若无重兵，凭何抵御。且直隶省南数府土匪廿余万，到处杀掠，荼毒良民。现派兵北上，系奉旨调赴京听用，未言何用，各省皆有。鄙意以扈卫圣驾为主。假如外省若不遵旨，则朝廷不令在鄂矣，何以保全东南乎？"① 对此，英国人则有这样的认识："总督们……派遣北上的军队，是只受了两个月训练的新兵，而且武器很差。他们将最精锐的部队留驻在了这些地区，以保持和平和维持秩序。"② 让列强各国感觉到东南地区军事力量的存在，有一定的安全感，同时军事力量的存在也给予他们一定的顾虑，不会轻举妄动。对于清王朝来说，一个不听号令的地区拥有精锐的军队，这总是它不愿意看到的事情。

张之洞等人策划推行的"东南互保"，暂时使东南地区免遭战火，维护了东南地区的社会稳定和经济发展。对清廷来说，"东南互保"为它日后在对外谈判中保留了讨价还价的资本，但也加重了地方对中央的离心倾向。

结　论

张之洞在"东南互保"期间所做的对外交涉活动，是地方大员对清政府盲目排外政策的一种抵制。"东南互保"虽然在一定程度上保护了列强的在华利益，但东南督抚们的出发点还是为了维护清王朝的统治，只是这个事件却加重了清王朝内轻外重的政治格局。

"东南互保"是地方督抚在非常时期灵活地使用自己手中权力维持清王朝的统治，维持地方的稳定，但它同时也进一步削弱了清朝中央集权。张之洞在"东南互保"期间的活动已经超越了地方督抚的权限，事后不仅没有被追责，反而还与袁世凯一起进入了清政府的中枢机构军机处。这就是说，清廷在承认自己在义和团运动时期的决策是错误的同时，对他们"东南互保"的行为却给予认可。这就使得清政

---

① （清）张之洞：《致东京钱念劬》，苑书义等主编《张之洞全集》第 10 册，第 8104 页。

② 胡滨译：《英国蓝皮书有关义和团运动资料选译》，第 158 页。

府的权威荡然无存，只能靠地方督抚来维持其统治。

在"东南互保"期间，列强各国将他们战争的对象和他们认为的中国"合法政府"区别开来。英国斯科特爵士7月4日从彼得堡发给英国外交部的函件说："欧洲各国应当继续采取这个态度，即他们不是同中国的合法政府而是同暴徒和无政府主义者处于战争状态，否则将……没有一个合法的当局将有足够的实力接受我们为恢复秩序提供的援助。"① 这里提到的"合法政府"还不是很明确。美国人说的就比较清楚："北京事实上已处于一种无政府状态，因而权力和责任实际上已移归各省地方当局，只要他们不公开与叛乱者勾结，并行使权力保护外国人的生命财产，我们就认为他们代表着我们所要与之保持和平友好的中国人民。"② "东南互保"诸省就是他们理想的"合法政府"，这种局面就是张之洞一手促成的。

"东南互保"期间，张之洞策划参与了许多越权涉外活动，这些现象说明清政府中央对外交涉权力已经下移到地方。"东南互保"之后，清政府的对外交涉更多的是依赖他们。

本文与赵海亮合作，系提交"张之洞与武汉早期现代化国际学术讨论会"论文，收入会议论文集《张之洞与武汉早期现代化》（陈锋、张笃勤主编，中国社会科学出版社2004年版）。

---

① 胡滨译：《英国蓝皮书有关义和团运动资料选译》，第134页。
② 天津社会科学院历史研究所编：《义和团运动资料丛编·1901年美国对华外交档案：有关义和团运动暨辛丑条约谈判的文件》，齐鲁书社1984年版，第7页。

辜鸿铭论略

    辜鸿铭与严复、林纾，在近代中西文化交流史上被称为"福建三杰"，对中西文明的交汇融合产生了重大影响。其中，辜鸿铭自身独特的经历，使他的思想和行动呈现极其复杂的特性。

    辜鸿铭（1857—1928），名汤生，字鸿铭，号汉滨读易者，福建同安人，出身于马来亚槟榔屿一个华侨家庭。辜鸿铭14岁时由其父安排，随一位英国大商人赴西欧留学。他先考入德国柏林工学院，获工科学士学位，又赴英国入爱丁堡大学随英国学者卡莱尔学习，获文学博士学位。后来，他遍游法、意、奥诸国，更开阔了眼界。在欧洲十年，由于勤奋好学，加上天资聪颖，辜鸿铭精通了英、法、德、意等国文学和拉丁语、希腊语，是当时难得的一位精通西方政治文化的人才。辜鸿铭回国后应邀入两广总督张之洞幕府，颇受张之洞器重，任以洋文案，主办秘书、翻译、礼宾诸务。张之洞移督湖广时，调属员随行者仅止5人，辜鸿铭即为其一。光绪十七年（1891），俄国皇储一行十余人至湖北游历，在武汉与张之洞互访答谢。辜鸿铭陪同以法、俄、希腊等语译答，使客人极为惊奇，感叹中国有此异才。

    辜鸿铭不仅通"西学"，而且还深通中国传统文化。光绪七年（1881），辜鸿铭由欧洲归国途经印度时，结识了在当地办理外交事务的中国学人马建忠。马建忠向他讲述了中国传统文化，这使他大为惊讶，转而深为仰慕。在同安乡居期间，辜鸿铭专门请人为他讲《论语》《孟子》，从而愈益笃信孔孟之学，认为孔孟非西方哲人所能及。此后，他便闭门"求中国学术，穷四子五经之奥，兼涉群籍"[①]。经

---

    ① 蔡冠洛编著：《清代七百名人传》下册，中国书店1984年影印本，总第1825页。

过悉心钻研，辜鸿铭认为中国文化远远高于西方文化。于是，他将中国文化经典《论语》《孟子》《中庸》《孝经》《春秋大义》等译成英文、德文，并用外文写了《中国对于欧洲思潮的反抗》《中华民族的精神和战争的出路》等，向西方介绍中华民族悠久的历史和灿烂的文明。这些使得他享誉海外，名扬欧美。

辜鸿铭知识渊博，学贯中西，在当时曾赢得中外学人的称许，有幸与俄国文豪托尔斯泰通信的中国人仅止两位，辜鸿铭即其中之一。辜鸿铭在晚年被蔡元培聘为北京大学教授，主讲英国文学。蔡元培被迫辞去校长职务后，辜鸿铭也辞职，转任北京日本《英文日报》总编辑，后应日本大东文化协会邀请，东渡日本，在帝国大学讲东方文化，归国后复任北京大学教授。

辜鸿铭是一位有民族自尊精神的知识分子。光绪二十六年（1900），八国联军占领北京后，辜鸿铭受张之洞派遣，赴北京襄助李鸿章和奕劻对联军谈判。联军统帅瓦德西是辜鸿铭旅欧时的故交，辜鸿铭通过这种私人关系，力争主动。由于李鸿章等人畏敌妥协，辜鸿铭的努力成效甚微。① 在此期间，辜鸿铭用英文著《尊王篇》，鼓吹封建伦理纲常大义，引据西方经典史事，抨击八国联军的侵华暴行。书成，各国纷纷购求，影响颇大。

辜鸿铭痛恨社会弊端，他虽然忠于清朝，但敢于指斥时弊，不避权贵。从当朝重臣、顶头上司，直至皇帝、太后，他都敢抨击。光绪二十八年（1902），张之洞不惜花费巨资，在武汉举办慈禧太后万寿庆典。各衙门张灯结彩，大开筵宴，遍邀各国驻汉领事，军界学界大唱颂扬慈禧的"爱国歌"。辜鸿铭对此极为反感，当即在宴席上作《爱民歌》以抨击之："天子万年，百姓化钱，万寿无疆，百姓遭殃。"② 举座哗然。袁世凯系当时显要，辜鸿铭则对他极其鄙视。早在光绪二十七年（1901）的应诏上书中，辜鸿铭就称袁世凯为"小

---

① 兆文钧：《辜鸿铭先生对我讲述的往事》，中国人民政治协商会议全国委员会文史资料研究委员会编《文史资料选辑》第108辑，中国文史出版社1986年版，第185—218页。

② 辜鸿铭：《爱国歌》，《张文襄幕府纪闻》卷上，清宣统刊本，第9页。

人"，有"用小人以办外事其祸为更烈"语，① 为袁世凯所恶。光绪
三十三年（1907）张之洞由湖广总督调京任军机大臣，辜鸿铭亦随其
入京，擢外务部侍郎。此时袁世凯亦任军机大臣，他在一次谈话中对
德国公使说：张之洞是讲学问的，而他是不讲学问讲办事的。辜鸿铭
听到此话后对袁世凯的幕僚说："老妈子倒马桶固用不著学问，除倒
马桶外我不知天下有何事是无学问的人可以办得好。"② 对袁世凯讥刺
挖苦如此。清末五大臣出洋考察宪政，他也讥之为"出洋看洋画"。

但是，就是这样一位学贯中西、具有民族气节、敢于抨击社会弊
端的知识分子，在中国近代史上却以保守复古著称，做了一些不符合
时代要求的事情。辜鸿铭由欧洲归国后立即沉浸在中国传统文化之
中，他在推崇中国传统文化时，却对西方文化全盘否定，从而反对变
革，主张复古。

中日甲午战争以后，国内维新思潮高涨，张之洞亦卷入其中，捐
款赞助强学会，资助支持汪康年梁启超创办《时务报》等，不一而
足。辜鸿铭对此却不以为然，向张之洞上书，对其进行劝阻。他认
为，西方议院是"各国君长欲济其贪忿之志及利商贾富人之捐输，故
使入议院，列为朝士议政事"，开设报馆是士人"忿激时事"，"诋议
政事"，"由是权遂下移，国多秕政③。中国士大夫倡立议院，开设
报馆，是不懂西洋政治，盲目仿效。由于辜鸿铭久负深悉西洋政治文
化盛名，他的这番言论就不能不对张之洞产生一定影响。随着维新运
动的不断发展，张之洞与维新派的分歧亦日益明显。

庚子以后，辜鸿铭以外务部员外郎身份应诏陈言，对清政府的
"新政"决策提出了异议。他认为封建制度已臻完善，不可轻易更改，
"今制度若屡行更易，则纲纪必损，纲纪既损，邦本必坏，邦本既坏，
又何以能立国耶？"④ 西方政治"犹似我中国春秋战国之时势"，中国
朝野倡言行西法兴新政，一国若狂，可叹为舍本逐末。他请求清政府

---

① 辜鸿铭：《上德宗景皇帝条陈时政书》，《读易草堂文集》内篇，民国刊本，第9
页。

② 辜鸿铭：《倒马桶》，《张文襄幕府纪闻》卷上，第9页。

③ 辜鸿铭：《上湖广总督张书》，《读易草堂文集》内篇，第11页。

④ 辜鸿铭：《上德宗景皇帝条陈时政书》，《读易草堂文集》内篇，第2页。

"特谕各省督抚，凡关吾民内政之事不准轻改旧章，创行西法之政"①。同时他认为当时的一些实业如电报、轮船、铁路、矿务等，是"利之所在，害亦将相随之"，因此"凡兴办此等事又不可不严定限制"②。连清政府都感到封建专制制度必须进行一些调整时，辜鸿铭却还对此死死抱住不放，极力反对进行一丝更动。

清朝被推翻后，辜鸿铭"悲愤尤甚，穷无所之"③。宣统皇帝逊位时，"他便马上戴了假辫子，穿上长衣马褂，叫黄包车夫拉着巡游北京城"④，表示他对已灭亡的封建专制制度的眷恋。不仅如此，辜鸿铭还积极参与了清室的复辟活动。民国二年（1913），辜鸿铭受宗社党的派遣，赴东京探问日本政府对宗社党复辟清室的态度，并乞求日本给予支持。但"他在东京仅会晤了阿部政务局长、仓知次官"，"无所得而归"⑤。民国六年（1917），辜鸿铭又参与了张勋复辟，受张勋派遣任调停江浙之责，南下途中因段祺瑞起兵讨张受阻于天津，未果而返。他和张勋、康有为等被时人列为复辟党最重要人物"十三太保"⑥。

综上所述，辜鸿铭向西方广泛介绍传播了中国文化，在中西文化交流史上占有一定地位。他敢于指斥时弊，维护民族自尊，具有强烈的爱国主义精神。但是，他在推崇中国传统文化的同时，却彻底否定西方文化，还积极参与了中国近代史上的复辟活动，扮演了一个保守复古派的角色。辜鸿铭身上呈现的这种复杂而矛盾的特性，正是近代中国中西文化激烈撞击的一种反映。

本文原载《山西大学学报》1992 年第 4 期。

---

① 辜鸿铭：《上德宗景皇帝条陈时政书》，《读易草堂文集》内篇，第 6 页。

② 同上书，第 3 页。

③ 《清史稿》第 44 册，中华书局 1977 年版，总第 13449 页。

④ 震瀛：《记辜鸿铭先生》，《人间世》第 18 期，第 22 页。

⑤ ［日］宗方小太郎：《宗社党的复辟活动》，中国社会科学院近代史研究所近代史资料编辑部编《近代史资料》总 48 号，中国社会科学出版社 1982 年版，第 94 页。

⑥ 天忏生：《复辟之黑幕》，荣孟源、章伯锋主编《近代稗海》第 4 辑，四川人民出版社 1985 年版，第 167 页。

传统与经世：梁鼎芬与丰湖书院

书院是中国传统社会中用以研修学问、培育人才的教育机构。书院藏书是书院研究不可或缺的组成部分。丰湖书院是梁鼎芬藏书事业的起点，也是他书院掌教生涯的开始。在丰湖书院的业绩不仅奠定了梁鼎芬一生从事藏书事业的基础，而且也开启了近代私人开办图书馆的先河。本文拟对梁鼎芬在丰湖书院的作为做些浅显探析。

一　退与进：谪居故里与讲学丰湖

梁鼎芬（1859—1919），晚近学者、诗人、书法家和藏书家，广东番禺人，字星海，号节庵。光绪六年（1880）梁鼎芬以二甲三十二名中进士，后授翰林院编修。少年得志，才情抱负可见一斑，仕途算得上是青云得意、鸿翔鸾起。光绪十年（1884），因痛恨李鸿章在中法战争中所持的主和态度，梁鼎芬上疏光绪帝参劾李鸿章有六款可杀之罪，要求"明正典刑，以伸国法而纾众愤"[1]。这一举动使梁鼎芬成为震动朝野的风云人物，"同年故旧皆以为荣，演剧开筵，公践其行，至比之杨忠愍之参严嵩"[2]。但是，梁鼎芬的处境却相当微妙而尴尬，不少京官同人出于对李鸿章权威的畏惧，对梁鼎芬出言奚落乃至排揎，谓"其沽名钓誉，博取时誉"[3]。

---

① 梁鼎芬：《节庵先生遗稿》，藏暨南大学图书馆，第 1 页。

② 天台野叟：《大清见闻录》上卷，中州古籍出版社 2000 年版，第 630 页。

③ 智军等：《梁鼎芬参劾李鸿章、袁世凯及其在广东办学等活动》，中国人民政治协商会议广东省广州市委员会文史资料研究委员会编《广州文史资料》第 10 辑，1963 年印行，第 196 页。

以翰林院编修身份，参劾直隶总督兼北洋大臣并身为慈禧太后最为倚重的枢密顾问，勇气固然可嘉，但总有不知天高地厚之感。最为关键的是，梁鼎芬弹劾李鸿章的初衷很难为人所理解，京城风议话题也多关乎于此。也许有作为天子门生、文人学者的情怀，也许有派系倾轧的因素，也或者是性格使然——因为在此之后的人生中，梁鼎芬陆续弹劾过奕劻、袁世凯、周馥、陈夔龙等清廷要臣。但当时社会亦有说法认为，"节庵何以劾合肥？相传顺德李若农侍郎（文田）精子平风鉴，有奇验，且谓节庵寿只二十有七。节庵大怖，问禳之之术，曰：'必有非常之厄乃可。'节庵归，闭门草疏，劾李鸿章十可杀。"①此说流播广泛，但终究不足为信。次年，梁鼎芬因"妄劾，交部严议，降五级调用"②，后在心灰意冷下辞官不就，回广东原籍。

弹劾的缘由与目的虽扑朔迷离，但有一点是毋庸置疑的，梁鼎芬因此断送了在京为官的可能。其实，梁鼎芬在参劾李鸿章之后，起先并无返回广东的打算，但是此时张之洞由山西巡抚升为两广总督，"以鼎芬敢忤李鸿章，视为'清流派'中初生之犊，有心罗为己用"③，且慕其"学问如此渊博"④，于是力邀梁鼎芬回广州。光绪十二年（1886）梁鼎芬受张之洞聘请任丰湖书院院长，到光绪十三年（1887）冬离开为止，主讲丰湖书院近两年。丰湖书院位于广东省惠州府，不仅是惠州西湖园林胜迹的组成部分，也是惠州各州县学子攻读科举的重要基地。诗人丘逢甲游丰湖书院曾赋诗道："门题山水小蓬瀛，前辈谈经讲席横。一片湖云遮不住，藕花深处读书声。"⑤可见丰湖书院的别致清幽。

值得注意的是，梁鼎芬前往丰湖书院并未登门拜会惠州知府，仅仅派差役稍作知会。在常人看来，这一行径有不敬的嫌疑，但是在某种程度上却暗含了传统知识分子对"山长"行为的期许，故而备受广

① 黄濬：《花随人圣庵摭忆》上册，中华书局 2008 年版，第 342—343 页。

② 《清史稿》第 42 册，中华书局 1977 年版，第 12822 页。

③ 智军等：《梁鼎芬参劾李鸿章、袁世凯及其在广东办学等活动》，中国人民政治协商会议广东省广州市委员会文史资料研究委员会编《广州文史资料》第 10 辑，第 200 页。

④ 刘禺生撰：《世载堂杂忆》，中华书局 1960 年版，第 68 页。

⑤ （清）丘逢甲：《岭云海日楼诗钞》，上海古籍出版社 1982 年版，第 311 页。

东学林赞赏。时任惠州知府的夏献铭不以为忤，在翌日专程去丰湖书院拜访梁鼎芬。此中原因固然因为梁鼎芬为张之洞所举荐之人，但确实也有对梁鼎芬学问风骨的重视之意。夏献铭对梁鼎芬的重视消除了惠州地方人士对年仅28岁的梁鼎芬能力的怀疑，为他在丰湖书院的任职提供了良好的社会关注度和美誉度。

梁鼎芬到任之际，丰湖书院的状况不尽如人意，历经晚清十余年的社会动乱，书院一片萧条颓废，"堂无桌几，询之向未有讲书者"，且"学舍多朽坏，后山墙矮，天暑尤热不耐居"①。按照书院的办学规模，当时在书院就读的学生应有130名左右，但实际上只有十余人。为改变书院生源贫乏的状况，梁鼎芬重点从两个方面为此努力。

第一，重视对书院学生的经济支持。书院生源稀少的根本原因在于补贴的缺乏。梁鼎芬为此特地找夏献铭商量。在统筹考虑经济状况和学生的实际情况后，"诸生膏火，生员之正课生每月每人一两五钱，附课生六钱；童生之正课生每月每人一两，附课生五钱"②，每年以十个月发放。同时对未在书院住宿的学生也给予一定的支持。这一措施有力地保障了求学者的待遇，使丰湖书院的生额数量大为增加。

第二，厘订学规，选定五经读本，重视对求学者进行人性本善、事君以忠、理义养心等学说的介绍。甫进丰湖书院时，梁鼎芬便"告诫诸生，勿只重帖括，要向远大处想，以陈东塾先生集顾亭林句'行已有耻，博学于文'相训勉"③。梁鼎芬的测试出题更不外乎此，如给生员曾出"臣事君以忠"题，给文童曾出"尚志"题等。与此同时，梁鼎芬还将古之贤者的求学格言题写于书院的屏风、梁柱等处，以便学生能随时用以督促和自省。"忠君""明志"不仅是梁鼎芬终身力行倡导的政治信仰与思想作风，同时也是对书院学生的规定与要求。张之洞曾这样肯定梁鼎芬的教育："学术纯正，待士肫诚，于教

---

① 梁鼎芬：《节庵先生遗稿》，第54页。
② 智军等：《梁鼎芬参劾李鸿章、袁世凯及其在广东办学等活动》，中国人民政治协商会议广东省广州市委员会文史资料研究委员会编《广州文史资料》第10辑，第200页。
③ 许寿田：《葵霜遗范忆述示两儿》，许衍董编纂《广东文征续编》第1册，广东文征编印委员会1986年印行，第267页。

育事体，大纲细目擘画精详。"① 梁鼎芬孜孜不倦"以文章气节道德倡后进，惠州学者受影响甚大"②。但是对后之学者影响更为深远和广泛的则是梁鼎芬一手创建的丰湖书藏。

二　公与私：　丰湖书藏的问世

丰湖书藏是梁鼎芬对丰湖书院最重要的贡献。梁鼎芬钟爱藏书事业来源于深厚的家学渊源，祖上有"玉山草堂"藏书。他自小对藏书有天然的亲近感，其所到之处均建有藏书室，并冠有雅名。丰湖书院的藏书虽然带有梁鼎芬个人喜好的印记，但在客观上却给"僻处东鄙，榛狉未除，陋甚南荆，蓝缕待辟"③ 的惠州带来了新的气象。

筚路蓝缕的工作毕竟不易，要藏书首先要建藏书楼。梁鼎芬在书院之西建楼三楹，其样式仿照阮元所建的焦山书藏。藏书楼历时一年竣工，由前任丰湖书院院长邓承修题名曰"苏东坡先生祠"，因苏轼有德于惠州。但实际上，苏祠之名所称较少，远不如丰湖书藏之名盛行。而这一藏书楼的建立，说明藏书与讲学、祭祀一样成为丰湖书院三大事业的地位得到了认可与固化。

藏书楼建立之后，梁鼎芬力邀各界人士大力捐献藏书。捐赠者几乎包括梁鼎芬所能想到的一切社会关系：一是两广总督张之洞、广东按察使于荫霖等大吏；二是以惠州道府州县为主体的文职官员；三是以广东提督、总兵为主的武职官员；四是以惠州士绅为主的文人；五是梁鼎芬的师友亲戚等。对于每样捐书，梁鼎芬都非常重视，"凡捐书者，自一卷至十卷、百卷、千卷、万卷均可捐入"，且在"每书每本上盖某人捐置木印"④，梁鼎芬自己的印为"降调翰林院编修梁鼎芬捐置"。

① 赵德馨主编：《张之洞全集》第 4 册，武汉出版社 2008 年版，第 333 页。

② 张可廷：《梁鼎芬别传》，李奇念主编《广州文史资料存稿选编》第 6 辑，中国文史资料出版社 2008 年版，第 97 页。

③ 张友仁编：《惠州西湖志》，广东高等教育出版社 1989 年版，第 83 页。

④ 梁鼎芬：《丰湖书藏四约》，袁咏秋、曾季光主编《中国历代国家藏书机构及名家藏读》，北京大学出版社 1997 年版，第 223 页。

在众多热心人士的支持与帮助下，丰湖书院的藏书不断得到充实，表1是书院藏书的分类情况。

表1　　　　　　　　　　　丰湖书院藏书表

分类	经部	史部	子部	集部	典志	类书	总计
卷数（卷）	10386	12835	1393	15767	2605	10570	53556
册数（册）	2471	3259	293	4178	822	4154	15177

　　资料来源：刘伯骥：《广东书院制度沿革》，商务印书馆1938年版。

　　梁鼎芬的躬亲力行改变了丰湖书院19世纪以来日渐衰败的状况，一跃成为广东具有影响力的书院之一。与同期广东有数目可考的书院藏书相比，丰湖书院的藏书最为丰富。表2是清末广东几个主要书院的藏书状况。

表2　　　　　　　　　　广东书院藏书数目表（部分）

书院	丰湖书院	广雅书院	端溪书院	崇实书院	粤秀书院	桂阳书院	绥江书院
部数（部）	—	2672	563	9	386	6	—
卷数（卷）	15177	—	—	—	1574	700 +	—
册数（册）	53556	43555	9482	670	1574	65	500 +

　　资料来源：刘伯骥：《广东书院制度沿革》，商务印书馆1938年版。
　　注："—"表示该数目不详，"＋"表示"余"之意。

　　丰湖书院的藏书远非一般书院所能相比，藏书较为丰富的广雅书院和端溪书院在很大程度上也得益于梁鼎芬主讲这两个书院时的努力。丰湖、广雅、端溪成为当时广东藏书最丰的书院都和梁鼎芬有着密切的关系。

　　梁鼎芬之所以能够建立丰湖书藏，其原因主要有三点：一是梁鼎芬个人的主观努力。深知藏书对治学重要性的梁鼎芬在到任丰湖书院之时就萌生了建立藏书的想法。梁鼎芬因家境贫寒，早年读书常常到朋友处借书，"静念生平，稍知文学，皆得借书之力"①。因此，在有

---

　　①　梁鼎芬：《节庵先生遗稿》，第93页。

能力建立书藏以嘉惠后人之时，梁鼎芬当然为此不懈努力。在他看来，这是"以知好相待之雅，转赠学生"①。二是两广总督张之洞不遗余力的支持。如前所言，梁鼎芬担任丰湖书院的院长，是出于张之洞对他的赏识。这种赏识不仅限于思想学识层面的共鸣，还有实际行动的支持。如建藏书楼时，张之洞即捐助白银1000两用于建设。在书藏建好之后又捐书261种，成为丰湖书藏的重要捐助者。作为两广总督，张之洞对梁鼎芬的无私支持在客观上也具有名人效应。上有所好，下必效之，由此带动惠州地方官员对丰湖书藏的支持。三是社会名流贤达的支持。以名流贤吏为主，辐射亲朋好友是梁鼎芬一直努力践行的捐书举措。这不仅包括与其往来密切的文坛、诗坛的知识分子，还有同年故交以及知名藏书家，如缪荃孙。在给缪荃孙的信中，梁鼎芬说："凡同志故交，量力之大小，家藏之多少，随意捐出，上写明某某名字。"②并请缪也代为广泛传播。因此，即便是目不识丁的普通民众，也通过捐资给书院的董事以购买书籍，故而"甫经创议，已有数百种矣，来者不绝"③。正是这些社会贤达人士的积少成多，丰湖书院才得以以丰富的藏书成为广东诸多书院中的翘楚。

丰湖书院丰富的书籍与文献促进了惠州地方文人学士研究风气的形成，对晚清惠州地方文化的影响深远。"每当柳堤春暖，槐院昼长，野航在门，子衿盈室。或经生对案，证诸说之异同；或吟客摊床，手一编以哦咏。"④从中可见读书风气的浓郁。不仅如此，原先学风未开的地方民众也因此得到启蒙机会。如一首诗这样写道："丰湖先生作书藏，小户贫家知买书。但得五车搜旧蠹，不辞三月食无鱼。"⑤虽然有一丝夸张，但却是最能说明书院藏书对地方风气改变的影响。的确，梁鼎芬一心倡导的捐书行为具有广泛的社会号召力，对这种号召力的响应也来自民众对惠州文化建设的内心渴盼，希望丰湖书藏能为家族或者乡里学子提供良好的读书环境。而丰湖书藏也不负众望，这

① 梁鼎芬：《节庵先生遗稿》，第93页。
② 齐鲁书社编：《藏书家》，齐鲁书社2004年版，第89页。
③ 顾廷龙校：《艺风堂友朋书札》，上海古籍出版社1980年版，第158页。
④ 张友仁编：《惠州西湖志》，第83页。
⑤ 同上书，第85页。

一时期培养出江逢辰、李绮青、杨寿昌、张慰增等人才，丰富了晚清岭南文化内涵与历史底蕴。

三 旧与新： 丰湖书藏的创新与局限

晚近以来，囿于局势动荡和兵燹之灾，私人藏书业显现出逐步没落的趋势。但对于传统文人而言，守着辛苦收集整理的藏书足以使其聊慰平生，而不管时势沧桑变化。深藏不露是他们自认为稳妥的藏书选择。梁鼎芬曾分析说："藏书家每不肯借书，其故有六：一污损；二失落；三据为己有；四日久忘记；五人有副钞，不能专美；六昨借今还，疲于书札。"① 尽管知道种种弊端，梁鼎芬对藏书的态度却依旧豁达而开通，其创建的书藏也有其独到之处，特征有三。

第一，具有完备的藏书管理制度。丰湖书院收集有如此多的藏书，但并无管理方面的困扰。根据经验和实践，梁鼎芬制定了《丰湖书藏四约》，分别为借书约、守书约、藏书约、捐书约。这四约是"清代藏书规章中条目最多，规定最为详备的，很多内容已具近现代图书馆管理制度之雏形"②，并被认为可以同叶德辉的《流通古书约》相媲美。四约中的借书约详细规定了借书期限、注意事项、书目种类，还限制了不许借书的对象，包括地方官长、各衙署幕友管亲、各学教授、监院等。虽然有些规定并非合乎情理，但却能最大限度地满足贫寒学子的求学需求。守书约规定了管理人员的挑选、服务礼仪、书籍检查等，制定了由值年绅士、董事、掌书生徒、书藏看守构成的董事负责制。这一制度是丰湖书院所特有的，有别于普通书院所实行的监院负责制、斋长负责制和山长负责制，是丰湖书藏管理制度的一大特色。藏书约考虑到了岭南地区的潮湿气候和环境，采取防虫、防鼠、防火、通风等措施，注重编号书籍、分类存放的环节。捐书约倡导不分多寡、不重版本、多多益善的捐书原则，也规定了捐书者享有

---

① 梁鼎芬：《节庵先生遗稿》，第92页。
② 陈谷嘉、邓洪波主编：《中国书院制度研究》，浙江教育出版社1997年版，第167页。

的刻印姓氏爵里、索取捐书收条的权益，给捐书者以充分尊重。与此同时，梁鼎芬还编了《丰湖书藏数目》8卷，详细记载了丰湖书院的书目信息及其来源。

详尽的藏书管理制度是梁鼎芬的重要创新举措，这些制度的实施不仅保障了丰湖书藏的有效运行，同时也为广州乃至各地方书院制度的制定提供了参照蓝本。但遗憾的是，在晚清社会趋新的时势下，丰湖书院的藏书仍旧是以传统儒家经典为主，缺乏对新式书籍的网罗，不能不说是一种遗憾。

第二，重视收集清人文集和地方志。对一般藏书家而言，"藏书之道，先分经史子集四种，取其精华，去其糠秕，经为上，史次之，子集又次之"①。虽然梁鼎芬认为《十三经注疏》《宋元学案》等书多多益善，但更重视对清人文集的搜集，"书藏之意，甚欲广收罗历朝、国朝文集，凡捐书者能加意此层，采书尤广"②。从表1中也可以看出，在六大分类中，文集不论卷数还是册数都在各类目中独占鳌头。

尽管对文集如此重视，但梁鼎芬对两个人的文集始终抱着一种绝对摒弃的态度，这就是袁枚和龚自珍。他认为："袁枚之素行无耻，得罪名教，淫书谰语，流毒海内，三五成群，衣冠盗贼成为风气不可救药。龚自珍心术至坏，生有逆子，败乱大事。文字虽不与同中国。凡此二人著述，永远不得收藏，以示嫉恶屏邪之意。"③ 袁枚与龚自珍的诗文，在清代文学上甚有影响，而梁鼎芬却因袁枚的品行和龚自珍儿子的不肖而盲目排斥，不免带有浓郁的个人偏见。

地方志向来很少入藏书家的大雅之堂。晚近以来，由于外患日益严重，边疆地理日益得到重视，但地方志的收藏依然处于边缘化。史学家、藏书家谢兴尧曾回忆某次在书店的经历说："见人买方志书，不论部册，以手杖量其书堆之高矮，为省手续，其贱可知。"④ 各地方

---

① 孙庆增：《藏书纪要》，古典文学出版社1957年版，第34页。

② 梁鼎芬：《丰湖书藏四约》，袁咏秋、曾季光主编《中国历代国家藏书机构及名家藏读》，第223页。

③ 《丰湖书藏目录》，北京图书馆古籍影印室编《明清以来公藏书目汇刊》第64册，北京图书馆出版社2008年版，第511页。

④ 谢兴尧：《堪隐斋随笔》，辽宁教育出版社1995年版，第29页。

志中含有对版图、山川、产业、名人、风物等情况的介绍，具有重要的参考价值和研究价值。梁鼎芬很早注意到了这一点，其对地方志的重视显示出精准的眼光和预见性，"书藏所藏以清代文集及省内外地志最为丰富。近来各图书馆收藏无不注重府县志，当光绪中叶，梁公已注视及此，可谓有先识矣"①。

第三，具有藏书为公、藏书为用的现代图书理念。对传统藏书家而言，藏书、藏好书、藏稀有之书是身份地位的象征，也是品学德行的重要参照。但传统藏书家或藏书楼一般重藏轻用，遇到奇货可居的藏书，有可能一辈子不予以公之于众。梁鼎芬在《丰湖书藏四约》中开宗明义地提出："今之书藏，乃一府之公物，非一人之私有，与藏书家不同。不借不如不藏，不读不如不借。务使人人保护，人人发愤。"② 丰湖书院收集的藏书，乃为嘉惠后学、服务民众之用，而非仅仅束之高阁，权当摆设。

梁鼎芬藏书为公、藏书为用的理念造就了丰湖书藏开放式借阅和公众式管理的模式，这是近代藏书史上少有的创举。晚近以来，书籍出版业兴盛发达，藏书家也比比皆是，但能将书院藏书事业做到梁鼎芬这种程度的则为罕见。这也如其在丰湖书院的楹联上所写："得地已高，当做第一流人物；有书可读，坐想数千载人才。"③

四　结论：兼济天下的文人情结

中国传统儒家的人生哲学讲究修身、齐家、治国、平天下，对于深受传统浸淫的文人而言，兼济天下也许是他们人生价值的终极追求。换而言之，对国家、对社会群体具有超脱个人利益之外的温情关

---

① 徐信符：《广东藏书纪事诗》，沈云龙主编《近代中国史料丛刊续编》第200册，台北文海出版社1975年版，第202页。

② 梁鼎芬：《丰湖书藏四约》，袁咏秋、曾季光主编《中国历代国家藏书机构及名家藏读》，第219页。

③ 张可廷：《梁鼎芬别传》，李奇念主编《广州文史资料存稿选编》第6辑，第100页。

怀，并为之一直努力不懈，这或许是中国传统文人的固有情结。丰湖书院丰富的藏书离不开两广总督张之洞、多任惠州知府和地方文人雅士的共同付出，他们的积极表现也反映出文人在彰显传统文化、传承学术方面所做的努力。的确，积累知识，研究学问，传播思想都离不开书籍，在这个层面上，书籍是文化最鲜明和最重要的载体，而诸多士人的努力则是在有意无意中显露出在数千年的道统熏陶中所深藏的道德品行与文化自觉。

对梁鼎芬而言，虽然处在变革的时代之中，但传统的印记无法也不可能剥离，无论是进退、公私还是新旧之间，他的选择总有点难言的意味。但无论如何，藏书化私为公的的确确成为梁鼎芬一生为之追求的事业，这也是他对自我价值的一种认知、一种肯定。梁鼎芬自己也曾期许说："数百年后，征求文献，必有到我丰湖者也。"① 想必内心也是极为满足与自豪的。然而，这样高的文化期许却依旧未能阻止梁鼎芬在逝世前将平生的诗文信稿文字付之一炬，"勿留一字在世上"②。我们也许很难理解梁鼎芬何以不将自己的著作保存于图书馆而选择这样决绝的方式。但文字虽不存，书院还在，书藏依旧。搜罗书籍，开放藏书，制定制度，在周而复始中，在步步坚守与粒粒艰辛中，梁鼎芬依旧一如既往地实现着自己的价值选择："掌教端溪，创设书库；掌教丰湖，创设书藏；掌教广雅，扩充冠冕楼；游镇江，又捐书焦山书藏，所至之地，均倡导藏书。"③ 最终将自己毕生所藏命名为"梁祠图书馆"，对公众开放。梁鼎芬对藏书事业的热爱，常人难以想象，也难以企及。他在中国古代藏书事业向现代图书馆事业转化进程中的桥梁作用，已经在中国近代图书馆史上留下了最为浓墨重彩的一笔。可以说，梁鼎芬用一生的执着、一生的抱负，努力书写着"读有用之书，成有用之才，出可以效忠于国家，处可以施教乡里"④

① 顾廷龙校：《艺风堂友朋书札》，第158页。

② 杰公：《我所知道的梁鼎芬》，中国人民政治协商会议湖北省武汉市委员会文史资料研究委员会编《武汉文史资料》第23辑，1986年印行，第146页。

③ 徐信符：《广东藏书纪事诗》，沈云龙主编《近代中国史料丛刊续编》第200册，第197页。

④ 梁鼎芬：《节庵先生遗稿》，第92页。

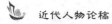

的人生轨迹。

本文与吕霞合作，系提交"第二届东江文化全国学术讨论会"论文，原载《惠州学院学报》2015 年第 1 期，收入《第二届东江文化全国学术研讨会论文集》（林清明主编，中山大学出版社 2014 年版）。

试论康有为的金融投资理念及其实践
——以《理财救国论》为中心的探讨

道光二十五年（1845），英国丽如银行在广州与香港分支机构的设立，是资本主义金融业配合国际贸易在中国拓展新的牟利领域的开始。接踵而至的德国德华银行、日本横滨正金银行、法国东方汇理等银行亦成为这些国家对中国输出资本、掠夺经济的重要枢纽与据点。这些"外国银行先后设立于通商口岸，并发行纸币。一般商民，以外人发行之银行券信用确实，便于携带，争相乐用，流通遂广"①。但这种外国银行业的兴盛对中国古老的金融业来说，却不啻为沉重的打击。为改变这种状况，近代中国知识分子在求新思变的改革过程中，不约而同地注意到这一攸关国家经济命脉的课题，本文研究对象康有为即为其中之佼佼者。然而长期以来，对康有为的关注主要集中在其政治、哲学、教育、宗教思想上，经济思想的研究则处于相对薄弱的环节，故本文拟以康有为的著作《理财救国论》为中心，对其金融投资理念作一浅显探析。

一　康有为金融理念溯源

"金融"（finance）一词发源于西方，在近代由日本传入中国。正式使用金融来形容与货币流通和信用相关的经济活动则是在以中国通商银行的成立为标志的近代银行业兴起之后。1915 年版《辞源》对

---

① 郭荣生编：《中国省银行史略》，沈云龙主编《近代中国史料丛刊续辑》第 190 册，台北文海出版社 1975 年版，第 48 页。

金融的解释是"今谓金钱之融通状态曰金融，旧称银根。各种银行、票号、钱庄曰金融机关"。作为舶来的新生事物，在相当的一段时间中，金融的具体含义并不明确，但"总的来说是指资金的融通，包括货币的铸造和发行，货币流通各种信用活动等"①。本文所指的金融观念就定义在此基础上。

作为关注民生疾苦与社会现实的进步人士，康有为对国家金融的重视有着深刻的社会根源。就客观层面而言，外国银行自进入中国市场以来，就利用其雄厚的资本优势操纵中国金融，"彼（外人）专以金钱炫我，出其余货，易我黄金，致中国黄金贵三倍，而金荒矣"②。在主观方面，晚清中央政府对国家金融缺乏统一管理，钱币的发行"不出于户部，令银店得自为之"③，货币法定威严性的缺失不仅造成钱币流通范围的有限和兑换的困难，而且紊乱的发行也为伪假钱币的出现提供了可乘之机，影响了正常的金融秩序。这种"天下铸钱之多莫多于今日者，各国钱法之乱亦莫乱于今日者"④ 的局面是康有为思考金融问题的直接动机。

光绪十四年（1888），康有为代御史屠仁守所作的《钱币疏》是其关于金融理论的最早论断。在该疏中，康有为认为"今之钱法败坏极矣，一失名，一失实，一失用"⑤。在具体分析"三失"弊端的基础上，康有为主张"尽销旧锭，改铸新钱"⑥，以此避免国家利益之外溢，对抗外国银元之流通。这一思想在维新变法时期的经济改革方案中得到继续阐述。"变之法，富国为先"，"富国之法有六：曰钞法，曰铁路，曰机器轮舟，曰开矿，曰铸银，曰邮政"⑦。而且在此后对未来政府的规划蓝图上，十二行政局中的度支局即为管理纸币、银

① 叶世昌：《中国金融通史》第 1 卷，中国金融出版社 2002 年版，第 1 页。
② 赵丰田：《晚清五十年经济思想史》，哈佛燕京学社 1939 年版，第 246 页。
③ 康有为：《钱币疏》，汤志钧编《康有为政论集》上册，中华书局 1981 年版，第 38 页。
④ 赵丰田：《晚清五十年经济思想史》，第 248 页。
⑤ 康有为：《钱币疏》，汤志钧编《康有为政论集》上册，第 37 页。
⑥ 同上书，第 38 页。
⑦ 康有为：《上清帝第二书》，汤志钧编《康有为政论集》上册，第 123 页。

行、证券、公债等的特定机构。① 康有为关于货币与银行的认识，突破原先单纯从经济利益方面考虑外国银元的局限，将钱币问题提高到维护国家主权的高度，"查泰西皆用本国之银，如俄用卢布，法用马克，德、奥用福禄林，英用喜林，外国银钱不许通用。我宜自铸银钱，以收利权"②。虽然，这一具有强烈民族精神性质的见解具有进步性，但此时康有为对于金融的看法只是在前人认识基础上的零星修补，而且也只是作为其政治改革的一种辅助。

"在戊戌变法后几年中，康氏一直致力于中国政治的近代化——使专制和平转化为君宪。"③ 因此在这段时间中，康有为关于金融思想类的著作并不多见。这种状况到光绪三十一年（1905）《物质救国论》以及光绪三十四年（1908）《金主币救国议》的成书才告一段落。这两本书皆是康有为在深入考察欧洲国家发展基础上所形成的新的思考。"康有为在确认了中国向西方学习的宏观主题是物质学以后，又把西方成功地建设近代国家走上富强之路的经验具体化为建设城市，修筑道路，传播信息，发展金融四大项目。"④ 从某种程度上来说，这两本书的出现标志着康有为思想的重大转变——甚至否定自己维新时期的救亡图存的理论，而将国家发展的希望寄托于建立适合资本主义发展要求的近代经济制度上。

二 对 《理财救国论》 文本的解读

在康有为的众多撰述中，《理财救国论》并非特别引人注目。但作为阐述康有为后期经济思想（史学界普遍认为以戊戌政变为前后期的分水岭）重要论著之一，《理财救国论》则是康有为金融投资理念全面化和系统化的反映。在一定程度上，它甚至可以说是康有为光绪三十一年（1905）至民国二年（1913）金融理念的聚焦。据苏铁戈

① 康有为：《上清帝第六书》，汤志钧编《康有为政论集》上册，第 215 页。

② 康有为：《上清帝第二书》，汤志钧编《康有为政论集》上册，第 125 页。

③ ［美］萧公权：《近代中国与新世界：康有为变法与大同思想研究》，江苏人民出版社 1997 年版，第 214 页。

④ 同上书，第 378 页。

先生考辨,《理财救国论》写于光绪三十一年（1905）之前,铅印于民国元年（1912）十一月,在"正式刊布《理财救国论》以前,曾在旧稿基础上进行修改而成,可说是按发布当时的时势需要撰述的"①。因此,《理财救国论》的出版与时代背景有密切而深远的关系。

康同璧在谈及其父康有为撰述《理财救国论》时曾说:"共和以后,财政困绝,借外债达六万万两。外人监理,举国惊扰,天下古今无以借贷立国者。前清铁道小借,国人尚哗攻,而今银行大借款以为常经,而国人无拒之者,外人深恶吾困绝,此蒙岁所由日急而瓜分愈速也。……乃检数月前旧撰《理财救国论》,择切于今者,刊布于世。"② 不难看出,正是国内"国与民俱竭,库藏无所入"与"外人熟知其状,乃行监理用财、遣兵之策;度支、出纳、银行团派人稽核,严格填注"③的双重灾难催生了《理财救国论》的发行。在此情境下所完稿的《理财救国论》不再仅仅是康有为长期理性考察与思考欧洲富强原因的产物,同时也是他针砭时弊所形成的救国救民的新方案。具体言之,《理财救国论》中所体现的康有为的金融理念主要包括三方面的内容。

（一）银行制度——从中央到地方的构建

关于银行制度的设想和实际运作在康有为之前不乏其人。中国第一家具有近代意义的通商银行的创始人盛宣怀对于创办银行的初衷曾有这样的认识:"振兴商务,为天下理财一大枢纽,故欲富国富民必自银行始。"④ 盛宣怀密友、早期维新人士郑观应对银行作用也十分重

---

① 苏铁戈:《康有为理财救国论版本流传撰述时间小考》,《东北师范大学学报》1989年第4期。

② 康同璧编:《南海康先生年谱续编》,《康南海自编年谱（外二种）》,中华书局1992年版,第154页。

③ 康有为:《理财救国论》,蒋贵麟编《康南海先生遗著汇刊》第15册,台北宏业书局有限公司1987年版,第1—2页。

④ 谢俊美编:《中国通商银行:盛宣怀档案资料选辑之五》,上海人民出版社2000年版,第38页。

视："商务之本，莫切于银行。泰西各国，多设银行以维持商务。长袖善舞，为百业之枢纽；以浚利源而维大局。"① 康有为的独特之处在于他提出了一整套系统性的关于从中央到地方以及偏远地区的银行设想。

在康有为看来，国家兴盛与否的外在形象直接表现在银行上，"入其国焉，银行得法，盛大繁多，其国之富实可知也。入其国焉，银行无法，寡少枯槁，其国之贫乏可知也"②。对中国银行的现存状况，康有为则表示了担忧："（我国）以金银贮库，而不知立国家银行，以操纵财权焉。于以文明不兴，盗乱难平，财货绌滞，甚非统驭大国之道。"③ 为改变"财政困绝，外人监理，举国惊忧"④ 的窘境，康有为经过深思熟虑后提出关于银行的设想："以吾此说行之，先定国民银行，以集中中央银行之资本公债，而发行纸币于上；各省、县、乡有组合银行，以交通国民于中；有劝业、兴业银行，股票交易所以裕民于下；有正金银行以平通汇兑借贷外债于外；有特权银行以开富源佐边用于边，数者并举。"⑤

具体言之，康氏银行机构分国内国外两大部分且在国内银行的设想上分三个层次。在上层，设立中央银行"以总提其纲"⑥，作为操纵全国金融命脉的总枢；在中层，参考地方行政组织机构的层次（省会、府县、市镇），设置中央银行支行、银行团及边远特权银行与宅地抵押银行，同时将中国旧有银号、钱庄纳入中央银行的运行轨道；在下层，设立国民银行，作为中央银行筹集资金的渠道。在国外则采用正金银行机制，"以借外债，通外汇，分支店搜金银，以为国家银行之辅"⑦。这样，整个国家银行系统基本上就处于中央银行的管理与监督之下，各地银行亦能与中央银行互通有无，双赢发展。相对于前

① （清）郑观应：《盛世危言》，华夏出版社 2002 年版，第 260 页。

② 康有为：《理财救国论》，蒋贵麟编《康南海先生遗著汇刊》第 15 册，第 6—7 页。

③ 康有为：《欧洲十一国游记》，社会科学文献出版社 2007 年版，第 111 页。

④ 康有为：《理财救国论》，蒋贵麟编《康南海先生遗著汇刊》第 15 册，第 1 页。

⑤ 同上书，第 74—75 页。

⑥ 同上书，第 6—7 页。

⑦ 同上书，第 57 页。

人而言，康有为这一精细的设计方案，全面周到地构思了在银行业甫兴的中国建立全国性银行网络的基本单位及基本职能，可以说具有较大的进步性。

（二）货币制度——金主币与纸币的规范

近代中国货币制度十分紊乱，"有清自道光以后，货币之情形日趋复杂，洋钱之流行于中国各通商口岸者，日益加多"①。外国银元凭借其方便交易与携带的优势对中国本土纹银造成极大冲击。康有为对中外贸易中这一纹银漏卮现象早有考虑，在《金主币救国议》中曾提出实行金本位、发行纸币的建议。《理财救国论》中则深化补充了这一说法，把金主币的铸行与纸币的发行作为国家银行建立之后"当举行，不可迟，不可缺"②的重要事情。

对于金主币问题，康有为认为，"救国理财之方千万，他不及图，今万国皆变金主币，而吾国不改，则银价日落，而吾民日困，租税生计无法定，但此一事，国其破乎？"③的确，在整个国家银行体系已经成功构建的基础上，建立适应这一体系发展要求的近代货币信用制度便成为理所当然的事情。占据清代国家本位货币地位的银两制度因其落后性很有必要让位于当时世界通用的金本位制，只有建立货币制度的金本位，才能针对财政混乱进行有的放矢的整顿。同时，康有为还对金主币的轻重状况、金银的比价以及银铜辅币情况作了较为详细的说明。④

对于纸币问题，康有为认为，纸币是作为实金的价值符号在社会上执行流通功能。在总结历史经验的基础上，康有为指出纸币的使用具有携带方便、较少磨损等五大益处。纸币的发行必须要以黄金作为储备，要遵从市场的流通规律，不能盲目草率："吾欲多发一纸币而不可得也。若如今多所滥发者，绝无准备，实是不换纸币矣。近之则

① 赵丰田：《晚清五十年经济思想史》，第 243 页。
② 康有为：《理财救国论》，蒋贵麟编《康南海先生遗著汇刊》第 15 册，第 17 页。
③ 康有为：《金主币救国议序》，汤志钧编《康有为政论集》上册，第 629 页。
④ 康有为：《理财救国论》，蒋贵麟编《康南海先生遗著汇刊》第 15 册，第 32—36 页。

钞价必落，落而不收，必至如元末之一钞值三钱矣。远之则资外人以大发纸币而收我实金，积久则全国空虚，国库只余一束纸而已。"① 以上所涉及的康有为力主实行金主币、谨慎发行纸币与世界金融接轨的建议具有一定的时代价值，在《理财救国论》一书中也是值得重点肯定的。

（三）证券流通——股票与公债的采用

以近代金融学观点来看，股票与公债都是资本证券的重要组成部分，是国家金融部门融资的重要手段。对于两者的作用，康有为认为："实业出于资本，资本有实有虚。各国股票日日出售，商店人家可藉抵押，银行可以为保证准备，于是纸币可以多出，盖于公债同一妙用焉，皆以为增资本之法。"② 同时，康有为还意识到两者作用的发挥只有在流通过程中才能得到体现："股票流通则为生产物，股票不流通则为不生产物。股票流通则可化一为万，股票不流通则以一为一，止是不生而无用矣。"③ 公债也有相似的情形，"公债者，以备国民流通，而非为永藏者也。若如中国民间借债旧法，不能流通抵押转售者，则必须早早偿还宜矣。公债如不能流通抵押转售者，则公债为无用之物，不能大行于国民之间"④。

在康有为所设想的银行系统中，从中央银行到地方银行都有发行公债的权利。银行利用公债作为发行纸币的保证准备以此来达到换取实金和聚敛民间闲散资金的目的。股票买卖则主要是在专门的股票交易所进行。当时中国股票一般为垄断性的私人业务，缺乏真正的股票交易所，传统意义上的证券交易所主要以买卖公债为主。对康有为而言，美国纽约股票交易所的繁华热闹是他所欣赏的对象，故其对中国股票交易所的设想基本上是以此为模板而进行的翻刻。

与此同时，康有为特别提出了在中国推广股票市场的方案："令

① 康有为：《理财救国论》，蒋贵麟编《康南海先生遗著汇刊》第 15 册，第 23—24 页。

② 同上书，第 69 页。

③ 同上书，第 70 页。

④ 同上书，第 25 页。

各通商大市开股票交易所，以渐推行于内，又晓令各公司商店，以商业注册，制为股票以出售，各报推发之，则股票流通，商店可以抵押，银行可以为保证准备，纸币可为多出，而后资本可计日大增也。"① 尤为值得一提的是，对于股票投机活动，康有为有着辩证的认识——不能因为股票市场的暗箱操作所带来的银行倒闭等弊端而因噎废食，要谨慎地采取"两害相形则取其轻，两利相形则取其重"② 的正确态度。

三 《理财救国论》 所折射的康有为金融思想特征剖析

（一）重视对美日等银行体制因素的吸纳

康有为所设想的一整套银行系统，从中央到地方各阶层银行的设置，无不参考了其他国家的有益成分。康有为在《理财救国论》中毫不避讳地指出："上用欧土中央国家银行之制，以总纸币之枢于内；副以比利时、日本正金银行之法，以平通汇兑借外债于外；下用美国民银行之制，以集资本而行公债；中用加拿大组合银行之制，以通信用于国与民，用英苏格兰、德联邦、台湾、朝鲜特权银行之制，许发纸币特权以发边远之富源；行德、法、瑞典劝业、兴业银行，许募公债以助人民之资本；用各国股票交易所之制，而增商运之流通；熔欧、美、加、日之法于一炉而冶之，以适于中国广土之宜，以畀我国民富源之计，合全国而统筹，创特制而利用，周浃完备，其在斯乎？"③ 以上所涉及的十二个国家和地区的银行制度只是康有为考察国家当中的一部分，他们的银行制度之所以能够被采用主要是因为在特定时期这些国家和地区的局势与中国类似。虽然从某种程度上来说，康有为的银行制度可以说是一件缝补着十二个补丁的乞丐服，但毋庸置疑的是，在缝补的过程中，康有为清醒地看到了东西方由于历史时

---

① 康有为:《理财救国论》,蒋贵麟编《康南海先生遗著汇刊》第 15 册,第 74 页。

② 同上书,第 71 页。

③ 同上书,第 10 页。

代、国家环境与文化背景的不同而存在的差异。因此他在采纳各国银行经验时，从中国实际情况出发，斟酌损益，去粗取精，力图构想出最适合在中国发展的银行系统。

从表面上来看，康有为的中国银行体制带着许多国家和地区的印记，但实际上，康有为在比较各国银行优劣的基础上还是有所侧重的。萧公权先生在探源康有为戊戌维新时期的思想时曾说："中国经济发展应走的道路，充满了英美的观点。康有为以及其他的变法人士大大地受到这些人的影响，他们自然反映19世纪后期英美的看法，特别是私人企业、外资的重商观，以及依赖银行业和币制来筹集自资本。不过，他们并不完全借自西方人士的意见。日本现代化的惊人成绩使康有为以及其他人相信，东邻岛国也大可借鉴。"① 虽然时隔几年，康有为寻求救国方式途径的重点也发生了变化，但是其向英美、日本学习的轨迹却是一脉相承的。在地理条件上，中国与美国同样幅员辽阔；而在具体的国情上，与明治之前的日本有较多的类似。地理交通与国情作为康有为考虑银行建设的重要基点，在无形中决定了康有为银行思想中更多的英美与日本因素。

（二）不放弃对旧有金融机构的改造利用

在中国古代相当长的时期中，钱庄、票号与当铺在国家经济生活中发挥着汇兑、借贷等有实无名的金融功能。但近代以来，外资银行所从事的存贷款、汇兑、信托等业务与中国传统金融机构发生了碰撞，并以其良好的信誉获得了较多的支持。比如在钞票的使用问题上，"同一钞票，中国用之而多弊，泰西用之而无弊者，无他，信不信之分耳。民情不信，虽君上之威，无济于事；民情信之，虽商贾之票，亦可通行。……中国前行之钞，立法未尝不善，其后吏胥因缘为奸，卒不取信于民者。"② 不难想见，中国传统金融机构在与近代银行的竞争中被挤到了尴尬的位置，没落成为不争的事实。

虽然康有为所设想的整个银行系统从名称、职能到组织机构都是

---

① ［美］萧公权：《近代中国与新世界：康有为变法与大同思想研究》，第291页。
② （清）郑观应：《盛世危言》，第265页。

以外国银行为原型，但同时他也很重视合理利用旧有钱庄和票号，力图把它们作为构建新式银行系统的基石。因为"我国各地银号、票号、钱庄，皆有组合之公所，皆有自治之法规，公议银市时价及交易钞票，法章甚严，故以金银关系之重，国家毫不监督，绝不干涉，而能成其业"①。的确，尽管传统金融业难以适应近代社会形势的变化，但能在古老社会中占有一席之地自有其特定的优势。康有为的聪明在于发掘了这一优势并将之吸纳到自己的银行体系中。"今若于各省、府及大城市之有银行、银号、钱庄若干家以上，令其按照资本额出十之若干以为信用组合银行。"② 经过改造合并之后的钱庄和银号作为组合银行的部分，在增加资本的同时还可以获得信用的提升。这正如梁启超所说："就人民一面观之，前此因无他种善良之钞币可用，不得不用银号钱庄之票，而倒账之患，在在可疑。今此项钞票得国家之保障，稳如泰山。"③ 康有为希望通过这种经营方式和运作模式的改变，使旧有的金融机构能够出现向近代银行转型的趋势，以期在"募借外债，搜购金银"④ 上配合中央银行。因此他不遗余力地对北京、上海、天津等地的票号钱庄进行了较长篇幅的列举，⑤ 从某种程度上来说，这也是康有为重视对古老金融机构更新的表示。

（三）理财目标理念充满书生气

依据康有为所构建的经济体系，金融理念是其物质学理论的重要组成部分。"物质之本，则以务得正金，铸为金钱，流通纸币公债，大张银行。资本既足，商民润泽，而后百事可举也，故理财最要先矣。"⑥ 与传统社会重农抑商、重本抑末的经济思想相比，康有为带有近代资本主义工商业的理财思想无疑是先进的。在正常安定的社会年

① （清）郑观应：《盛世危言》，第47页。

② 康有为：《理财救国论》，蒋贵麟编《康南海先生遗著汇刊》第15册，第42页。

③ 梁启超：《饮冰室合集文集》之八，中华书局1989年版，第46页。

④ 康有为：《理财救国论》，蒋贵麟编《康南海先生遗著汇刊》第15册，第48页。

⑤ 《理财救国论》全文计有75页，而对于钱庄、票号的列举占据了近9页的篇幅。

⑥ 康有为：《乱后罪言》，姜义华、张荣华选注《大同梦幻——康有为文选》，百花文艺出版社2002年版，第153页。

景中，这一思想对中国金融的发展也许会具有一定的指导意义。但处于民国初年混乱的状况下，康有为的金融理念带有急功近利的成分。他将国家的败坏归于没有采用正确的理财方式，并且将理财看作救亡图存的万能钥匙。"苟得理财之法，国计不患于困乏也，民生不忧其匮绝也。且以吾之广土众民，土产博而佣工薄，四者皆万国无有，苟得其道而用之，一年而规模立，三年而成效著，五年而国计民生裕，十年而富力无敌于天下矣！"① 虽然财政状况的好坏对于国家的发展的确有着重要影响，但将财政与亡国兴国直接相连接则不免显得过于武断。

此外，康有为对国家的金融统计也存在过分理想化与简单化的判断。金融统计是"关于经济体系中所有金融机构和非金融机构的金融流量与存量的数据，可以解释是对全社会货币资金融通活动的统计"②。在构思设立宅地抵押银行之时，康有为对广州市地产这样统计："（广东省城）其人口百万，其为屋十万有奇：大约公所、会馆、大富家值十万者百，共千万；值五万者四百，共二千万；值二万者千，共二千万；值万者万，共一万万；值五千者四万，共二万万；值千者五万，共五千万。是已合值四万万，以抵押半价言之，应押二万万。"③ 除省城之外，康有为还对县城、乡镇都作了如此演算，并进而类推全国。如此主观而单调的估计康有为还用于对国家发行纸币与公债数目的计算，而并无相关佐证与此对应，在数据的真实可信性上不免无法逃脱被怀疑的命运。当然，由于时代的局限，这些主观臆断与偏差的出现在所难免，但我们也不应据此否定康有为在借鉴国内和国外金融制度的优势，力图建设先进银行系统上所做的努力。

四 基于理财理念的银行投资实践及其失败

早在撰述《理财救国论》之时，康有为就着手准备进行对银行的

---

① 康有为：《理财救国论》，蒋贵麟编《康南海先生遗著汇刊》第 15 册，第 4 页。
② 许涤龙：《货币统计与金融统计的比较》，《中国统计》2008 年第 1 期。
③ 康有为：《理财救国论》，蒋贵麟编《康南海先生遗著汇刊》第 15 册，第 66 页。

投资。当然，从初衷上来说，这在很大程度上是因为武装勤王的失败，康有为转而走向对公司、银行等发展实业的道路以希望获得雄厚的资本来达到救国的目的。① 但不可否认的是，这些投资也可以说是康有为对自身所设想的理财救国理论的实践。在光绪三十二年（1906）前后，"先君（康有为）为宪政党开银行，筑铁路，置地十里"②。康有为陆续创办的实业，在中国内地有上海广智书局、广西振华公司；在香港有中国商务公司、华益公司、公益客栈；在美国有华美银行、琼彩楼餐馆；在墨西哥有华墨银行、电车公司、轮船公司以及对地产的投资等。但可惜的是，"除了上海广智书局出版了一批有影响的书刊外，其他企事业或因管理不善或用人不当或内部矛盾或政局变化而陷于失败"③。这其中当然包括康有为颇为重视的银行产业，它们或亏损，或倒闭，或被出卖，总而言之，康有为的银行投资是不太成功的尝试。究其原因，康有为有着不可推卸的责任。

康有为所进行的银行投资是其保皇救国计划中的重要组成部分，因此一般是以保皇会的名义创办的。康有为作为该会的领袖人物，顺理成章地成为几乎所有企业的督办。尽管因振华公司风波的影响而造成各方对康有为私自挪用公款的可能性的质疑，但其地位的牢固性依旧没有多大的改变，"另行公举后，必立一总监督，弟子仍运动各人公举夫子主持之"④。但问题的关键是，康有为长期周游列国，居无定所，没有足够的时间与精力去管理旗下机构，因而将这些公司托于门生弟子以及亲戚管理，比如华美银行"俱是本党同志在此受工"⑤。表面上看，康有为作为总督办的职务处于被架空的边缘，但在实际的公司决策中，其下级或弟子通过书信或电报的方式取得与康有为的联

---

① 依据桑兵先生的说法，康有为最初创办商务公司是作为勤王运动后"获得自我生存的能力"，参见桑兵《庚子勤王与晚清政局》，北京大学出版社 2004 年版，第 421 页。本文认可这一观点。但就康有为整体创办的实业公司来说，笔者认为是其救国道路方式的转变，由政治的武装运动转变为对国家经济建设的重视。

② 康同璧编：《南海康先生年谱续编》，《康南海自编年谱（外二种）》，第 129 页。

③ 马洪林：《康有为评传》，南京大学出版社 1998 年版，第 273 页。

④ 上海市文物保管委员会编：《康有为与保皇会》，上海人民出版社 1982 年版，第 439 页。

⑤ 同上书，第 404 页。

系，听取他的意见和建议。康有为作为一位经济思想家和理论家是值得肯定的，错误在于他觉得自己同样可以是成功的实业家。但可惜的是，并不是每个人都具备张謇那样的经商天赋。康有为好高骛远的规划和滥用资金的行为对于银行投资的实践来说都是致命的弱点。

在《理财救国论》中康有为有这样的观点：银行的建立是兴办一切实业的基础。① 但在具体投资上，康有为便显现了他的不切实际。除银行业之外，康有为还对餐饮、书局、轮船、土地等表现了多管齐下、齐头并进的兴趣，"一面开办华美银行，一面开五洲商务局，一面开油画古玩店"②。虽然也有人指出，"现集之资本，专以办银行为独一无二之商业。盖银行为商务之枢纽，各国通商首以此业为基础，挽回本国权利"，"宁可俟银行办有成效，再倡公司，以办开庄商务，万不可彼此同体，是为第一紧要"③。对于这种看法，康有为不予理会，依旧我行我素。这种四面出击的弊端是显而易见的。投资创办公司的资金基本上是向爱国华侨华人募集或捐赠的结果，本就缺乏雄厚的后援供给，这正如桑兵所说："保皇会没有经济事业，离开华侨和外国人士的资助无以为生。"④ 多种公司的同时开办更是在无形中削弱了资金力量，使每个企业资本都很薄弱，以至于在周转上频频出现资金告急的现象。

为保持投资实业的正常运转，康有为采取拆东墙补西墙的做法。银行作为资金的集聚地，便成为其他公司所觊觎的资金供应对象。"银行虽有数十万之股本，而□□□（疑为墨西哥。——笔者注）处又买地太多，又整卡路，自创专楼。近两年菜苑之埠亢旱，种植失收，以致地欲平沽而无人接手，因何不致败。卡车路何由得完工，而宽卓虚有富名而不能助，日初更无论矣。不特不能助银行之急，反欠银行数万而无还。"⑤ 除了隶属于保皇派旗下的公司对银行随意借贷外，康有为间接直接地对银行资金的挪用也是银行发展的一大阻碍。

---

① 康有为：《理财救国论》，蒋贵麟编《康南海先生遗著汇刊》第15册，第19页。

② 上海市文物保管委员会编：《康有为与保皇会》，第401页。

③ 同上书，第239、240页。

④ 桑兵：《庚子勤王与晚清政局》，北京大学出版社2004年版，第419页。

⑤ 上海市文物保管委员会编：《康有为与保皇会》，第419—420页。

　　振华公司风波之后，各公司股东出于对自己资产的安全性考虑，组织人员对华墨银行、华美银行等银行资本进行核查，这给康有为及其经营管理公司的弟子带来较大的困扰。冯镜泉在给康有为的信件中曾详细道明银行资金的被任意挪用："拾月初一日璧姐支四百元，贰月初四日璧姐支二百元，九月十二日璧姐支三百元，九月初一日允兄支二百元，十贰月廿四日允兄支三百五十元，十贰月初二日铭兄支三百元，六月初七日桂雨兄支四百元，十贰月廿九日桂雨兄支三百六十元零五"，"十贰月初八日日如兄支一百六十七元五毛九，十贰月廿九日日如兄支三百五十七元"，"己酉年三月初九日日如兄支六十元，以上合共该银三千一百四十五元另八。"① 虽然这份数据所显示的支用金额还比较小，但相似的挪用记载却比较多。不难看出，康有为子女和熟识人士将从银行支用资金看作理所当然的事情。这种行为无疑是得到康有为的默许的，因为他自己也不间断地挪用银行资本以作为安家费和党务费。除此之外，应当孝敬领袖陋规的存在也使得银行管理者"每年仍提送修金若干，以为夫子之用"②。银行原本就很薄弱的资金便因这种经常性、随意性的支取和挪用而导致周转不灵，亏损和破产便不足为奇了。

　　李一翔先生在《银行资本与中国近代工业化》一文中说道："各国工业化运动发展的历史证明，以银行信用手段为主体的金融性筹资活动是资本形成的一个重要途径。一个国家的金融筹资能力如何，实则反映了该国整个资本形成能力的水平，从而影响并决定了工业化运动的发展速度与完成程度。"③ 对于近代银行在国家经济和社会建设中的作用，康有为的认识无疑是正确的、进步的。他所构思的一整套银行体系和制度也超越了古老的金融机构的樊篱，具有良好的发展前景。但遗憾的是，康有为注定了只能成为思想领域内的巨人，由于自身性格和行为的缺陷，他所致力的种种实业建设都不尽如人意。如果康有为的银行设想在近代中国能够得到贯彻实施的话，那么，近代中

---

　　① 　上海市文物保管委员会编：《康有为与保皇会》，第 407 页。

　　② 　同上书，第 439 页。

　　③ 　李一翔：《银行资本与中国近代工业化》，《学术季刊》1996 年第 1 期。

国的前进也就不至于如此的步履维艰了。

本文与吕霞合作，系提交"康有为与改革创新学术研讨会"论文，收入《康有为与改革创新学术研讨会论文集》（王杰、张杰龙主编，岭南美术出版社2012年版）。

丘逢甲与南洋华侨

　　丘逢甲是中国近代史上著名的爱国人士，学术界对他关注颇多，研究成果颇丰，但对他与南洋华侨关系的研究略显不足，本文即拟对这个问题略作探讨。

一　与华侨巨富丘菽园的交往

　　论及丘逢甲与南洋社会的关系，丘菽园是其中的关键人物。丘菽园，名炜爱，字菽园，福建澄海人，8岁到新加坡，继承父亲巨额遗产，是南洋华侨中与丘逢甲交往最多、关系最密切的一位。丘菽园是新加坡著名才子，喜好诗歌，1893年参加科举考试中解元，1894年入京参加进士考试不中，"时光绪乙未清政府割弃台湾，方事亟时，丘奔走上书不报，丘遂绝意仕途"。丘菽园家境富裕，乐于结交朋友，"性好义侠，以此挥金结客，倾身下士，屡削其产无悔，而天下豪杰多称道"①。1898年，丘菽园在新加坡创办了《天南新报》，自号为"星洲寓公"，他对办报投入很大精力，并通过报纸积极宣传维新思想，主张维新变法，希望通过改革实现富强。1900年丘菽园参与康梁等组织的勤王活动，赞助唐才常组织汉口自立会，因事情败露无果，但丘菽园主张维新变革、支助康梁等勤王活动的行为在海内外广为流传。1895年，丘逢甲抗日保台失败后内渡，虽然他曾为抗日保台做出了巨大贡献，但是内渡后的境遇并不乐观。究其原因，除了痛失台湾带来的悲观情绪之外，更重要的还在于他与唐景崧等人在台湾抗日期

---

　　① 丘炜爰编：《菽园诗集》，台北文海出版社1977年版，第7—8页。

间曾建立过台湾民主国，"民主国之事，虽然事先得到张之洞和总署的同意默许，实行时却多少超越了清廷所能容忍的界限，内渡各员因此受到追究……此事后来虽然不了了之，可是民主国官员从此不得任用"①。丘逢甲痛失台湾本已受到很大的打击，内渡之后非但不受重用，还得忍受清政府的猜忌和排挤。丘逢甲内渡初期的诗歌有很多流露出矛盾和苦闷的心情。1897 年冬，丘逢甲"取号'仲阏'，表示志愿多受阻阏而抑郁的心情"②。

　　一个是抗日保台的民族英雄，一个是为民族命运抗争的海外华侨，共同的文学爱好和救国志向使丘逢甲和丘菽园成为挚友，在对时局的关注和国家前途命运的努力抗争方面他们志同道合。1897 年，丘逢甲第一次寄信给丘菽园并附诗三首，诗中有"中原有客正悲歌"的句子，道出了丘逢甲当时的悲愤心境；"古来义士岛人多"③，表达了丘逢甲对南洋华侨的仰慕。1898 年丘菽园回复给丘逢甲《寄酬丘仙根四首》，其中"鲲岛归来客，悲秋胜苦吟"和"南溟有鸿雁，长使泪沾巾"透露出丘菽园对丘逢甲处境的理解与同情。"神交原有道，珍重尺书谈"④，虽然两人未曾谋面，但是丘菽园更"珍重"通过书信交往的"神交"。此后，丘逢甲还通过书信表达了自己对丘菽园的敬慕之情："闻韩、杜大名久矣，海天迢递，吾观为艰，怅何如之！阁下以亮特之天才，丁时事之日棘，直从海上开一诗世界，借遣豪情，此乐何极。吾宗为九族开闽之一，唐宋以来，英杰间出，及今当以阁下首屈矣。小九州外，高筑诗坛，恨不能执牛耳而相从也！"⑤ 丘逢甲与丘菽园之间有很多的诗歌唱和，据丘菽园在《挥尘拾遗》中记载："仙根诗之钞寄余处者，起乙未秋，迄庚子夏，约五百首，号蛰

① 桑兵：《庚子勤王与晚清政局》，北京大学出版社 2004 年版，第 222—223 页。
② 丘晨波：《丘逢甲年谱》，吴宏聪、李鸿生主编《丘逢甲研究》，广东人民出版社1997 年版，第 534 页。
③ 丘逢甲：《寄家菽园孝廉炜爰新加坡三首》，广东丘逢甲研究会编《丘逢甲集》，岳麓书社 2001 年版，第 235 页。
④ 丘炜爰编：《菽园诗集》，第 51—52 页。
⑤ 丘逢甲：《致丘菽园书》，广东丘逢甲研究会编《丘逢甲集》，第 757 页。

庵诗存。"① 由此也可见两人友谊之深厚。在晚清国家和民族备受欺凌的时代，丘逢甲与丘菽园虽然有不同的人生经历和遭遇，但是却有共同的救国理想和志向。因此，两人在交往中谈论更多的是各自对时局的观感和见解，表达的是对国家前途和民族命运的关注与担忧。1897年丘逢甲为丘菽园的《菽园赘谈》一书作序，在这篇序文中对时局作了全面评价，认为当时天下之"赘"甚多：大臣"赘"，朝官"赘"，疆臣"赘"，守土之吏"赘"，朝仪"赘"，主权"赘"，约章"赘"，关政"赘"，船政"赘"，兵政亦"赘"，学校尤"赘"②。针对这样颓废的局势，丘逢甲提出救治之道："欲治众'赘'，道在自强；欲图自强，道在求实。"他向丘菽园提出了希望："以菽园之才，于其平日所究心者，出以实其所学，他日天下之士，方将引为美谈，而又奚赘焉。"③

1898 年戊戌变法的失败在海内外引起了震动，丘逢甲与好友王晓沧多有针对时局的诗歌唱和。丘逢甲作《感事》二十首寄丘菽园，表达了对维新失败的悲叹，感人至深。丘菽园对该诗评价甚高，将其附录在自己的《星洲上书记》之后，同时在他所创办的《天南新报》上发表了大量文章批评慈禧集团的倒行逆施。1899 年 6 月，以丘菽园为首的新加坡绅商上书朝廷，向光绪请安，同时要求慈禧还政于光绪。这一举动一时间引发了国内外的上书热潮，丘菽园因此受到广泛赞誉，被时人称为"今世大仁侠之人也"④。身处国内的丘逢甲对丘菽园的行为给予高度赞赏并密切关注着事态的发展，将国内的反应告知丘菽园："请圣安电奏发后，间日闻尚有请太后还政之奏，列名者比以前更多，亦足见人心之大同矣。"⑤ 总之，在丘逢甲和丘菽园的交往过程中，丘逢甲不时地将国内的政局形势及自己的分析思考传递给

---

① 丘菽园：《挥尘拾遗》，阿英编《甲午中日战争文学集》，岳麓书社 2001 年版，第546 页。

② 丘逢甲：《菽园赘谈序》，广东丘逢甲研究会编《丘逢甲集》，第 764—765 页。

③ 同上书，第 765 页。

④ 檀山旅客：《读星洲上书记书后》，《清议报》第 50 册，《中国近代期刊汇刊》，中华书局 1991 年影印本。

⑤ 丘逢甲：《答菽园》，广东丘逢甲研究会编《丘逢甲集》，第 765 页。

丘菽园，是丘菽园了解国内情势的重要渠道。

二　对南洋的关注与影响

丘菽园于1898年5月28日在新加坡创办《天南新报》，6月8日该报便开始不定期地刊登丘逢甲的生平事迹、来信、诗歌及文章，[①]丘逢甲对此应当是知晓并允许的。《天南新报》长期的报道使丘逢甲获得了向南洋华侨宣传救国思想的平台，扩大了丘逢甲在南洋华侨中的影响。可以说，《天南新报》成为丘逢甲影响南洋社会的一个窗口。

抗日保台之事距1898年《天南新报》创刊已有三年之久。丘菽园向丘逢甲询问抗日保台的有关情况，丘逢甲回信说明当时因"时局所掣"而抗战艰难，对战后"遍恳群公"褒彰保台壮士却遭到"皆以事在让台后无能为请"的回绝而深感遗憾与不平，他希望事情的真相"亦可示薄海内外，俾知岛上固有烈士也"[②]。丘菽园便将其回信刊登在《天南新报》以正视听，使事实得以澄清，英雄芳名得以流传。

虽然内渡后已经淡出仕途，但丘逢甲仍保持着对国内外时局的关注。丘逢甲时常通过与丘菽园的往来书信发表对南洋华侨社会发展的意见。1898年戊戌变法期间，丘逢甲致信丘菽园，鼓励其积极在海外进行革新事务，"朝廷方开经济特科，天下人士无不思求实学。方今讲求变通之法有三：曰学会，曰学报，曰学堂。所谓学者，固合兵农工商言之，非特为士言也……"他注意到日本华侨社会积极创设商学会、红十字会、戒鸦片会、兴学、办报等活动，便将此相告丘菽园以及南洋华侨，"尚闻旅日之人仅十万，南洋星加坡、槟榔屿……苏门答腊一带，较之何啻数十倍，彼大同学校现助经费已集者，不过四千

---

　　① 据统计，丘逢甲在南洋各报登载的诗文及有关资料，1898年5月26日到1901年12月31日以《天南新报》为主，1900年3月到6月以《叻报》《日新报》及《槟城新报》为辅。这四份报纸上刊登的丘逢甲作品有诗篇约135首，文章8篇，书函5封，对联10副。参见王慷鼎《新马报章所见丘逢甲诗文及有关资料目录初编》，《华南师范大学学报》（社会科学版）1993年第3期。

　　② 丘逢甲：《致菽园》，广东丘逢甲研究会编《丘逢甲集》，第760页。

余元，已毅然开办，为海外倡。以南洋等处华商之多富且好义，阁下
若振臂一呼，其力当过之，其事当不难立办"。丘逢甲劝勉南洋广大
华侨应积极兴办学堂，因为"学堂已设，一切应尽之事，可以次第兴
起，保国可也，保教可也，保种可也；即不然，仅同心合力，以保在
南洋之利权益可也"①。此信由丘菽园刊登于 1900 年 7 月 20 日的《天
南新报》上以收激励南洋侨民之效。仅十天之后，丘菽园就在《天南
新报》刊出了自己所作的《阅力轩举孝廉丘仲阕主政来函书后》一
文，文中这样写道："海内志士霆奋飚举，随地改观。华人之旅日本
者亦闻声兴起，已创设商学会、红十字会、戒亚（鸦）片会，又与日
本国人同设东亚协会。报馆则有东亚旬报，体裁美备，首重宗教，综
博政要。近得其第一册读之，洵可与《强学报》、《时务报》、《知新
报》、《湘学报》、《国闻报》骖靳鱼贯，而其所设之大同学校，兼习
中东西文，为储才计，尤为志士仁人所嘉尚。"② 对比前后两篇文章的
内容和主旨，丘菽园所讲的南洋各地应多开学校、多译西书、多开报
馆等事项，与此前丘逢甲的来信中所建议的内容几乎一样。可见，丘
逢甲的思想对丘菽园产了很深的影响，又通过《天南新报》在南洋社
会广泛传播。

三　南洋之行现身说法：　尊孔兴学，　凝聚侨心

　　1900 年，清政府在沿海各埠设立保商局保护出洋回华商人，作为
通商口岸的汕头也遵旨设局，但是由于回国商人尚未明了朝廷保护之
意，以至于来领证照的华侨很少。在这种情况下，丘逢甲奉命前往南
洋宣布朝廷旨意。下南洋之前，丘逢甲于 1899 年冬曾给惠潮嘉道员
沈洁斋③写了一封信。这封信道出了丘逢甲南洋之行的大致背景与心

---

　　① 丘逢甲：《致菽园》，广东丘逢甲研究会编《丘逢甲集》，第 768—769 页。

　　② 《阅力轩举孝廉丘仲阕主政来函书后》，《天南新报》1898 年 7 月 30 日。转引自段
云章《戊戌维新的"天南"反响——以新加坡〈天南新报〉和邱菽园为中心》，《近代史研
究》1998 年第 5 期。

　　③ 沈洁斋，名守廉，浙江海盐人，曾任广东惠潮嘉道员，丘逢甲南洋之行得到了沈的
举荐和帮助。

境："某虽京朝末官，放弃海曲，而忠愤耿耿，未尝不日思为朝廷稍尽心力。联合南洋各埠粤商民之举，谋之数年，岛中豪杰略能得其要领。今岁联合之机已动，彼中人士屡书恳往主持，所以迟迟不行者，正恐人以新党目之耳。承公以文牍宠其行，他日使各埠商民能以财力上报国家，某亦薄有建树，皆公赐矣！"① 此外，丘逢甲对此行如此重视还有更深层的原因。

首先，丘逢甲对南洋早有关注。丘逢甲在答复丘菽园询问关于台湾战事的信中曾提到，在抗日保台战事形势严峻之时，丘逢甲等主要将领曾经将目光投向南洋。他上书朝廷，"请行南洋诸岛，密托义商代办接济"，谁料因朝廷"不听"未果。② 可见当时丘逢甲等人已经注意到南洋的重要性，认为南洋华侨是可以信赖和依靠的重要力量。在1898年丘逢甲给丘菽园的一封信中也曾指出，"方今中国人才不能以海内限，南洋各岛，当大有人"③，认为华侨是富国强民的重要力量来源。

其次，丘逢甲出国游历的想法由来已久。1897年春，丘逢甲"应潮州知府李士彬之聘，主讲韩山书院，以'科举必废，课文外兼课科学'，介绍东西方文明，被顽固势力'目为异端'。年终，愤而辞去"④。1898年，丘逢甲在给丘菽园的信中曾经透露了当时的心境："逢甲志大才疏，荏苒壮年，百无一遂。……今岁遂主韩山讲席。数年戎马风尘，再作此经生面孔，高距皋比，心殊厌之。兼以时局日迫，明岁遂思为出洋之计，由南洋而欧，而美，环球一周考彼政要，为我张本，此一途也。"⑤ 内渡以后的几年之中，丘逢甲的心情和境遇多不如意，从"戎马风尘"的保台英雄到"经生面孔"的书生这一身份的巨大转变使他感到失落和无奈，遂生出外游考察之意。1899年，他在另外一封写给丘菽园的信中发出了感慨，"内地之事益无可

① 丘逢甲：《复沈洁斋信》，广东丘逢甲研究会编《丘逢甲集》，第809页。
② 丘逢甲：《致菽园》，广东丘逢甲研究会编《丘逢甲集》，第760页。
③ 丘逢甲：《致菽园书》，广东丘逢甲研究会编《丘逢甲集》，第809页。
④ 徐博东、黄志萍：《丘逢甲传》，时事出版社1987年版，第287页。
⑤ 丘逢甲：《致菽园书》，广东丘逢甲研究会编《丘逢甲集》，第757页。

为，南望星洲，心然系之"①，对现状的不满和对出游的向往表露无遗。

丘逢甲南下的愿望由来已久，这次政府的任命只不过是给了他适当的机会。

丘逢甲对南洋之行充满期待，1900年元旦作诗《元旦试笔》，这首诗颇能反映他的心情："大九州当大统一，书生原有觉民权。待将宣圣麟书笔，遍布王春海外天。除旧居然又布新，溶溶四海一家春。皇威万里行儒教，八表同风拜圣人。"② 1900年3月初，丘逢甲偕王晓沧等人奉命从潮州出发南下，3月18日抵达新加坡。第二天，新加坡的《天南新报》《叻报》《日新报》，马来亚的《槟城新报》等报刊对丘逢甲一行的来访进行了及时报道。丘逢甲在新加坡受到丘菽园的热情招待并会见了众多华侨，如闽籍的黄黻臣、林文庆、徐季允，粤籍的林谷宜、曾兆南等人，③ 受到他们的热烈欢迎，多有诗歌唱和。如果说先前丘逢甲与丘菽园之间的书信往来、诗歌唱和、《天南新报》发表丘逢甲对时局的相关文章等是对南洋华侨的间接影响，那么这次南洋之行则是现身说法。丘逢甲在《劝星洲闽粤乡人合建孔子庙及大学堂启》一文中介绍了自己在汕头创办岭东同文学堂的概况，强调"非合群不足以自强，学堂乃其起点也"，对新加坡"孔子庙及学堂事皆久议而未成……心实惋惜之"，于是呼吁南洋华侨积极支持孔庙和学堂的建设。他认为，"人知西人之强国也，以兵，以商，以工，以农，而不知其实以教，以学，有教则人心一二国体固，有学则国中文明之度日进而上"，希望当地华侨能够"以有用之财为有益之用"④，进而实现固国体固人心。

4月5日，丘逢甲到达槟榔屿，14日到达吧罗（今马来西亚怡保），在此两地均受到当地华侨的热烈欢迎。受著名华侨王维泉的邀请，丘逢甲在闲真别墅发表了重要演说。演说以催人警醒的设问开

① 丘逢甲：《答菽园》，广东丘逢甲研究会编《丘逢甲集》，第789页。

② 丘逢甲：《元旦试笔》，广东丘逢甲研究会编《丘逢甲集》，第433页。

③ 丘逢甲：《劝星洲闽粤乡人合建孔子庙及大学堂启》，广东丘逢甲研究会编《丘逢甲集》，第820页。

④ 同上书，第822页。

篇："诸君亦知今日中国之所以弱者，其故何在乎？"他接着回答，"属国之尽亡也，口岸要地之纷弃也，种种国权失于上，种种利权失于下"，最根本问题"在无教"，"在无学"①。这一说法与戊戌维新时期康梁大力宣扬孔子学说相一致。丘逢甲强调孔子是中国的教主，"故今日不可不急先建一孔庙，以维系人心"。对于尊教与兴学的关系，丘逢甲认为"孔教之所以行者，则在于人人知学"②。二者是互为依托，相辅相成的，"盖孔庙以尊教，学堂以行教，此一举而众善备焉者也"③。丘逢甲认为，在当今国家面临瓜分的危险之下必须寻求自立，而自立必须通过"联合"和"开通"，但只有通过孔教才能实现联合民众，通过广开学堂才能达到凝聚志士、开通民智的目的，这样方能缓解中国贫弱的困局。丘逢甲将"无教"和"无学"视为最为紧要的大事，他将这场演说集会视为南洋华侨自立的起点，希望华侨都能够"以豪杰之士自任，并起以当救中国之任也"④。

这场演说取得了极好的效果。丘逢甲曾作诗一首记录当时的情形，抒发内心的喜悦："莽莽群山海气青，华风远被到南溟。万人围坐齐倾耳，椰子林中说圣经。二千五百余年后，浮海居然道可行。独依斗南楼上望，春风回处紫澜生。"⑤ 随行的王晓沧也以亲历者的身份记录下了当时的生动场景："一时倾听众心翕然，以为开吧罗以来所未有。"⑥ 丘逢甲在《吧罗创建孔庙学堂缘起》中再次表达了自己的期望，"逢甲以保商事来南洋，已屡以此义为吾闽粤乡人劝，其豪杰之士闻之，莫不兴起。……然则吾尤望有大力者，想与成此举也，以有用之财为有益之用……以固国本，以一人心，以开风俗，以培养人才，一举而众善备"。其复杂的感情和殷切的期望在这篇文章的最后表露无遗："逢甲归矣，而心则犹留南洋。他日有奋起海上为中国伟

① 丘逢甲：《在南洋大吡呖埠的演说》，广东丘逢甲研究会编《丘逢甲集》，第824页。

② 同上书，第825页。

③ 同上书，第826页。

④ 同上书，第827页。

⑤ 丘逢甲：《自题南洋行教图》，广东丘逢甲研究会编《丘逢甲集》，第470页。

⑥ 王恩翔：《道南书楼再记》，《知新报》第127册，澳门基金会、上海社会科学院出版社1996年版。

人、为世界传人者，必曰此其人固自任孔教而为学堂中人者也，则此心乃为大慰矣！"① 丘逢甲在南洋活动的影响之大不仅反映在当地，甚至澳门的《知新报》也以"吡叻兴学"为题摘录了《天南新报》的报道："吡埠闻南洋各埠倡兴孔教，建圣庙，设学堂，稍有知识者，莫不心焉藏之，但无人鼓舞，则亦涣然而不能奋兴。前月中潮州保商局总办邱仙根工部，与王晓沧广文，奉粤宪札以商务，同临吡叻集埠中人，谆谆劝导，且定期演说二大事，闻者大为踊跃。"② 可见其在南洋的活动影响之大。

丘逢甲南洋之行之所以能取得良好的效果，主要有如下三个方面的原因。第一，海外华侨特别是南洋华侨身处西方列强的殖民地，对西方的观念、制度和思想接触较多。伴随着民族危机的加深，南洋华侨民族意识和民族主义兴起，民族国家观念逐渐产生，国家意识和认同感逐步增强。同时，广大华侨深受当地政府的苛待，一直渴望有强大的国家作后盾以改善华人群体的处境。清政府派丘逢甲等人来南洋宣慰华侨，正符合南洋华侨的愿望。《叻报》的报道说："今两君③以儒雅英雄南游群岛，行见化文章为经济，能令海隅赤子咸知朝廷抚辑之恩，则两君之功亦奚在陆夫子之下哉。"④ 文章认为丘逢甲等人的到来是宣布朝廷德意，并且期望丘逢甲等人能够"行见化文章为经济，能令海隅赤子咸知朝廷抚辑之恩"，若能实现此目的，则"两君之功亦奚在陆夫子之下哉"。可见这样的期待背后包含海外华侨对国家的认同。第二，丘逢甲的个人因素。丘逢甲因抗日保台而闻名海内外，其高尚的民族气节和卓越的诗歌成就早已通过丘菽园和《天南新报》等报刊在南洋等地广为流传，这次抗日英雄亲自来南洋，自然受到当地华侨的欢迎和追捧。第三，丘菽园及其《天南新报》的作用。长期

① 丘逢甲：《吧罗创建孔庙学堂缘起》，广东丘逢甲研究会编《丘逢甲集》，第822—823页。

② 《吡叻兴学》，《知新报》第119册，澳门基金会、上海社会科学院出版社1996年版。

③ 指丘逢甲和王晓沧。

④ 《双南卒美》，《叻报》1900年3月20日。转引自张克宏《丘逢甲的南洋之行》，《华侨华人历史研究》2000年第4期。

以来丘菽园对丘逢甲推崇有加，并通过《天南新报》对丘逢甲的言论做了长期的报道，在丘逢甲南下之前无意中已经为其广为造势，营造了浓厚而热烈的舆论基础。

丘逢甲南洋之行，从个人来讲实现了多年来想出国游历的心愿，特别是与从未谋面但却"神交"多年的丘菽园得以相见。同时，丘逢甲在新加坡、吡叻等地对当地华侨的访问，大大增进了华侨对祖国的感情，尤其是他"尊孔教""兴学堂"的主张和演说，得到了南洋华侨的认可，使他们对国家的认同由意识转化为行动。

本文与赵金文合作，系提交"海峡两岸纪念丘逢甲学术研讨会"论文，原载《东南亚研究》2010 年第 6 期。

试论景廷宾起义的"扫清灭洋"口号

1902 年爆发在直隶广宗的景廷宾"扫清灭洋"起义，是中国人民继义和团运动之后的又一次规模较大、旗帜鲜明的反帝反封建斗争。这次起义提出了"扫清灭洋"的斗争口号，本文拟就这一口号作些粗浅的分析，以就教于方家。

一

"扫清灭洋"口号首先是由直隶深州安平联庄会的田燮经于 1901 年 5 月提出，它是继 1898 年四川大足余栋臣起义的"顺清灭洋"、1898 年十月义和拳在山东高橥的"助清灭洋"以及义和团的"扶清灭洋"之后提出的又一口号。景廷宾起义时又重提"扫清灭洋"口号，并对其作了进一步的发挥。景廷宾起义旗帜鲜明地提出了"扫清灭洋"的口号，这一口号在当时景廷宾起义军所发布的文告传贴中随处可见。可惜起义失败后，广宗县经过顺德知府窦以筠和南和知县朱家宝等严厉搜查毁灭，这些文告传贴现在已经散失难觅了。根据现有的史料，"扫清灭洋"四个字见于著录的很少。1902 年 7 月 23 日直隶总督袁世凯在《遵旨据实复陈剿办广宗起事情形折》中提到："景廷宾……竖旗造反，僭称伪号，甚至有'扫清灭洋'字样。"[①] 此外，在有关景廷宾起义的民间调查资料中也有"一报冤来二报仇，扫清灭

_____

① 中国第一历史档案馆、北京师范大学历史系选编：《辛亥革命前十年间民变档案史料》，中华书局 1985 年版，第 29 页。

洋大起义"的歌谣。① 章太炎在《驳康有为论革命书》中有"义和团初起时,惟言'扶清灭洋',而景廷宾之师,则之'扫清灭洋'矣"这样的论断。②

在"扶清灭洋"的口号中,"清"的含义有两种:一是指政府;二是指中国,而"扫清灭洋"的口号中的"清"则是单指清政府。这从景廷宾起义爆发的原因与起义后的斗争对象上完全可以看出。

1901年《辛丑条约》签订以后,直隶省广宗知县王宇钧和广宗县洋教士议定要广宗县人民"赔偿被害教民京钱两万串"(合制钱一万串,合纹银一万两有奇),③ 农民在"正差正粮"以外,要按亩加派"杂差",以支付赔款。此时连年荒歉,又值大旱成灾,"光绪二十六年大旱,七月十二日始雨,八月二十七气候严寒结冰,晚禾尽萎,大饥"④。农民群众听说这次的"杂差"是赔偿教堂和教民所用,都目为"洋差",声称"中国人不纳洋差","推东召村武举人景廷宾为首抗拒"⑤。王宇钧因之被革职。先后继任的知县魏祖德与赵锷试图通过威逼与收买来瓦解群众的反抗,但都没有达到目的,于是具禀署直隶总督袁世凯,说景廷宾"聚众抗捐",图谋不轨,请兵镇压。袁世凯于1902年3月初"檄饬正定镇董覆高、署大名镇郑国俊、记名总兵郑才盛、大名道庞鸿书、顺德府知府如松等酌带队伍,会往弹压"⑥,3月3日开始攻打东召村,景廷宾率众奋起抗击,起义爆发。由此可见,景廷宾起义的起因完全是因为清政府的横征暴敛,起义的矛头一开始便直指清政府。

在其后的斗争中,景廷宾起义军的矛头也一直指向清政府。东召村失守后,"三月十六日,廷宾复在巨鹿境内厦头寺聚众数千人,武

① 黎仁凯主编:《直隶义和团调查资料选编》,河北教育出版社2001年版,第163页。

② 章太炎:《驳康有为论革命书》,《章氏丛书·太炎文录》卷2,台北世界书局1982年影印本,第39页。

③ 姜楷荣修,韩敏修等纂:《广宗县志》卷1《大事记》,民国二十二年(1933)铅印本,第50页。

④ 同上。

⑤ 同上书,第51页。

⑥ 天津图书馆、天津社会科学院历史研究所编:《袁世凯奏议》上册,天津古籍出版社1987年版,第456页。

卫左军后营管带鲍贵卿由威县招常备新兵百余人赴省，道经厦头，被廷宾戕伤大半，委员典史钱德葆、附生刘炳勋、千总吕孝申、把总赵登贵、五品张俊均遇害，贵卿亦负伤"①。此后起义军更是不断抗击官军，直至被镇压。这次与清政府完全对立，公开举旗抗击的起义，完全是在"扫清"的口号下所进行的。署直隶总督袁世凯在《辑办广宗县匪徒景廷宾情形折》中也说，"臣查该犯景廷宾藉端抗粮，纠众煽乱，私造枪炮，击伤官军，实属行同叛逆"②。可见景廷宾起义提出的"扫清灭洋"口号中的"扫清"即是扫灭清政府。

"扫清灭洋"中的"灭洋"则是承袭了"顺清灭洋""助清灭洋"与"扶清灭洋"中的"灭洋"，抗"洋差"，攻教堂，杀教士。起义的起因即由抗"洋差"而起，人民群众对洋人（帝国主义）的认识已经更深了一步。在起义爆发之后，曾发布文告宣称："格杀一洋人，偿钱一百吊，杀教中人，偿钱十吊。"③ 在以后的斗争过程中，起义军也一直在奉行"灭洋"这一宗旨。《威县县志》中有这样的记载："天主教士罗泽溥适于鱼堤西北道遇景廷宾子并其党数人，乃遭惨害。二十八日，景廷宾率众团攻张家庄教堂不克，四月一日退保件只。"④署直隶总督袁世凯在《遵旨添兵剿办景廷宾情形折》中记载，起义军"谋据广宗、威县两城，并攻各处教堂。威县边界之张家庄教堂围攻数日未下，其军寨村小教堂已被拆掠，戕害教民四名口"⑤。这些杀洋人、攻教堂的举动是景廷宾起义军在"灭洋"上的具体行动。

二

要对"扫清灭洋"这一起义口号进行更深入的分析，还应深入分析一下提出这一口号的大背景。

① 姜榗荣修，韩敏修等纂：《广宗县志》卷1《大事记》，第52页。
② 天津图书馆、天津社会科学院历史研究所编：《袁世凯奏议》上册，第457页。
③ 《汇报》第379号。
④ 崔正春修，尚希宝纂：《威县县志》卷20，民国十八年（1929）铅印，第153页。
⑤ 天津图书馆、天津社会科学院历史研究所编：《袁世凯奏议》中册，天津古籍出版社1987年版，第494页。

"扫清灭洋"这一口号，无论是直隶深州安平联庄会的田燮经起义，还是直隶广宗县景廷宾起义，都是在义和团运动失败、《辛丑条约》签订之后，人民群众对清政府仅存的一点幻想也完全破灭的情况下提出的。如若说过去清政府还有一点表面的"民族"气节的话，那么在义和团运动之后这一点表面现象也不存在了，清政府再也不敢与列强各国抗衡。《辛丑条约》第二款第一条规定："惩办伤害诸国国家及人民之首祸诸臣。"① 这就是清政府听命于列强诸国，将与列强诸国矛盾极大的顽固大臣来一次彻底的清洗。《辛丑条约》第五款还规定："大清国国家允定，不准将军火暨专为制造军火各种器料运入中国境内"；第八款又规定："大清国国家应允将大沽炮台及有碍京师至海通道之各炮台，一律削平，现已设法照办。"② 列强各国完全解除了清政府的武装，但仍不放心，为了以武力完全将清政府控制在掌中，又在第九款规定："中国国家应允，由诸国分应主办，会同酌定数处，留兵驻守，以保京师至海通道无断绝之虞。"③ 由上可知，清政府已被列强各国完全控制。因此，义和团运动的失败，就标志着中国各阶层人民都对清政府一切幻想的破灭。这样，才有代表资产阶级和小资产阶级的孙中山领导的革命党人，完全脱离了改良主义的道路而坚决走推翻清政府的革命道路。农民群众也勇敢地提出了"扫清灭洋"这样的推翻清政府的口号。

　　与此同时，清政府为了支付《辛丑条约》规定的巨额赔款以及外加的"教案赔款"，只好动员它的全部官僚机器疯狂地向人民搜刮。"挨户摊派""非刑威逼""需索中饱"等无所不为，使全国人民特别是农民遭受到极大的灾难。就连清政府中的一些大臣如刘坤一、张之洞等也感到了这种压榨之下的危机，曾警告过清政府"以民穷财尽之时，倘在（再）尽力搜刮追呼以供外国赔款，必然内怨苛政，外愤洋

　　① 中国史学会主编：《中国近代史资料丛刊·义和团》第 4 册，神州国光社 1951 年版，第 494 页。

　　② 王铁崖编：《中外旧约章汇编》第 1 册，生活·读书·新知三联书店 1957 年版，第 1004—1006 页。

　　③ 同上书，第 1006—1007 页。

人，为患不堪设想"①。

地处清王朝心脏地带的直隶，是义和团运动高涨的地区，受帝国主义的祸害最深，人民所受的苦难也最深，因而对清政府的反动本质认识也最为深刻。就拿这次起义的领袖景廷宾来说，"当义和团运动高涨时，景廷宾抱着消极反对的态度，麻痹了广宗人民的积极响应"②。但是在义和团运动失败之后，广宗县并没有例外避免"教案赔款"的灾难。这使得景廷宾这样的地主阶级知识分子，也认清了清政府的真实面目，由官府一边倒向了农民一边，成为起义的领袖。

在景廷宾起义爆发并迅速高涨之后，中外反动势力为了自身利益再次联合起来进行镇压。起义之初，清政府"义不容辞"地立即出兵镇压爆发在其心脏地带的起义。由于起义的不断高涨，使列强各国也产生了极大的恐慌。它们除了一再恫吓清政府派兵"平乱"之外，也派兵加以干涉。法国、德国和日本三个帝国主义国家组成六千三百余人的联军（德国和日本两国四千余人，法国二千三百余人），从北京"赶往冀州、广宗助剿"③。与镇压义和团运动一样，当它们的自身利益受到损害时，中外反动势力便更加紧密地"团结"在一起，对中国人民的起义进行残酷镇压。

正是在清政府与帝国主义已经完全勾结在一起的大背景下，要"扫清"就必须"灭洋"，而要"灭洋"也必须"扫清"，"扫清"与"灭洋"已成为一个不可分割的整体，"扫清灭洋"这一口号的提出正是适应了历史发展的这一需求。

三

景廷宾起义顺应历史发展要求，在当时的情形下提出了"扫清灭

---

① 中国科学院历史研究所第三所主编：《中国近代史资料丛书·刘坤一遗集》第 3 册，中华书局 1959 年版，第 1468 页。

② 《汇报》第 379 号。

③ 同上。

洋"这样的斗争口号,具有相当的进步意义。对"扫清灭洋"口号的认识,直接涉及对义和团运动后群众斗争的估价,也涉及近代史上中国人民反帝反封建斗争的觉悟程度和认识水平。

"扫清灭洋"这一口号的提出,是人民群众深刻认识到清政府与外国侵略者本质的一种表现,同时也坚定了他们反清与反侵略的决心。在起义爆发的前夕,清政府也曾试图通过谈判来收买与瓦解起义,但是人民群众认清了清政府的本质,揭竿而起。起义之后,他们高举大旗,上书"官逼民反""扫清灭洋"这样的大字,揭穿了对外卖国、对内压迫人民的满清王朝的丑陋面目,他们呼"官兵为贼,官长为狗"①,鼓舞起了群众的"扫清"勇气。他们完全同清政府决裂,抗击官兵,给清政府以沉重的打击。

"扫清"这一口号的提出,同以往的"顺清""助清""扶清"相比,不能不说是一个进步,它标志着人民群众对清政府原有的一点幻想已完全破灭,他们已不再想靠"顺""助""扶"清政府来打击洋人,抗击侵略,认识到只有推翻了清政府才能抗击外来侵略。诚如章太炎所说:"义和团初起时,惟言'扶清灭洋',而景廷宾之师,则知'扫清灭洋'矣……人心进化,孟晋不已,以名号言,以方略言,经一竞争,必有用于前者。"②"扫清"这一推翻清政府的口号的提出拉近了反清力量之间的距离,使得农民起义与资产阶级民主主义活动,在反清的共同目标下有了逐渐接近的可能。事实上,景廷宾起义爆发之后,农民也广泛与其他阶级阶层人民进行了联合,各县商民都竭力供饷,手工业工人则积极制造武器,中小地主阶级也改变了他们的政治态度,纷纷和起义军联络,壮大了起义的声势,成为农民和城市人民合作的萌芽。③

农民起义的"扫清"口号的提出也推动资产阶级革命党人开始注意和利用农民力量,标志着把单纯的农民战争过渡到正规的民主主义革命的重要任务,已经提到日程上来了。在景廷宾起义之后,即出现

---

① 《汇报》第379号。
② 章太炎:《驳康有为论革命书》,《章氏丛书·太炎文录》卷2,第39页。
③ 《汇报》第379号。

了这种倾向。据《陕县志》记载，光绪"二十九年举行癸卯正科科举告终，斯年有革命党人某潜入境内联络，地方人士多有入所谓'江湖会'者，秘密结合，图谋起事"①。此后，1906 年河南西平的苗金声起义，也"以'扫清灭洋'为帜"②，抗击清兵。直至以后的革命党人联络会党的反清起事，都同"扫清"这一口号在农民中的传播有莫大的关系。

"扫清"这一口号与义和团的"扶清"相比，的确不可同日而语，它是农民运动达到另一个高度的一个标志。

"扫清灭洋"口号的提出及农民起义的发动，受到了广大农民群众的拥护和支持。此前的资产阶级维新派对清政府与外国列强存在幻想，企图走改良的道路。稍后的资产阶级革命党人提出了"驱除鞑虏，恢复中华"的革命口号，反清的目标进一步明确了。尽管农民起义提出的"灭洋"口号可能处于表面层次，但他们能直面这一现象，能提出"灭洋"这一口号，并且在行动上加以体现，狠狠地打击了侵略者，从而也表现了人民群众勇往直前的反抗精神。这种"灭洋"也是有其进步意义的。

但是，作为农民起义提出的一个斗争口号，"扫清灭洋"也难免有其局限性。

"灭洋"继承了此前义和团运动提出的"灭洋"的盲目排外性。"灭洋"不仅是要消灭一切在华的外国人，而且要消灭中国现存的从外国引进的一切事物，甚至包括那些受到外国影响的人和物。起义宣布的"格杀一洋人，偿钱一百吊，杀一教中人，偿钱十吊"这样的号召，以及起义后的杀教士、攻教堂就是如此。这种"灭洋"从爱国反侵略这个角度来理解，是较全面地提出了反帝的要求，它动员了农民群众起来参加反帝斗争，但它没有把反帝与盲目排外区分开来，因此不可避免地带有笼统排外的色彩。景廷宾起义虽说经历半年多便镇压

① 欧阳珍修，韩嘉会等纂：《陕县志》第 1 册，台北成文出版社 1968 年影印本，第 58 页。

② 李毓藻修，陈铭鉴纂：《西平县志》第 3 册，台北成文出版社 1976 年影印本，第 1082 页。

下去，没能像义和团运动那样做出过多的拆铁路、拔线杆等过激行为。但由于农民阶级的局限性，它的"灭洋"也就不可能脱离义和团运动时期的"灭洋"的盲目排外性。

此外，笼统地提出"灭洋"，对于列强各国不分主次，一概反对，这是没有策略的，在事实上也不可能办到。农民斗争的"灭洋"以"仇教"为主要内容，侵略者利用宗教掩护其在中国的政治、经济、文化的侵略，所以中国人民的仇教、反教是正义的，是可以理解的。但是由于认识上的限制，使得仇教、反教陷入了盲目的状态，也使好些无辜的教民受到伤害，使起义斗争扩大了打击面，起到了消极作用。

另外，景廷宾起义旗帜鲜明地站在清政府的对立面，竖起了"扫清"大旗，但在"扫清"之后怎么办呢？起义军显然没有明确的目标。景廷宾树号"龙团大元帅"，把远近的农民军迅速地发动和集合起来，影响到巨鹿、南宫、威县等地的农民，他们也纷纷揭竿而起，同时起义还席卷到冀南的平乡、南和、任县、曲周、唐山（今隆尧县）、永年、南宫等地，以及河南、山东边界的农民。这次起义的队伍不下 16 万人之众，形成一支地跨直、豫、鲁三省，包括 24 个县份的起义大军。起义军有如此大的声势，然而却在不到半年的时间内便被镇压下去，这其中除了中外反动势力的联合绞杀之外，还应该注意的一点便是"扫清灭洋"的口号未能明确"扫清"之后的任务与目标，这使得起义军没有形成严密的军事组织，没有把邻近的农民军联络起来，致使分散作战，行动涣散，很快便被镇压下去了。当然，由于农民阶级的局限性，他们不可能制定出切实可行的扫清灭洋的具体办法，更不可能提出"扫清"之后的更加明确的目标与任务，这一任务需要由更先进的阶级来提出和完成，这是我们所不能苛求的。

综上所述，景廷宾起义能在义和团运动失败之后不久便竖起起义的大旗，提出了"扫清灭洋"的口号，是极为难能可贵的。"扫清灭洋"这一口号，较之义和团的"扶清灭洋"，对清政府的认识更为明确，反帝反封建的目标也更为明确，尤为重要的是这使得农民运动与资产阶级革命有了联合起来的可能性。虽然这种联合在以后的革命中没能实现，但"扫清灭洋"这一口号的历史功绩还是不可磨灭的。

本文与赵俊明合作，系提交"纪念景廷宾起义100周年全国学术讨论会"论文，收入《景廷宾起义一百周年学术讨论会论文集》（黎仁凯、李云豪主编，中国文史出版社2004年版）。

袁世凯幕府与清末立宪

中国的幕府制度，源于春秋战国时期的养士之风。在当时，一些有影响的王公贵族或豪富之家，收养着大批有才学的食客。如"狡兔三窟"的发明者冯谖，即是孟尝君的食客；"毛遂自荐"的主人公毛遂，即是平原君的食客。到了汉代，军队将帅和文职官员大量罗致文人谋士以辅佐自己的事业，标志着中国幕府制度开始形成。在宋代，由于封建中央集权制的加强和科举取士制的定型，幕府制度也就相应衰落下去。明末清初，幕府制度又一度复兴，但就其性质而言，指的是由地方政府主要官员自己出钱，从中下层人士中聘请有才能的人，入幕府担任参谋、秘书等行政助手的一种用人制度。在这时，幕僚的主要职责是协助幕主处理地方民政事务。晚清时期，中国的幕府制度演变到了一个新的阶段，出现了与以往不同的特点：其职能不再限于对地方民政事务，而是逐渐扩展到了军政、外交、科技以及思想文化等一切事务。这是一种新型的幕府，袁世凯幕府就属于这种幕府。袁世凯的幕府无论是在小站练兵，还是在他担任山东巡抚，到后来担任直隶总督，编练新军，举办新政以及参与立宪等方面都发挥了重大作用。因此，袁世凯北洋政治集团的形成和发展壮大与其幕府的贡献是分不开的。本文则主要就袁世凯幕府与清末立宪作些探讨。

一

20 世纪初年，中国国内出现了革命和立宪两股资产阶级民主运动潮流。两者均发轫于戊戌变法之前，而勃兴于 20 世纪初期。前者以推翻清王朝、建立民主共和国为宗旨，后者以废除封建专制制度，实现资产阶级君主立宪政治为目的。1904年在中国境内爆发的日俄战争极大地刺激了国内一部分资产阶级立宪派人士。他们认为这是一场专制与宪政的战争，日本的胜利就是立宪政体对专制政体的胜利，从而更加坚定了他们从事宪政运动的信心。他们奔走呼号，宣传专制政体已不足复存于天下，要取得民族独立，国家富强，只有实行君主立宪，要求人民参政，设立国会和责任内阁，制定宪法。面对如此形势，清政府的一些大臣纷纷奏请立宪。"日俄战后，驻法使臣孙宝琦，首以变更政体为请。江督周馥、鄂督张之洞、粤督岑春萱（煊），又以立宪为言。"① 对于这种情况，此时手握重兵而深得慈禧太后宠信的袁世凯，早就看出了清王朝的没落，但是善于观察风向的他对立宪一直持观望态度。

对袁世凯思想与态度的转变起了重要作用的幕府人员是张謇、张一麐和徐世昌。张謇既是袁世凯的重要幕府人员，又是资产阶级立宪派的首脑人物，对袁世凯的立宪态度极为关注。早在1904年7月，张謇就写信给袁世凯，请求他能够体察世界大势，效法日本明治维新时的重要大臣伊藤博文等人，主持立宪，在信中还动之以情说："论公之才，其必在彼诸人下？即下走自问志气，亦不在诸人下也。"② 但袁世凯的答复却是"尚须缓以俟时"③。1905年6月，立宪运动的声浪汹涌澎湃，不可遏止。于是，张謇再次致信袁世凯，认为"万几决于公论，此对外之正锋，立宪之首要。上年公谓未至其时，亦自有识微之处。今外度日、俄之前途，内揆徐、刘之近效，针锋相值，似当其可矣。曩言万世在后，万史在前；今更为公进一说：日处高而危，宜准公理以求众辅，以百人辅，不若千；千人辅，不若万；万人不若亿与兆。自非有所见，不为公进此一言也。且公但执牛耳一呼，各省殆无不响应者；安上全下，不朽盛业，公独无意乎？及时不图，他日

　① 伧夫：《立宪运动之进行》，中国史学会主编《中国近代史资料丛刊·辛亥革命》第4册，上海人民出版社1957年版，第4页。
　② 沈祖宪、吴闿生：《容庵弟子记》，沈云龙主编《袁世凯史料汇刊》第9册，台北文海出版社1966年版，第152页。
　③ 张謇：《啬翁自订年谱》，曹从坡、杨桐主编《张謇全集》第6卷，江苏古籍出版社1996年版，第865页。

他人，构此伟业，公不自惜乎？"① 张謇站在袁世凯的立场上，以个人的荣辱安危为说辞，尽力劝说打动袁世凯。但是袁世凯却没有明确表态，仍在观望。

然而，立宪已成为大势所趋，人心所向。另一位幕府人员张一麐对袁世凯的观望态度有些着急，力劝袁世凯要跟上时代潮流，接受立宪主张。张一麐曾经回忆："一日余入见，立言各国潮流均趋重宪政，吾国若不改革，恐无以自列于国际地位。且满汉之见，深入人心，若实行内阁制度，皇室退处于无权，可消隐患，但非有大力者主持，未易达到目的。项城谓：中国人民教育未能普及，程度幼稚，若以专制治之，易于就范，立宪之后，权在人民，恐画虎不成，发生种种流弊。余力言专制之不可久持，民气之不可遏抑。反复辩论，竟不为动。且问余：至此尚有何说？余曰：公既有成见，尚复何词。退而悒悒。"② 可是令张一麐想不到的是，虽然袁世凯在他面前固执己见，但在实际上态度已经发生了转变。这次谈话后的第二天，袁世凯就召见他，要他拟定一个关于预备立宪的稿子，以便进呈朝廷。

在袁世凯幕府中有着举足轻重作用的徐世昌，此时以署兵部侍郎在军机大臣上学习行走，并兼任督办政务处大臣，又以会办练兵事宜任巡警部尚书，成为参与中枢的要人。他在中央与袁世凯积极配合，推动清廷立宪。1905 年 7 月 2 日，由徐世昌主稿，袁世凯联合两江总督周馥、湖广总督张之洞，电奏朝廷请实行立宪，以十二年为期。而后袁世凯又向清廷上奏："今之识时务者，辄忧民智之不开。顾治民事者官也，而官之泄沓如故。作民望者绅也，而绅之蒙昧如故。欲求民智之开，非由官绅入手不可。开智之道，年少英俊者使之游学，年长更事者使之游历，二者分途并进，多历年所，收效必宏。""因议订官绅游历之法"，"先赴日本游历三月，参观行政、司法各署及学校实业大概情形，期满回国，然后饬赴新任，并责令呈验日记以征心得，数年以后，出洋之地方官日见增多，则新政不致隔膜"。"方今时局更

---

① 张謇：《为抵制美货事致袁直督函》，曹从坡、杨桐主编《张謇全集》第 1 卷，江苏古籍出版社 1996 年版，第 89—90 页。

② 张一麐：《古红梅阁笔记》，上海书店出版社 1998 年版，第 45 页。

新，惟有上下一心，博采邻邦之良法，此项官绅游历为目前行政改良之渐，即将来地方自治之基。"① 袁世凯在外奏请清政府考求各国宪法，徐世昌则在中央做出回应，于是清政府遂派遣五大臣出洋分赴欧美日考察宪政。此后，清政府出台多种政策，立宪的决心越来越坚定，步子也越迈越快。

在幕府人员的积极影响和推动之下，袁世凯对立宪的态度由原来的置之度外，默然视之，转变为热情高涨地投身立宪，而且很快便成为清末立宪的重要人物之一。

二

袁世凯的幕府人员不仅劝说袁世凯积极参与立宪，而且还积极地参与具体的宪政改革实践。

1906 年，出国考察五大臣由欧美回国。由于这些清朝的遗老遗少对外国的君主立宪政治实在没有认识，所以袁世凯就越俎代庖，以其幕僚张一麐所拟预备立宪稿，交由五大臣回京呈递清廷，其主要内容就是改革官制。胡思敬所撰《大盗窃国记》记录此事："五大臣归至天津，世凯劳以酒，曰：'此行劳苦，将何以报命？'皆愕然，莫会其意。世凯出署稿示之，曰：'我筹之久矣，此宜可用。'遂上之。孝钦自西巡后不敢坚持国事，见五大臣疏，踌躇莫决，急召世凯入商。世凯即日入京，奏言变法须先组织内阁，组织内阁须先从官制入手。孝钦许之。"② 于是，清廷宣布仿行宪政，先从改革官制入手。

袁世凯奉命入京，其幕府人员也开始正式参与中央官制改革。身为朝廷重臣的徐世昌，获得机会与袁世凯以及奕劻、瞿鸿禨、孙家鼐、张百熙等共同主持编纂官制。他不仅对考察宪政的五大臣关于立宪的提议即由张一麐所代拟的官制改革内容竭力维护，企图贯彻执

---

① 袁世凯：《派遣官绅出洋游历办法片》，天津图书馆、天津社会科学院历史研究所编《袁世凯奏议》下册，天津古籍出版社 1987 年版，第 1161—1162 页。
② 胡思敬：《大盗窃国记》，转引自苏同炳《中国近代史上的关键人物》下卷，百花文艺出版社 2000 年版，第 724 页。

行，而且还积极安排袁世凯幕府的其他幕僚进入编纂官制局。幕府中号称"二琦"的杨士琦、孙宝琦先后被安置于官制局担任提调，以周树谟为副提调，而后金邦平、张一麐又被安排进京作为官制局起草委员，可以说编纂官制局完全由袁世凯幕府人员所掌握。于是，由袁世凯幕僚"二琦"等所主持的编纂官制局出台了新官制的改革方案，其内容包括设责任内阁，议裁吏部、礼部、翰林院、都察院、宗人府，并工、商二部为农工商部，改户部为度支部，刑部为法部，分兵部为陆军海军二部，又增设资政院、审计院、交通部，旧有各部唯一没有变动的只有学部。进入官制局的这些幕僚大都是东西洋留学归国学生，所以这套官制改革方案，仿效西方政治体制，以内阁为国家最高行政管理机关，通过增裁并改旧有行政机构，构建出一个名实相符的新政府机构体系，基本符合近代中国政治近代化的要求。

但是，这套方案涉及权力归属的问题，所以它的提出在清政府内部引起了极为尖锐的矛盾和冲突。正如张一麐在其所撰的《古红梅阁笔记》所述："光绪末年，清廷倡言立宪，实无诚意。袁世凯上奏请先改革官制，以为预备立宪之张本，朝中汹汹，几酿大变。"[1] 这一方面是由于新官制将要裁撤或合并很多旧机构，原来在这些机构中供职的官员难免会发生恐慌，深恐将来的前途不利，当然会坚决反对。另一方面更大的分歧则是在是否应该设立责任内阁制上，并且在朝廷中形成了以袁世凯、奕劻为代表的赞成派，和以瞿鸿禨、岑春煊等人为代表的反对派。新官制中建议实行责任内阁，内阁设总理大臣一人、协理大臣二人，总理大臣虽对皇帝负责，却有直接任免官员的权力，无须事事征得皇帝的同意，这完全是西方君主立宪制的基本特征，也是这一政体的关键。但是反对派则认为，责任内阁成立后，一切用人行政的大权，都由总理大臣会商决定后请旨颁行，清廷用人大权从此旁落，他们上书慈禧太后，表示坚决反对。此时的瞿鸿禨、岑春煊等都深受慈禧太后恩宠，这使得新官制方案也得不到慈禧太后的支持。尽管徐世昌在朝廷中不属任何一派，但他身为袁世凯的幕僚，也积极向清廷上书，进行调和以求有利于袁世凯，不过最终也是无济于事。

---

① 张一麐：《古红梅阁笔记》，第48页。

1906 年 11 月 6 日，清政府公布中央官制，不但袁世凯幕府人员所设计的这套方案被彻底否定，而且还迫使袁世凯交出新军北洋六镇中的四镇，所以幕府人员所参与的这次中央官制改革是失败的，袁世凯集团的势力也遭到沉重打击。

袁世凯幕府人员在参与改革中央官制受到挫折后，开始关注东三省的改革。1906 年 10 月，徐世昌奉命与载振赴奉天、吉林考察政治，两个月后返京复命。徐世昌连上奏折，详述东北地区的外交、内政、吏治、财政均岌岌可危，改革与否关系该地区的前途命运，同时提出筹谋补救之策，主张将东北地区划分为三个行省，设总督一人，三省行政、用人、财政、兵政以及一切内治之事皆由其负责，提高总督权限。东北地区作为清室龙兴重地，清廷自然非常重视东北地区的形势，通过徐世昌等人的奏报了解到该地区的实际情况后，决定进行改革，"一切新政必须次第举行"①。1907 年 4 月 20 日，清廷颁布上谕，任命徐世昌为钦差大臣、东三省总督兼管三省将军事务。奉天、吉林、黑龙江三省各设巡抚，任命唐绍仪为奉天巡抚，朱家宝署理吉林巡抚，段芝贵署理黑龙江巡抚。② 东北地区的四位督抚皆为袁世凯的幕僚，袁世凯的幕府人员由此着手东三省的改革。

徐世昌担任东三省总督之后，在东北地区开始全方位的改革。在政治方面主要是改革官制，裁撤总督、巡抚、布政使、按察使各衙门，各省设行省公署，下设承宣厅、谘议厅，前者总汇机要及考核用人，后者议定法令章制。又设交涉、旗务、民政、提学、度支，劝业、蒙务七司，各设司使一人，总领司事。承宣厅及各司下均设科，每科设佥事及一、二、三等科员。谘议厅设议员、副议员、顾问员、额外议员。后来又将劝业司改为劝业道，增设巡警道、提法司。此制在奉天全部推行，吉林、黑龙江均未设厅，厅务由原文案处办理。县里还设有巡警、劝学所和农会。这些改革使得东北三省确立了新的政治体制，为清末地方各省官制改革提供了模式。在经济方面，徐世昌奏准东三省督抚发行公债和向外国借款，以大力开发东北资源。如农

---

① （清）朱寿朋编：《光绪朝东华录》第 5 册，中华书局 1958 年版，第 5615 页。
② 同上书，第 5647 页。

业上从国内和日本、美国调取各类麦种在奉天实验，选取优良品种加以广泛推广，工业上派人仔细勘察，致力发展东三省工矿业。在教育方面，徐世昌采取了一系列措施，在前人的基础上除旧布新，先设立教育行政机构作为实施新式教育的基础，随之便在各省设立各种学堂，既有中小学堂，又有专门学堂，同时选派学生出国留学，建立图书馆，而且还在东三省办起现代的报纸、刊物。在军事方面，徐世昌积极加强边疆防务，先是成立督练处，训练新旧各军，接着奏调陆军第三镇移驻奉天、吉林，另以第二、四、五、六四镇中拨兵编成两个混成协调往东北，对东北兵力加以充实。这一措施使得清廷过去收缴的北洋四镇新军现在又有两镇转归徐世昌，可以说是由左手转到右手，仍是袁世凯的力量。同时徐世昌还从朝廷获得了用人权。他不仅借机提拔袁世凯幕僚，如钱能训任奉天右参赞、顺天府尹及陕西布政使，张凤台署吉林知府，还网络了一批人才，诸如张作霖、冯德麟这样的勇将，使北洋集团即袁世凯势力得到进一步扩充。此外，徐世昌在外交方面，既主张开商埠进行对外贸易，又与俄国交涉东清铁路，同时自己还着手修筑铁路，以抵制对东北虎视眈眈的俄国和日本。

袁世凯幕府在东三省的改革，可以看作东三省在走向近代化过程中迈出的关键一步，改变了东北的特殊政治体系，使之从封闭的"龙地"走了出来，跨入行省行列，而其后所采取的一系列措施，也确实对发展本地区的经济，改良本地区的社会风气起到了非常大的作用。而这同样是袁世凯北洋集团势力进入东三省，发展壮大过程中的关键一步。

1906年7月，清廷根据御史顾瑗请设乡官的建议，传旨要求在奉天和直隶两省先行试办。[①] 袁世凯接旨后，便在其幕府人员的帮助下开始办理天津地方自治。

袁世凯认为，"非行地方自治，无以补守令之阙失，通上下之悃

---

① 《北洋大臣袁世凯奏天津试办地方自治情形折》，故宫博物院明清档案部编《清末筹备立宪档案史料》下册，中华书局1979年版，第719页。

忧"①，于是委派其幕府人员金邦平、凌福彭二人筹办天津自治。金邦平，安徽徽州黟县人，日本早稻田大学毕业，专习政治、法律、理财诸科，1903 年毕业回国后袁世凯立即将其调到北洋，② 凌福彭当时任天津知府，他们二人在办理天津地方自治中发挥了重要作用。经过一段时间的筹备，他们于 1906 年 8 月 29 日设立了天津自治局。自治局设督理二员、参议三员，下设法制、调查、文书、庶务四课，其中法制课主要制定章程，调查课负责调查户口、风俗、教育、生计，文书课负责办文牍、编白话报及讲义，并积极开展普及自治教育运动。

金邦平、凌福彭所主持的天津自治局首先派曾经学习过法政并且熟悉乡土风情的高振均、赵宇航、步以韶等人担任宣讲员，到天津府属城乡宣讲实行自治的法理和利益。同时该局又编印法政官话报、白话讲义，每月各一册，分发各属学习、张贴，以期获得家喻户晓、振聋发聩的效果。接着自治局还在天津初级师范学堂内设立地方自治研究所，研究自治的学理法则，并命令天津府属的七县派绅董人所学习，同时招收学习法政及热心自治的旁听生，规定一律 4 个月毕业，所学内容计包括自治科、选举法、户籍法、宪法、地方财政论、教育行政、警察行政、法学通论等。学员学习结业后，规定要回到原籍筹设自治学社，进一步向他人传授所学习的知识和心得体会。在金邦平、彭福凌等人的努力下，自治局的自治普及教育开展得有声有色，有关自治的法理和精神已为很多人所理解和接受。这为天津试办正式的地方自治做了非常必要的准备。看到这种情况，袁世凯便下令正式试办地方自治，同时仍要求自治局着手进行准备。他们效仿日本的期成会，先成立天津自治期成会，并由自治局全体局员及其所推举的士绅、劝学所和商会代表组成，共同讨论该局所拟的自治章程。经过 19 次开会讨论，最终议定自治章程 111 条。接下来进行有关选举人和被选举人资格的调查，而且专设"选举总分课"。调查完毕后，于 1907

① 袁世凯：《奏报天津试办地方自治情形折》，天津图书馆、天津社会科学院历史研究所编《袁世凯奏议》下册，第 1520 页。
② 袁世凯：《游学日本毕业供差北洋学生请咨送考验片》，天津图书馆、天津社会科学院历史研究所编《袁世凯奏议》中册，天津古籍出版社 1987 年版，第 998 页。

年 6 月和 7 月进行初选和复选，最终选出议员 30 名，组成天津议事会。1907 年 8 月 18 日，天津县议事会举行第一次会议，公举在籍度支部郎中李士铭为议长，分省补用知县王劭廉为副议长，并决定议事会筹设董事会，执行日常工作。[1] 至此，天津试办地方自治，在袁世凯幕府人员的积极参与推动下初步告成。

天津地方自治尚有许多不足之处，地方自治不过是专制制度的附庸，兴民权是虚，兴官绅权为实。正像袁世凯所认为的这只不过是为了"补守令之阙失，通上下之悃忱"。但是幕府人员在试办过程中，为推动选举而介绍、宣传的西方宪政思想、制度，与传统的封建专制相悖，对广大民众来说无疑是一股春风。章程中规定的议事表决方式、方法，也完全是按照西方的体制，所以为天津初步营造了一种民主氛围，客观上促进了民主思潮的传播。

1906 年 11 月，清廷发布上谕，将司法行政与审判分开，"刑部著改为法部，责任司法，大理寺著改为大理院，专掌审判"[2]。接着，清廷又开始要求地方仿照中央进行同样改革。由于各省情况不同，条件有别，难以一律同时进行，清廷于是谕令办理新政素有成效的直隶先行实施地方司法改革，然后在全国逐步加以推行。

袁世凯幕府中有大量的法律人才，除了前文所提及的金邦平外，还有富士英、黎洲、沈家本等人。富士英也是日本早稻田大学毕业生，专习政治、法律和理财，1903 年回国之后被袁世凯调入幕中。黎洲则是日本东京中央大学毕业生，同样专攻法律诸科，1905 年袁世凯将其电调回国。沈家本毕业于英国伦敦林肯法律学院，并取得英国律师资格。他们都熟悉各种法律知识，为袁世凯在直隶省内的司法改革积极出谋划策。袁世凯接到司法改革的谕旨后，其幕府人员先是帮其拟议章程，筹划在天津县先行试办司法改革，至 1907 年 3 月先后成立了天津高等审判分厅、天津县地方审判厅，并在天津城乡分设乡谳局四处，基本上按照清廷的要求完成了各级司法制度的改革任务，正

---

① 袁世凯：《奏报天津试办地方自治情形折》，天津图书馆、天津社会科学院历史研究所编《袁世凯奏议》下册，第 1521—1522 页。

② （清）朱寿朋编：《光绪朝东华录》第 5 册，第 5679 页。

如袁世凯在其奏议中所说的："期与大理院原奏吻合，以为法院编制之先声。"与此同时，袁世凯在幕府人员的建议下对两厅及谳局办事人员作了严格规定，要求他们必须是"就平日研究谳法暨由日本法政学校毕业回国之成绩最优者"，同时对"原有府县发审各员"则要求他们"先令学习研究，试验合格，按照分数高下，分别派充"，不能有任何滥竽充数的人员，而且对这些司法机构的雇用者也要求甚高，"皆由招考而得"。此外，幕府人员还对各个办事人员的职责做了明确的规定："写状录供，整理公牍，则有书记生；收受民事诉讼、递送文书传票，则有承发吏；搜查、逮捕、执行、处刑，则有司法警察。"通过这番改革，天津"积牍一空，民间称便"，特别是诉讼费大为减少，承发吏规费也较前为轻，"费省而事便，无从上下其手"，于是"民间翕然成风"①。可见，在天津所进行的司法改革是比较成功的。同时为了适应司法改革的需要，袁世凯幕府人员又积极建议设立专门的学堂以培养司法人才，于是 1906 年在保定设立法政学堂及其附设的法医学堂，1907 年在天津设立政法专门学堂、看守学堂、司法警察学堂。这些学堂的设立培养了新型的法律人才，对清末直隶地区的司法改革具有重大的意义。

袁世凯的幕府人员在天津帮助袁世凯实施的司法制度改革取得了一定的成效，为其他省的司法改革提供一定的经验，对于加强我国法制近代化起到了一定的促进作用。

三

袁世凯幕府人员所积极参与清末立宪的各种活动，除中央官制改革受到挫折外，在其他各个方面均比较成功并取得一定成绩，这对晚清社会以及袁世凯集团都产生了非常重要的影响。

从对整个社会来看，东三省的改革走在了前列。如在官制改革中，东三省设行省公署，所属各司均得与督抚一起共同办案，实行现

---

① 袁世凯：《奏报天津地方试办审判情形折》，天津图书馆、天津社会科学院历史研究所编《袁世凯奏议》下册，第 1492—1494 页。

场办公，从而建立起高效的决策机构，大大简化了办事手续，提高了工作效率，不仅适应了晚清推行新政的需要，也为清末地方各省的官制改革提供了模式。在经济方面，幕府人员开设银行，举借内债外债，为开发东三省的森林矿产资源提供了资金保障；他们还在奉天设立矿政调查局、森林学堂、种树工公所、农业实验场、官牧场、硝皮厂等，吉林和黑龙江也设立了类似的机构；他们除引进优良麦种外，还从澳洲引进了良种羊和拖拉机等新良种及新农具，对促进东北地区农牧业近代化进程做出了努力；他们还积极增开商埠，大力发展对外贸易，在徐世昌经营下一直维持着东三省对外贸易的出超地位。同时，他们还非常重视教育，各级地方学堂的设立以及留学生的派遣，培养了一批新式人才。由此可见，幕府人员在改革中所采取的一系列措施，使得东北在政治、经济、外贸、教育等各方面都发生了明显变化，大大推进了东北的近代化进程。清末的地方自治和司法制度改革，就全国范围而论，袁世凯幕府人员参与的天津地方改革成就最大，影响深远。随着天津地方自治的试办成功，直隶井陉、肥乡、长垣、宁津、清苑、献县、大兴、赵州、景州、卢龙、庆云等地或从开民智着手，或以筹设议事会为准备，或成立自治会、公议局、会议所，使地方自治得以普及。这些做法不仅在直隶各地得以推行，同时还被清政府作为样板在全国范围内推广，并产生了一定影响。对于接受新式教育的绅商来说，这为他们跻身地方各级政治舞台创造了条件，有利于改变传统的地方和基层权力机构，使地方政治体制逐渐转型，朝着民主自治的方向发展。由此不难看出，袁世凯的幕府人员对中国政治体制的近代化起了一定的推动作用。

从袁世凯北洋政治集团的利益角度来看，幕府人员在清末立宪活动中的作为起到了维护北洋集团的作用。在东三省的改革中，徐世昌担任东三省的总督后，便以急需军队加强边疆防务为由，奏请将陆军部刚刚从袁世凯手中收回的北洋军队抽调第三镇和第六镇全部以及第二、四、五镇的一部分带到东北，将在中央官制改革中部分已失的兵权重新收归袁世凯北洋政治集团。同时在徐世昌的努力之下，大量的北洋系人员云集东北。除上文所提到的之外，行政方面还有张元奇任锦州知府，后署奉天民政使；在军事方面有曹锟任第三镇统制，卢永祥调任第五统协统，王揖唐则为奉天督练所参议及吉林兵备分处总办等。这些措施使得袁世凯北洋集团的势力，一方面避免了在京津遭受满蒙贵族的打击，另一方面又使其势力扩张到东北地区，这对北洋系和东三省的发展都至关重要。幕府人员的活动不仅造就了自称"北洋袍泽"的奉系集团，而且在袁世凯被罢免回籍疗养之后使东北的北洋集团势力得以保全并发展，对于袁世凯个人及其集团的命运以及整个中国政局均产生了巨大影响。同时，袁世凯幕府人员在立宪运动中的积极表现，也使得立宪派对袁世凯产生极大好感，视他为国内宪政运动的中坚，并对其活动给予大力支持，扩大了袁世凯集团的社会基础。即使在袁世凯被罢黜暂时退出政治舞台时，立宪派仍与他保持着密切的联系，仍寄希望于他。辛亥革命之后，袁世凯北洋集团能够迅速东山再起，从资产阶级革命派手中获取政权，建立北洋政权，这在相当程度上与袁世凯幕府人员在清末立宪运动中的表现和取得的成绩，以及由此获得立宪派的认可与支持有极大的关系。

本文与李慧合作，系提交"全国首届袁世凯与北洋人物研究学术讨论会"论文，原载《晋阳学刊》2005年第1期，收入《袁世凯与北洋军阀》论文集（苏智良等主编，上海人民出版社2006年版）。

幕府与袁世凯练兵

中国的幕府最晚在战国时期已经出现，最初是指将帅的治所，后来被引申为文武各级长官的参佐人员。在中国历史的不同时期，幕府人员与幕主之间的关系不同，明清以前既是主客关系又是僚属关系，称为幕僚；明清时期则非行政隶属关系，而是朋友关系，称为幕友；晚清时期，地方大吏权力扩张，幕府也不断发展变化，命官入幕和幕府人员经幕主保荐而叙功得官已成普遍现象，幕府人员可称为幕僚。咸（丰）同（治）以后属员幕僚化的趋势增强，幕僚的来源更为广泛，规模扩大。袁世凯幕府正是在晚清时期形成的，幕府成员中既有在野名士，亦有当政官员，"各方人才奔走于其门者如过江之鲫"①，足见其规模之大。幕府在袁世凯的崛起过程中起了重大的作用，本文仅拟对幕府在袁世凯练兵活动中的作用做些探讨。

一

袁世凯的幕府人员在袁世凯的练兵过程中翻译了大量的西方兵书，并把练兵过程中的一些经验加以总结提炼，从而制定了一系列的军制、法典、军规、条令和近代战略战术原则，使练兵有章可循。

在翻译西方兵书方面，徐世昌比较突出。1897 年 8 月，徐世昌"应慰亭之聘至小站任总理本军参谋营务处，为考阅各学堂文卷，考

---

① 张一麐：《古红梅阁笔记》，上海书店出版社 1998 年版，第 43 页。

核兵目操法，校订行军攻守阵式图说，改订讲训各兵官功课，自习英文"①。在他的提议、主持和影响下，翻译介绍了一批西方和日本的近代军事著作，诸如《战法学》《战略学》《陆战新法》《德国军政要义》《日本陆军大学战术讲义》等。特别是在1911年春，由保定军官学堂学生潘毅等人组织编译的《大战学理》正式由陆军教育研究社印行，这是克劳塞维茨《战争论》在我国的最早译本，对我国军界的影响至深且巨。冯国璋曾以清朝驻日公使裕庚随员身份赴日，考察日本军事，结交日本军界人士福岛安正（后任日本士官学校校长）、青木宣纯（后任袁世凯的军事顾问）等人，并博览大批近代军事著作，取得了大量有关军事教练的资料，抄录和整理了数本有关军事训练和近代军事科学发展的"兵书"，1896年回国由聂士成推荐进小站辅助袁世凯练兵。袁世凯视冯国璋所整理的军事资料为"鸿宝也"，并称赞冯国璋"军界之学子无愈公者"②。

在翻译西方兵书的基础上，幕府人员大胆地为袁世凯改革军事出谋划策，编撰了一些军事操典与军事著作。1899年6月，段祺瑞、冯国璋、王士珍、阮忠枢、言敦源、沈宪祖、陆建章、丁云鹏等46人参考中外兵书，结合中国实际在小站"营中设局编纂各书，至是遵旨进呈《新建陆军操法详晰图说》（以下简称《图说》），计阵图一本，图说清折一件，操法图记十二本③，共22册，并把它作为随营学校教科书。《图说》开宗明义指出军队"训以固其心，练以精其技"，"兵不训罔知忠义，兵不练罔知战阵"。它对将、弁、兵提出不同要求：对将要求"上宣力于王室，下自奋于功名"，而将对下属官佐和士兵，则要训练成为自己"建功立业"的"爪牙腹心"；对弁要求懂得"高官显秩无难拾级而升，厚禄重糈可以操券而得"，对弁与兵士则要求建立"父兄""师傅"的封建关系；对士兵要求明白"自古将

① 贺培新辑：《徐世昌年谱》卷上，中国社会科学院近代史研究所近代史资料编辑室编《近代史资料》总69号，中国社会科学出版社1988年版，第19页。

② 张一麐：《冯国璋事状》，荣孟源、章伯锋主编《近代稗海》第5册，四川人民出版社1985年版，第598页。

③ 《训练操法详晰图说》，沈云龙编《袁世凯史料汇刊》第4册，台北文海出版社1966年版，第5页。

多行伍","命该不死自然生","安分守己把钱剩","必然就把头目升"。可见，袁世凯训将、训弁、训兵的指导思想，仍是依照封建宗法思想。《图说》在军事训练方面则照德日操典，后来成为清朝末年中国军事学校和编练新军的主要教材。① 而在此前一年，段祺瑞等"新纂《新建陆军兵略录存》全书成"②，"约分四类：曰章制，全军纲领隶之；曰禁令，士卒纪律系之；曰训条，懂劝教戒属之；曰操法，步伐攻守归之"③。将《练兵要则》《营制》《饷章》与《募订洋员合同通稿》等汇编进去。这两部书将德国和日本的陆军操典与制度融为一体，对西方最先进的军事制度和战略战术原则有了相当深刻的理解，从而把近代西方兵学引入了中国，对新建陆军的章程、法典、军规、条令和近代战法等都做了明确规定。北洋将弁学堂（后改名陆军建成学堂）总教习贺忠良编的《战法学教科书》，从客观角度来探讨兵学分类，阐述战争定义、原则和宗旨，初步评说了战争与战斗、战略与战术的辩证关系，是一本较全面介绍近代资产阶级军事理论的著作。1906年北洋武备学堂研究所刊印的《军器学》，从火药的性能、种类、结构、制造方法、保存和运输直至火器源流，枪炮种类、构造、性能及制造等方面都详加解说，是介绍近代火器的代表作。北洋武备研究所编印了《防守学》《测绘学》《地舆学》《炮学》《军刀操法》《测绘兵语》等。此外，冯国璋还总结其实践经验进行撰写工作，"兵法、操典、营制、饷章及各项图说，次第成书"④，对理论的完善起了重要作用。

1902 年，徐世昌、阮忠枢、沈祖宪、言敦源等为了练兵和军事学堂教材的需要，主持编撰奏准印行了《军政司试办章程折》《练兵要则》《陆军训练简易章程》《训将要言》《训哨弁要言》《训学堂学生要言》《夜战防守暂行章程》以及《续订夜战章程》《马队操练应改

---

① 中国社会科学院近代史研究所中华民国史组编：《中华民国史资料丛稿·专题资料选辑》第 2 辑，中华书局 1978 年版，第 2—3 页。

② 贺培新辑：《徐世昌年谱》卷上，中国社会科学院近代史研究所近代资料编辑室编《近代史资料》总 69 号，第 21 页。

③ 段祺瑞等纂：《新建陆军兵略录存》，沈云龙编《袁世凯史料汇刊》第 4 册，第 4 页。

④ 张一麐：《冯国璋事状》，荣孟源、章伯锋主编《近代稗海》第 5 册，第 598 页。

各法》《改正行军未能合法各条》《战法教程》《测绘教程》等书，对西方的近代训练教程进行全面改造和利用。王士珍、段祺瑞、冯国璋一起编订了《募练新军章程》《北洋常备军营制饷章》等新军章制。同时袁世凯幕府人员又结合中国实际，制定了《拟定陆军军官军佐任职》《陆军人员补官体制摘要章程》《练兵处暂行试办章程》《督练处试办章程》《陆军人员升迁调补暂行章程》《练兵处各司联系军队规划》《检阅规则》等。这些章程对新建陆军的机构设置、营制饷章、招募格式、提拔标准、操练方法、检阅规则等都作了明确的规定，对于各兵种士兵的训练规定得尤为详细。它们既为北洋新军的训练和人才的培养提供了实践依据，又提供了理论依据；既充分吸收了西方的军事科学最新成果，又大量融合了中国传统的兵法，把吸收与改造结合在一起，使其更有效地为新建陆军及以后的各军训练提供了系统性的依据与规范。

二

编练新式军队需要大量具有近代军事知识的指挥人才。袁世凯很注意延揽新式军事人才，在小站对一批北洋武备学堂的毕业生委以重任，授予训练指挥实权，到1896年4月，北洋新军中武备学堂学生充任统带、帮带、领官、哨官、教习者已达一百三十余人。随着练兵规模的扩大，需要不断补充新式人才。袁世凯认为，传统的选将法"多以壮年奋勇，荐擢职衔，至暮年精力就衰，勇气消磨，仅以旧有虚名分任兵事，不但于各国兵学毫无领略，即中土古今名将治军之道，亦属茫然"①。因此，为了保证新军在新式军事人才上的需求，"尤觉设立学堂为练兵第一要义"②。在开设军事学堂、培养新式军事人才方面，袁世凯幕僚们做了很多工作。

在幕府人员的帮助下，袁世凯设立了多所军事学堂。由段祺瑞帮助袁世凯在保定创办并任总办的就有保定参谋学堂、保定武备学堂和

---

① 《新建陆军兵略录存》，沈云龙编《袁世凯史料汇刊》第4册，第68页。
② 同上书，第69页。

保定测绘学堂，其中保定参谋学堂旨在造就幕僚干部，张联棻、熊秉琦、靳云鹏、陈调元、段芝荣等即出身于此。由段祺瑞任督办的保定军官学堂里的学员中著名的有王承斌、孙岳、马毓宝等，1910年迁往北京后改名为陆军大学。由冯国璋任总办、张玉钰任帮办的练官营分步、马、炮、工四队，专门培养训练各兵种军官。其他重要的学堂尚有保定将弁学堂和保定速成武备学堂，前者招募旧军将官及侍卫等入堂肄业，相当于后来的将校研究班；后者旨在培养陆军中下级干部，学生中著名的有李景林、齐燮元、杨文恺等，1910年改为陆军军官学堂，民国时称为陆军军官学校。1904年，北洋陆军各学堂都由段祺瑞督办，段颇信任陆军速成（及早期）军官学生，不重用国外陆军留学生。此外，他们还设立了军医学堂、马医学堂、经理学堂、军械学堂、电讯学堂、宪兵学堂等专科学堂和陆军小学堂、讲武堂、学兵营等基础学堂，① 从而建立了一个等级与门类都比较完整的军事教育体系，有利于系统地培养军事人才。

幕府人员还帮助袁世凯设置随营学堂，在士兵中选出优秀者，并根据他们的条件安排在不同的学堂学习。在段祺瑞等编写的《兵官学堂试办条规》中，就对进入兵官学堂的士兵标准做了规定："本军添设学堂，专为造就将才起见。挑选学生必须质敏体健，相貌魁梧，性情忠实，兼能粗通文艺者，始准入选。"② 袁世凯幕僚在1898年4月创设德文、炮队、步队、马队四项随营武备学堂，于所部挑选学生入堂，按学生文化程度与年龄等不同条件分别进入不同学堂。德文官弁学生要求"年幼伶俐，文字较优者"，"派管带工程营洋员魏贝尔为总教习"；炮队官弁学生要求"年力强壮，文字稍次者"，"派统带炮队营，出洋武备学生段祺瑞充当监督，兼有代理总教习"③；步队官弁学生派帮梁华殿充当监督兼代理总教习；马队派洋员曼德加教以测绘、武备各学。这些学生除饷银外另有津贴，并"至周年请给功牌，

① 张国淦：《北洋军阀的建立》，杜春和、林斌生、丘权政编《北洋军阀史料选辑》上册，中国社会科学出版社1981年版，第33页。

② 《兵官学堂试办条规》，沈云龙编《袁世凯史料汇刊》第5册，台北文海出版社1966年版，第1154页。

③ 《新建陆军兵略录存》，沈云龙编《袁世凯史料汇刊》第4册，第69—70页。

二年汇请保奖",除德文学生外,至"炮、步、马各学生","计两年后即可选充官弁"①,从而使全军将士的文化与军事理论素养得到了提高。后来编练新军的将校官弁,大多数就来源于随营学堂的学生。袁世凯1902年在奏折中称:"其毕业诸生材艺有成者,或拔任营员,或经湖北、山西、陕西各省纷纷咨调,派充教习营弁。""近时直隶募练新军,所派将校官弁,亦多取材于此。"②

除了在国内举办军事学堂以培养人才外,袁世凯幕府还把学员送出国门,到国外接受更直接的军事学习与熏陶。1902年,从原小站随营兵官学堂的学生中"其志期远到者,并经臣遴选五十余名派赴日本游学以资深造"③。这些人到日本后,进入陆军学堂学习军事课程。日本的军事学校训练内容先进,要求严格,到日本的军事留学生本身素质较高,军事技能较强,在日本深造后又上了一个台阶,回国后就成为编练新军的主力。这批人的军事学术水平远远高于北洋各军将领,更能适应袁世凯建立新式军事学堂教学和管理的需要。

通过举办新式军事学堂、派遣军事留学生,幕府人员为北洋集团培养了大批新式军事人才,为袁世凯势力的增长奠定了人才方面的基础。

三

兵力的强弱与选募士兵的关系极大。袁世凯编练新军不仅重视对将官的培养与选拔,同时也注意士兵的招募,虽然一开始仍沿用湘、淮军的招募制,但在具体的操作上却参照西方征兵章程,严格招募和训练士兵的标准,后来对募兵制度进行改革基本上依照先进国家的近代征兵制度。袁世凯的幕府人员仿照西方募兵制,严格规定士兵的入伍标准,认真挑选,对士兵的外形及品德、文化素质都有规定。

---

① 《新建陆军兵略录存》,沈云龙编《袁世凯史料汇刊》第4册,第70页。
② 袁世凯:《武卫右军随营学堂两届期满各学生择优请奖折》,天津图书馆、天津社会科学院历史研究所编《袁世凯奏议》中册,天津古籍出版社1987年版,第552页。
③ 同上。

小站练兵伊始，幕府人员就在募兵格式中规定了招募士兵的标准："年限二十岁至二十五岁"，"力限平托一百斤以外"，"身限官裁尺四尺八寸以上"，"步限每一时行二十里以外"，"取具邻右保结"，"报明家口住址"，"曾吸食洋烟者不收"，"素不安分、犯有事案者不收"，"五官不全、手足软弱、体质多病及有目疾者不收"。同时在饷章上对有文化的士兵给以优待："有能初通文意者，口粮照头目例。"① 1902 年贴出的招募号兵告示规定了格式："年限十八至二十岁"，"力限平举一百斤"，"身限官裁尺四尺八寸以上"，"步限每一时行二十里以外"，"取具邻右保结"，"报明三代家口住址、箕斗数目"，"曾吸食洋烟者不收"，"素不安分、犯有事案者不收"，"五官不全、手足软弱、体质多病及有目疾者不收"。"募齐后归总教习王恩发教练时，每月给饷银三两五钱。"② 在具体操作上，士兵一方面从旧军中择优选用，如在小站练兵时，对原有的定武军进行严格测试，遣散不合格及老弱病残者，在山东改编山东旧军，挑选其中条件较好的士兵；另一方面到各地招募新兵，幕府人员被派到各地选募壮丁，"刻派副将吴长纯等，分往淮、徐、齐、豫，认真选募"③。并按士兵个人条件编入不同兵种的营队，将队伍扩大到 7300 人，改名为"新建陆军"。袁世凯任直隶总督兼北洋大臣后，1902 年"谨就筹画所及，厘订募兵章程十九条，遴委臣部武卫右军营务处候选道王英楷、王士珍等分赴正定、大名、广平、顺德、赵州、深州、冀州各属，会同各该地方官按属匀派，精选壮丁六千人，即令该道等分领训练"④。在保定编成 10 营，进行训练，从而创练了常备军（新练军）。经过精挑细选出来的士兵，面貌一新，时人描绘小站新建陆军："该军仅七千人，勇丁身量一律四尺以上，整肃精壮，专练德国操。马队五营，

① 《新建陆军兵略录存》，沈云龙编《袁世凯史料汇刊》第 4 册，第 87—88 页。

② 《募兵告示》，天津《大公报》1902 年 8 月 29 日第 4 版。

③ 沈祖宪：《养寿园电稿》，沈云龙编《袁世凯史料汇刊》第 3 册，台北文海出版社 1966 年版，第 272 页。

④ 刘锦藻撰：《清朝续文献通考》第 2 册，浙江古籍出版社 2000 年影印本，第 9515 页。

各管按方辨色，较之淮练各营，壁垒一新。"① 袁世凯幕府人员根据士兵文化程度来发放饷银，并从其中挑选出优异者进入随营学堂深造。

除了在实际操作中认真挑选士兵外，幕府人员还将募兵标准制度化。1902 年 2 月，根据袁世凯命令，幕府人员在新建陆军募兵章程的基础上，修订成募兵格式八条，严格了入伍新兵的选拔。同时修订募练新军章程十一条，率先在中国仿行外国的征兵制度，开始招募新军，使士兵颇具有义务兵的性质。他们仿照外国制定创练常备兵的营制饷章，将军队分为常备兵、续备兵和后备兵三种，区分为现役和预备役，首次在中国实行。常备兵也是仿照外国的师团而定，以两镇为一军，每镇辖步队 2 协、马队 1 标、炮队 1 标、工程队 1 营、辎重队 1 营，营下为队、排、棚，全镇共 12512 人。至 1905 年，共练成北洋常备军六镇，即后来的陆军第一、二、三、四、五、六镇。

在这种严格的标准下选募出来的士兵素质都比较高，接受近代化的训练就相对容易，从这些士兵中提拔起来的将官素质也相应提高，使得整支军队的军事素质不断提高。

早在朝鲜练兵时期，袁世凯在幕府人员的帮助下，就注意士兵的操练与训导。袁世凯原为吴长庆军中幕僚，在镇压朝鲜"壬午兵变"中大显身手而得吴长庆的信任，朝鲜国王看重袁世凯的军事才能，向吴长庆索去为其练兵。袁世凯制定章程，选练士兵，还专门请了一个刚从德国回来的王姓留学生做教习。此时的练兵虽说请了自德国归国者，但仍用中国古代的练兵方法，颇似战国时代孙子为齐国练兵，通过严格纪律使全军听从号令，从而达到了"技艺娴熟，步伐整齐，堪称劲旅"的效果。② 朝鲜练兵可以说是袁世凯及其幕府在训练军队上的初步尝试。由于袁世凯读书并不用功，又未进过军事学堂接受正式的军事教育，他在朝鲜练兵主要依靠在吴长庆军营中历练的经验，加上他对军事感兴趣，处处留心，才取得了一些小小的成绩，但为朝鲜编练新军的土办法不可能编练出近代化的军队。不过，袁世凯并未囿

---

① 陈夔龙撰：《梦蕉亭杂记》，北京古籍出版社 1985 年版，第 64 页。

② 沈祖宪、吴闿生：《容庵弟子记》，沈云龙编《袁世凯史料汇刊》第 9 册，台北文海出版社 1966 年版，第 14—15 页。

于练兵旧法，而是接受幕僚们的建议，在幕府人员的帮助下完全采用西法编练军队。

在具体的训练过程中，袁世凯聘请了一批德国军官充当教习，还起用了很多天津武备学堂的优秀毕业生为将官。新军的技术训练主要靠幕府外籍人员，如巴森斯负责全军的训练和作战演习，施壁士和伯罗恩负责操场训练，魏贝尔是礼节兼军械稽查，祁开芬为炮兵教习，曼德为马队稽查兼教习，慕兴礼为德文教习，高士达为号兵乐队总教习兼稽查，他们向袁世凯条陈操法、条规，制定出各种规章制度并监督实行。对于天津武备学堂的优秀毕业生，袁世凯给予他们指挥和训练的实权，如段祺瑞、冯国璋、王士珍、曹锟、张怀芝、段芝贵、王英楷、陆建章、李纯、田中玉、杨善德、王占元、鲍贵卿、田文烈、陈光远、何宗莲、李长泰、钟麟同、刘承恩、邱开浩、商德全、王汝贤、张永成、吴金彪、马龙标、梁华殿等，分别担任统带、帮统、领官、哨官、哨长以及督操营务处稽查先锋官或教习。在新建陆军中，训练制度也得到了完善，士兵一入伍先进行三个月的基本功训练，然后再进行兵种训练和作战训练，"始练以步伐身手各法，次练以布阵变化诸方，再练以行军驻扎攻守调度之道。此则步炮马工各队之所同也"①。不同兵种的士兵在其后训练的侧重点不同，"若夫步队以起伏分合为主，炮队以攻坚挫锐为期，马队以出奇驰骤为能，工程队以尽地利备军资为事，则又在乎各致其精"，并"实按战阵之规，作平时操练之式，即以操练之法，备异日战阵之需"②。通过严格的招募和训练，使新军的素质有了很大的提高，战斗力也逐渐增强。

在用西法操练、提高军事技术水平的同时，段祺瑞、冯国璋、王士珍等也注意用传统的封建道德来控制将士的思想，使该军上下都听命于袁世凯，同时辅以严格的纪律约束。他们认为"夫训不率教，贵有律以齐之"，训与练"权其轻重"，"训为最要"③。因此，在他们编

① 《进呈练兵图册折》，天津图书馆、天津社会科学院历史研究所编《袁世凯奏议》上册，天津古籍出版社1987年版，第34页。
② 《训练操法详晰图说》，沈云龙编《袁世凯史料汇刊》第4册，第3—4页。
③ 同上书，第47—48页。

写的《训练操法详晰图说》中，第一册就是关于对将、弁、兵进行思想教育的内容，包括《训将要言》《训哨弁要言》《训兵要言》等，要求他们为国效忠。《训将要言》要求将"首在植品节而矢忠诚，任国家之事权，当思所以称职；受朝廷之禄位，当思所以图报。惟时时以尽瘁为心，事事以奉公为念"。《训哨弁要言》要求哨弁为士卒"父兄""师傅"，身兼"教养之权"，"夫军旅所以设尔职，国家所以豢尔身，其责望者，重也。平时之教诲、体恤、约束、训练，临阵之奋身率先，发纵指示，皆唯尔是赖"①。《训兵要言》要求士兵励忠义，敬官长，守营规，勤操练，奋果敢，卫良民，怀国耻，惜军械，崇笃实，知羞恶。他们还编制了《劝兵歌》，以通俗易懂的歌谣形式向识字不多的士兵灌输忠孝思想，通过对将、弁、兵进行封建忠义思想的灌输，使全军上下都听命于袁世凯。

四

在袁世凯的练兵过程中，幕府人员不仅在制定章程、培养人才、训练士兵等方面帮助袁世凯，而且还通过各种途径为袁世凯疏通关系，争取练兵机会，清除外围障碍，使袁世凯能够始终都控制着其赖以生存的军队。

甲午中日战争期间，袁世凯对中国和日本的力量对比有着比较清楚的认识，料定中国必败，而李鸿章也将因战败而失势，因此在北京积极活动，攀缘达官显贵，寻找新的靠山。在这个过程中，幕府人员起了很大的作用。清流派首领李鸿藻一向与李鸿章政见不同，此时奉命商办军务，再次担任军机大臣。袁世凯认为李鸿藻已经得势，便通过其幕僚徐世昌结识了李鸿藻。为了攀附李鸿藻，袁世凯向李鸿藻拜门，并与李鸿藻之子李煜瀛来往极密。他上书李鸿藻，大谈战法兵事，②使李鸿藻逐渐相信他知兵。当时，荣禄已是慈禧太后的宠臣，

---

① 《训练操法详晰图说》，沈云龙编《袁世凯史料汇刊》第 4 册，第 57 页。
② 《袁世凯禀》，中国史学会主编《中国近代史资料丛刊·中日战争》第 5 册，新知识出版社 1956 年版，第 215—220 页。

袁世凯便想方设法与荣禄攀上关系。关于袁世凯结交荣禄有几种说法。一种说法是通过阮忠枢来结交荣禄的。袁世凯与其兄袁世敦书云："正在侘傺无聊之时，忽遇契友阮君斗瞻（忠枢）愿作曹邱生，劝弟投其居停李总管（莲英）门下，得其承介晋谒荣中堂。"① 另一种说法是通过路辛甫。袁世凯在甲午战后召集幕僚写成兵书，"无术进献，念当时朝贵中，惟相国荣禄，深结主知，言听计从，顾素昧生平，无梯为接。侦知八旗老辈有豫师者，最为荣所信仰，又侦知豫公独与阎相国敬铭相得，阎为路闰生入室弟子，又申以婚姻，非路氏之言，不足以动之。因念路氏子弟有在淮安服官者，家于淮安，而项城之妹夫张香谷，系汉仙中丞之子，亦家淮安，必与路氏相稔。遂托香谷以卑礼厚币，请路辛甫北来，居其幕中为上客，由辛甫以见阎文介，由文介以见豫师，由豫师以见荣文忠，层递纳交，果为荣文忠公所赏。项城遂执贽为荣相之门生"②。袁世凯督练新军，陈夔龙在《梦蕉亭杂记》中称："甲午中日之役失败后，军务处王大臣鉴淮军不足恃，改练新军。项城袁君世凯，以温处道充新建陆军督办。该军屯兵天津小站，于乙未冬成立。当奏派时，常熟（翁同龢）不甚谓然，高阳（李鸿藻）主之。"③ 后来陈夔龙告诉张国淦，当时李鸿藻首先推荐袁世凯新建陆军完全出于爱才之意，荣禄则是另有野心。另据《容庵弟子记》云："时军机大臣为翁相同龢、李相鸿藻、荣相禄，而李相尤为激赏公，以公家世将才，娴熟兵略，如令特练一军，必能矫中国绿防各营之弊。亟言于朝，荣相亦右其议。嘱公于暇时，拟练洋操各种办法上之。"④ 袁世凯在接受"训练新建陆军"命令时深深知道，当时官场中的惯例，仅有朝中大员对他的推荐是不够的，更重要的是走内线。恰巧他从前在旅途中结识的阮忠枢，这时候正在李莲英的弟弟家里处馆。李莲英弟弟的家，实际上就是李莲英的家，

① 张国淦：《北洋述闻》，上海书店出版社1998年版，第2页。不过，据张国淦称，他曾在民国初年就此事面询阮忠枢，阮忠枢当时没有承认。

② 王伯恭：《蜷庐随笔》，山西古籍出版社、山西教育出版社1999年版，第25页。

③ 陈夔龙：《梦蕉亭杂记》，第64页。

④ 沈祖宪、吴闿生：《容庵弟子记》，沈云龙编《袁世凯史料汇刊》第9册，第72页。

袁世凯就通过阮忠枢和李莲英拉上了关系。等到醇亲王载沣、庆亲王奕劻会同军机大臣保举他来训练新军的时候，慈禧太后很快就批准了。这件事，李莲英是起了很大的作用的。① 可见袁世凯得以在小站练兵，系由李鸿藻出面推荐，荣禄极力主持，李莲英暗中使劲促成的。因此，袁世凯是由其幕府为其牵线搭桥，结交当时的显要权贵，从而得以由他们推荐继胡燏棻之后督办新军。

袁世凯到小站上任才四个月，监察御史胡景桂就参劾他"徒尚虚文，营私蚀饷，性情谬妄，扰害一方"②。清廷见胡氏"摭拾多款参奏"，便派北洋大臣荣禄"负责确查"，与徐世昌同榜进士在兵部供职的陈夔龙偕同前往。袁世凯听到这个消息觉得"又为人一棒呵出"，"所有夙志，竟至一冷如冰"③。陈夔龙与徐世昌既为同年，又均拜翁同龢为师，私交甚厚，而陈夔龙在出行前与徐世昌深谈良久。荣禄与陈夔龙到小站调查发现胡景桂所奏基本属实，"迨参款查竣，即以擅杀营门外卖菜佣一条，已干严谴。其余各条，亦有轻重出入"。但他们同时也看到新建陆军"较之淮练各营，壁垒一新"，"参用西法，生面独开"，故决定"不如乞恩姑从宽议，仍严饬认真操练，以励将来。复奏上，奉旨俞允"④。这种结论的大逆转，除了荣禄对袁世凯的袒护外，也离不开徐世昌利用与陈夔龙的关系进行的运动，使袁度过了一场"至轻撤差"的大祸，而如果被撤职，袁世凯的政治生涯也就基本结束了。可见，部分是由于徐世昌的积极活动，才使得袁世凯能继续在小站待下去，练成其日后所有政治活动之基石的新军。

1903年荣禄死后，庆亲王奕劻得以绾领中枢，成为领军机大臣。袁世凯就对奕劻下功夫，由其幕僚杨士琦出面联络。杨士琦曾在李鸿章的胞兄李瀚章府中为幕。李鸿章因甲午战败失势，李瀚章也开缺了。1900年李鸿章做了两广总督，就把杨士琦带到广东。后来李鸿章

① 袁静雪：《我的父亲袁世凯》，吴长翼编《八十三天皇帝梦》，文史资料出版社1983年版，第8页。

② 《清实录》第57册，中华书局1987年影印本，第70页。

③ 天津博物馆编：《袁世凯致徐世昌函》，中国社会科学院近代史研究所近代史资料编辑室《近代史资料》总37号，中华书局1978年版。

④ 陈夔龙：《梦蕉亭杂记》，第65页。

奉命议和，仍回北洋，杨士琦也同到北京参预机密。杨士琦常奔走于
奕劻与李鸿章之间，与奕劻几乎天天见面。袁世凯了解到这一情况，
就把他留在北洋幕中。得知奕劻入军机处的消息后，袁世凯立即派杨
士琦送银10万两给奕劻。可见，通过杨士琦袁世凯拉近了与奕劻的
关系，并以他为靠山，保住了他在直隶总督的位置，也相应地保住了
他的北洋六镇，并利用奕劻的关系发展北洋势力。

正是由于幕府人员帮袁世凯疏通关系，袁世凯才结识了当权者，
从而得到了练兵的机会；也正是由于幕府人员的帮助，袁世凯才能清
除外围障碍，保住其编练新军的机会，从而也就保住了他飞黄腾达的
这个资本。

综上所述，在袁世凯练兵的过程中，幕府人员的倾力相助是新军
得以练成的重要因素。袁世凯编练的新军是中国历史上一支近代化的
军队，在中国军事史上占有重要的位置。袁世凯的幕府人员苦心经
营，仿照西法训练，并将西方的军事理论与中国的传统思想糅合，在
招募训练、制订规章制度、编译军事著作、举办军事学堂、培养新式
军事人才等方面都取得了重要的成绩，大大推动了中国军事近代化进
程。同时，北洋新军的建成与壮大也为袁世凯北洋政治集团的发展提
供了必要的准备和强有力的支持。

本文与刘文军合作，系提交"全国首届袁世凯与北洋人物研究学
术讨论会"论文，原载《晋阳学刊》2006年第2期，收入《袁世凯
与北洋军阀》论文集（苏智良等主编，上海人民出版社2006年版）。

试论晚清时期袁世凯幕府的特色

晚清时期幕府盛行，形成了几个比较重要的幕府，袁世凯幕府就是其中之一。较之于曾国藩、李鸿章、张之洞等人的幕府，袁世凯幕府在发展过程中逐渐形成了自己的特色。本文即拟对袁世凯幕府的特色作些探讨。

一　幕府人员来源广泛

袁世凯幕府人员的来源非常广泛，可谓上至翰林，下有老粗，各色人物样样俱全，不分地域，不拘资格，不限流品，不计亲疏，兼收并蓄，唯才是举。

曾国藩幕府中有籍贯可考者88人，其中湖南籍21人，占24%。[①]李鸿章有着较强的乡土观念，所以幕府中安徽同乡较多，如周馥与徐先路是安徽建德人，凌焕与方鸿是安徽定远人，刘瑞芬、刘含芳兄弟是安徽贵池人，薛时雨与张保衡是安徽全椒人，涂宗瀛、李元华是安徽六安人，徐文达、何慎修是安徽南陵人，韩殿甲、戴宗骞是安徽寿州人，徐宗亮、疏长庚、吴汝纶是安徽桐城人，赵曾重、王恩培是安徽太湖人，胡燏棻、杨士骧是安徽泗县人，倪文蔚、陈树屏是安徽望江人，袁大化、薛元启是安徽涡阳人，等等。[②]

但是，袁世凯幕府则明显不同。袁世凯的乡土观念极为淡薄，他

---

① 李鼎方编：《曾国藩及其幕府人物》，岳麓书社1985年版，第9—19页。
② 马昌华主编：《淮系人物列传——文职、北洋海军、洋员》，黄山书社1995年版，第232—269页。

考虑更多的是怎样广泛地招揽有用之才，而不是他们来自哪里，也不会对自己的同乡格外照顾。袁世凯幕府中的河南籍者寥寥可数，有刘永庆、吴凤岭、赵国贤、王凤岗、唐天喜、赵秉钧等人，更多的则来自全国各地。一些重要的幕府人员都非河南籍，"北洋三杰"中的段祺瑞是安徽合肥人，冯国璋是直隶河间人，王士珍是直隶正定人，首席军师徐世昌则是直隶天津人，幕府中的外交家唐绍仪是广东香山人，官场交际高手杨士骧、杨士琦是安徽泗县人，北洋"财神"梁士诒是广东三水人，实业家周学熙是安徽建德人，幕府的重要文案阮忠枢是安徽合肥人，张一麐是江苏苏州人，傅增湘是四川江安人，近代教育家严复是福建侯官人。① 新政的得力助手凌福彭是广东番禺人，金邦平是安徽歙县人，黎渊是贵州遵义人等。其他重要幕僚如姜桂题是安徽亳州人，雷震春是安徽合肥人，王占元是山东馆陶人，徐邦杰是江苏句容人，段芝贵是安徽合肥人，陆建章是安徽蒙城人，李纯是直隶天津人，② 梁如浩是广东香山人，陈昭常是广东新会人，等等，也都是来自全国各地。

与其他幕府相比，袁世凯幕府中也有大量的外籍人士，但主要是日本人。曾国藩的幕府中没有外籍人士，李鸿章幕府中的外籍人士大多是美国人和英国人，如马格里、琅威理、宓吉、马格禄、金达等都来自英国，丁家立、毕德格、德尼、科士达等则来自美国。③ 张之洞幕府中的外籍人士大多是德国人，如法勒根汉、根次、何福满、毕盘希、雷芬、赖格、柏庐、欧拔次、威勒西、马驹等人，④ 日本人很少。袁世凯幕府中有很多日本人，在军事方面，青木宣纯为军事顾问，立花小一郎、坂西利八郎为练兵顾问，少佐金竹为军政司参谋处的顾问，嘉瑞为教练处顾问，中川为兵备处顾问。⑤ 还有二等军医正平贺精次郎，步兵少佐寺西秀武、野泽悌吾、沓谷荣辅、佐藤安之助，骑

① 沃丘仲子：《近现代名人小传》下册，北京图书馆出版社2003年版。
② 李宗一：《袁世凯传》，中华书局1980年版。
③ 马昌华主编：《淮系人物列传——文职、北洋海军、洋员》，第419—433页。
④ 苑书义等主编：《张之洞全集》，河北人民出版社1998年版。
⑤ ［日］山根幸夫：《袁世凯与日本人》，中国人民政治协商会议天津市委员会文史资料委员会编《天津文史资料选辑》第37辑，天津人民出版社1985年版，第82页。

兵少佐嘉悦敏，步兵大尉贺宗之均，宪兵少佐海津政德，骑兵大尉黑川敬藏，辎重兵大尉近藤义第，工兵大尉后藤利一郎，炮兵中尉渡濑次郎，炮兵大尉岩田美辉、木堂直枝等，① 也都是袁世凯练兵方面的顾问。其他如渡边龙圣是教育顾问，古城梅溪、西村丰三郎是医疗行政顾问，冈田朝太郎是法学顾问，佃一豫是金融顾问，楠原正三是农业顾问，藤井恒久、盐田真是工业顾问，下村孝光是印刷顾问，等等。②

二　极强的实践创新能力

袁世凯设置幕府是为了用人，因此他所延聘的幕府人员都具有较强的实践创新能力。

袁世凯幕府中有许多人非常关注政治尤其是宪政改革，不仅提出改革理论，而且还积极投身于改革实践。这是晚清其他幕府人员做不到的。

李鸿章幕府中的不少人都认识到中国的政治制度落后于西方，自冯桂芬提出"君民不隔不如夷"后，很多人都关心并试图解答这个问题。马建忠在欧洲留学期间曾致信李鸿章说，西方国家"学校建而智士日多，议院立而下情可达。其制造、军旅、水师诸大端，皆其末焉者也"③。此后，郭嵩焘、薛福成等作为出使大臣相继到达欧洲，通过实地考察，均赞同马建忠的观点，指出议院"通君民之情"，是欧洲各国的"立国之本"。而郑观应更极力要求在中国实行议会制度，希冀清政府"下仿泰西之良法，体察民情，博采众议，务使上下无扞格之虞，臣民泯异同之见"④，首倡在中国实行君主立宪制度。但是，李

---

① 来新夏主编：《中国近代史资料丛刊·北洋军阀》第 1 册，上海人民出版社 1988 年版，第 631 页。

② ［日］山根幸夫：《袁世凯与日本人》，中国人民政治协商会议天津市委员会文史资料委员会编《天津文史资料选辑》第 37 辑，第 82 页

③ 马建忠：《适可斋纪言纪行》，沈云龙主编《中国近代史资料丛刊》第 16 辑，台北文海出版社 1968 年版，第 80 页。

④ 夏东元编：《郑观应集》上册，上海人民出版社 1982 年版，第 103 页。

鸿章的幕府人员对晚清的政治改革，也仅止于此。

袁世凯的幕府人员则完全不同。清末"立宪之声，嚣然遍天下"①，"于是海内士夫，动色相告，立宪之声，遍于朝野"②。幕府人员不仅使袁世凯由"尚须缓以俟时"③ 的态度转变为"有敢阻立宪者，即是吴越（樾）"④ 积极态度，还使他上奏清廷"奏请简派亲贵，分赴各国，考察政治，以为改政张本"⑤。同时幕府人员还参与到清政府的立宪改革当中。袁世凯奉命入京参加编纂官制时，其幕府人员也正式参与中央官制的改革。"昨日已有旨宣示，急为立宪之预备，饬令先行更定官制"，"著派载泽、世继、那桐……徐世昌、陆润庠、寿耆、袁世凯共同编撰"⑥，身为朝廷重臣的徐世昌获得机会与袁世凯等共同主持编纂官制。徐世昌不仅对考察宪政的五大臣关于立宪的提议（由张一麐所代拟的官制改革内容）竭力维护，同时还积极安排袁世凯幕府人员进入编纂官制局，使幕府人员获得政治改革实践的机会。幕府中号称"二琦"的杨士琦、孙宝琦先后被安置于官制局担任提调，以周树谟为副，而后金邦平、张一麐又进京作为官制局起草委员，可以说编纂官制局完全由袁世凯幕僚所掌握。于是，由"二琦"等所主持的编纂官制局，出台了新官制的改革方案。由于进入官制局的这些幕府人员大都是东西洋留学归国学生，所以这套官制改革方案，核心是设立内阁制度，"内阁有总理大臣，各部尚书，亦均为内阁政务大臣，故分之为各部，合之皆为政府，而情无隔阂，入则参阁

① 中国史学会主编：《中国近代史资料丛刊·辛亥革命》第 2 册，上海人民出版社、上海书店出版社 2000 年版，第 432 页。

② 蛤笑：《论中国立宪之难》，《东方杂志》1907 年第 5 期。

③ 曹从坡、杨桐主编：《张謇全集》第 6 卷，江苏古籍出版社 1994 年版，第 865 页。

④ 孙宝瑄：《忘山庐日记》，《续修四库全书》第 581 册，上海古籍出版社 2002 年版，第 351 页。

⑤ 中国史学会主编：《中国近代史资料丛刊·辛亥革命》第 4 册，上海人民出版社、上海书店出版社 2000 年版，第 4 页。

⑥ （清）朱寿朋编：《光绪朝东华录》第 5 册，中华书局 1958 年版，第 5564—5565 页。

议，出则治部务，而事可贯通"①，通过增裁并改旧有行政机构，构建出一个名实相符的新政府机构体系，基本符合立宪与中国政治近代化的要求。"今所谓预备立宪之最急者，曰改革官制，夫官制之于宪政，精神复杂，人人知之"②。由于这套方案涉及权力归属的问题，"朝廷大哗，部院弹意蜂起"③，在清政府内部引起了尖锐的矛盾，并最终被否定。

这次失败并没有使幕府人员气馁，他们转而在地方自治上大展身手。金邦平与凌福彭共同筹办了天津自治局，还设立地方自治研究所，研究自治的学理法则。他们认识到"为治之道，必须官通民情，上下相信，而后举办要政，如响斯应"④，命令天津府属的七县派绅董入所学习，积极开展普及自治教育运动。在金邦平、凌福彭等人的努力下，自治局的自治普及教育开展得有声有色，为天津试办正式的地方自治做了非常必要的准备。接着，由金邦平、凌福彭所主持的自治局效仿日本的期成会，成立天津自治期成会，并由自治局全体局员及其所推举的士绅、劝学所和商会代表组成，共同讨论该局所拟的自治章程。经过调查后，天津各地方进行初选和复选，最终组成了天津议事会。袁世凯满意地表示："今日为天津议事会成立之日，可以为天津贺，并可为直隶全省贺，不但为直隶一省贺，可为我中国前途贺。"⑤ 袁世凯幕府在天津进行地方自治，完全是按照西方的体制，是相当大胆和激进的，做了前人所未曾做过的大事，其后又在全国其他省份普遍推行。

在军事方面，袁世凯的幕府人员对西方近代的军事理论进行了透彻的研究，并编译兵书上奏朝廷刊行。为了保证新建陆军的质量，他

---

① 故宫博物院明清档案部编：《清末筹备立宪档案史料》上册，中华书局1979年版，第464页。

② 蛤笑：《论预备立宪之最要》，《东方杂志》1906年第9期。

③ 胡思敬：《退庐全集》，沈云龙主编《近代中国史料丛刊》第45辑，台北文海出版社1970年版，第1354页。

④ 《隆平县设立公议局警务研究所禀请核实文并批》，《大公报》1906年7月20日。

⑤ 甘厚慈：《北洋公牍累纂》，沈云龙编《袁世凯史料丛刊》第7册，台北文海出版社1966年版，第119页。

们提出创设德文、炮队、步队、马队四项随营武备学堂，以便随时随地满足对新式军事人才的需要。而后，他们又协助袁世凯创办了许多培养军官的学堂，如保定武备学堂、保定军官学堂、保定将弁学堂等，还先后成立了军医学堂、马医学堂、经理学堂、军械学堂、电讯学堂、宪兵学堂等专门学堂。

袁世凯的幕府人员还把现代征兵制度首次引进到中国。1902 年 2月，徐世昌等人在小站募兵章程基础上，制定了 11 条募练新军章程和 8 条募兵格式。首先，规定兵源质量："年限二十岁至二十五岁；力大限平举一百斤以外；步限每一时行二十里以外；报明三代家口、住址、箕斗数目；曾吸食洋烟者、素不安分有事案者不收；五官不全，体质软弱，及有目疾、暗疾者不收。"其次，规定征兵的来源、待遇："由各府、直隶州督同各州县查明所辖村庄若干，每村庄户口若干，责令各该村庄庄长、首事、地保等酌量公举乡民数人。必须确系土著，均有家属，方准举充。倘或滥保溃勇游民，查出重究"；"兵丁到营，头目每月饷银五两，正兵四两二钱"，"入伍三个月后，头目每月扣银一两五钱，正兵扣银一两，由饷局按六个月一次，派员会同原籍地方官牌示定期，饬各该家属持据亲身赴领"。再次，提高士兵家属的待遇，"其家属人等，原籍地方官自应妥为爱护，毋任土豪、痞棍肆意欺凌"，"遇有涉讼案件"，"一律遣抱以示优异"；"每名准免差徭三十亩以示体恤"。最后，规定对逃兵的惩处："兵丁潜逃回籍，除各营认真查拿外，并由营务处行知该原籍地方官，督饬各庄长、地保并家属人等严密查拿"，"如查拿一个月仍无下落，即由营务处饬该州县，将该家属分别追究"①。这就是中国近代征兵制度开创性文件，在新式的征兵制下，士兵转变成现代的军人，颁布了优待军属的行政法规，使军人地位大大提高。制定了现代征兵制度之后，袁世凯幕府又按照欧美各国的征兵制度，制定了常备军的营制饷章，把军人分成常备兵、续备兵、后备兵三种。现役军人为常备兵，服役三年，发给全饷。三年后退伍回家，列为续备兵，月支饷银一两，平时

---

① 天津图书馆、天津社会科学院历史研究所编：《袁世凯奏议》上册，天津古籍出版社 1987 年版，第 437—439 页。

在家各就其业，每年十月操练一次，以一个月为度，操练时发给全饷。再三年列为后备兵，月饷银五钱，每隔一年操练一次，四年期满，退为平民，停止月饷。战时征调续备兵、后备兵入伍。① 这种把兵员分为现役和预备役，改造成多层次结构的西方近代军制规范，在中国属于首创。

李鸿章的幕府人员只是协助他创办了北洋武备学堂，张之洞的幕府人员则是帮助他设立了"大抵普通课程，尚少专门学业"的军事学堂，② 如武备学堂、将弁学堂、武高等学堂、武师范学堂、陆军小学堂等，并没有培养相关专门人才的学堂。李鸿章的淮军不论是在军事装备还是军事训练、军事体制上都远不如张之洞的自强军和袁世凯的北洋陆军，"李氏之在北洋仍确守曾氏筹议直隶练兵之遗规"，"其于内部改造无大迹可记"，李鸿章认为"除旧布新固非易易"③。但是北洋新军和自强军则"一切训练章程，均按照西法办理"④。张之洞幕府训练军队上虽然也有很大的改革，它"确与中国建制的典章不同，而具有欧洲现代军队的特点"⑤，但却没有对军事体制进行创新改革，仍然在自强军中实行传统的募兵制。

在经济方面，袁世凯幕府在工业、农业、财政税收上都为袁世凯出谋划策，为直隶经济的发展做出了自己的贡献，但他们的创新实践能力则主要体现在创建银行上。袁世凯接任直隶总督之时，正值八国联军侵华之后，直隶不少地方都遭到侵略军的抢劫破坏，各个行业亟须整顿发展，而这都需要资金的筹措。为了筹集办实业的资金，幕僚周学熙首先采用了将天津官银号银行化的方法，他认为"金融机关之与实业发展，实大有密切之关系，盖必先健全之金融，而后能有奋兴

---

① 天津图书馆、天津社会科学院历史研究所编：《袁世凯奏议》中册，天津古籍出版社1987年版，第509—511页。

② 天津图书馆、天津社会科学院历史研究所编：《袁世凯奏议》下册，天津古籍出版社1987年版，第1112页。

③ 蒋方震：《中国五十年来军事变迁史》，来新夏主编《中国近代史资料丛刊·北洋军阀》第1册，第1042页。

④ （清）朱寿朋编：《光绪朝东华录》第4册，3556页。

⑤ ［美］拉尔夫·尔·鲍威尔：《1895—1912年中国军事力量的兴起》，陈泽宪、陈霞飞译，中国社会科学出版社1979年版，第56页。

之实业。此全在主持运营者，善于利用，及维护之而已。开发生计以致富强，故非甚难之事也"①。他的做法是首先将库款转为存款，月息5厘，半年以上，格外增息6毫，如此，官银号可以以钱生钱，办实业则获得了难得的起步资金，一举两得。周的建议使袁世凯认识到"国之本计，财政为先，财之管枢，银行为要"，"惟银行之举，国家财政大计所关"②。于是，袁世凯不但上奏朝廷"非设国家银行以统摄之不可"，而且在幕府人员的协助下进行地方银行的建设。幕府人员还认识到清政府财政匮乏，不能只依靠国家的支持，于是他们建议官商合办银行，"拟由绅商合力集股开设银行，以冀疏通，并设立商务公所藉资联络"。袁世凯亦予首肯，于是任"素著声望之员绅"杨俊员为银行总董，石元士、卜煜光、王文郁、李士铭为该行董事，"议定该绅等招集商股，协以官力，一俟集有成数，即饬迅速开办，一切章程责成该绅等妥慎厘订，由官为之稽查维持"，幕僚凌福彭则负责"督率经理，以冀随时随事审察利弊，相机兴革"③。

　　袁世凯幕府协助他在直隶创办的最主要的银行就是周学熙改组的天津官银号。该号初名平市官银号，系1902年8月在天津开办，在北京、上海、汉口、保定、张家口、唐山等地设有分号。④ 1903年4月，平市官银号改为天津官银号，1910年9月为直隶省银行代替。天津官银号在其存在期间，一面吸收官、私存款，一面放贷，实力迅速发展，到1910年为直隶银行取代时，已拥有1024442元的资本，1855000元存款，23万元现金，83300元财产，706400元有价证券。直隶振兴工艺的资金，多"取给于官银号"⑤，而天津实成为中国北方的金融中心。李鸿章幕府没有进行过金融上的改革，张之洞幕府进行了币制和税务上的改革，但没有设立银行这一大胆实践，所以说创办银行也是袁世凯幕府创新能力的体现。

　　① 虞和平、夏良才编：《周学熙集》，华中师范大学出版社1999年版，第692页。
　　② 天津图书馆、天津社会科学院历史研究所编：《袁世凯奏议》中册，第679页。
　　③ 同上书，第800页。
　　④ 孙大千：《天津经济史话》，天津社会科学出版社1989年版，第185页。
　　⑤ 汪敬虞编：《中国近代工业史资料》第2辑下册，中国科学出版社1957年版，第932页。

此外，这种大胆实践的创新能力还体现在创设巡警方面。袁世凯刚担任直隶总督时，天津还处在八国联军的统治之下，他不得不暂于保定驻署办公。鉴于中国传统的保甲制度"防盗不足，扰民有余"①，幕府人员建议袁世凯改弦更张，尝试在中国推行近代警政建设。袁世凯接受了这个建议，于1902年5月聘请日本警视厅警官三浦喜传为警政建设顾问，派赵秉钧与三浦一起"仿照西法"，拟定警务章程。在创建巡警的过程中，幕府人员根据中国的实际情况，仍然依托传统保甲款项，以解决经费问题，因为"巡丁由地方有之青苗等费归绅董付给外，其每月官长弁目等项尚需一千数百两，岁需二万数千两之多，各属恐无此财力"②，"创办巡警，所以卫民非以扰民。定章令各村自行筹款"，"系指取迎神等项而言，原为无益之资，办有意之事"③。同时，他们对于旧式保甲给予裁撤，"四乡巡警业已一律开办，闻四乡保甲局定于二月朔日一律裁撤"④，但是为了减少创设巡警改革过程中的阻力，"拟将衙署内红役年轻资美、素无劣迹、才堪造就者挑选入传习所与所内之学生一并肄习，俾其均受教育，将来缉捕传讯催科探访等事即令接办"⑤。在袁世凯和幕府人员的共同努力下，天津率先创建了巡警制度。此后，天津"奸佞不行，闾阎安堵，成效昭著，中外翕然"⑥。

三　娴熟的社会交际能力

袁世凯的幕府人员不仅要在政治、军事、经济等方面给予袁世凯积极的辅佐，同时还要帮助他结交官宦显贵，打通仕途道路。

---

① 天津图书馆、天津社会科学院历史研究所编：《袁世凯奏议》中册，第604页。
② 《直督袁饬赵道徐道妥议推广全省巡警办法札》，《大公报》1905年9月17日。
③ 《天津县示》，《大公报》1904年10月20日。
④ 《中外近事本埠》，《大公报》1905年2月17日。
⑤ 《直隶警务处详请通饬各属遵照设立巡警裁革差役办法文并批》，《大公报》1906年8月6日。
⑥ 沈祖宪、吴闿生：《容庵弟子记》，沈云龙编《袁世凯史料丛刊》第9册，第166页。

袁世凯受到荣禄的赏识得益于其重要幕僚徐世昌。袁世凯小站练兵刚开始几个月，"津门官绅啧有烦言，谓袁君办事操切，嗜杀擅权，不受北洋大臣节制"①。于是，监察御史胡景桂便借此弹劾他"徒尚虚文，营私蚀饷，性情谬妄，扰害一方"②，罗列其滥杀无辜、任人唯亲等多条罪状，清廷立即派荣禄前往查办。袁世凯得知此消息后，"心神恍惚，志气昏惰，所有夙志，竟至一冷如冰"③。可是，就在他感到大祸临头之际，却得到了幕僚徐世昌的鼎力相助。当时陈夔龙为荣禄的亲信幕僚，随同荣禄前往小站。徐世昌与陈夔龙乃是丙戌科会试同年，私交甚好，徐便利用这层关系，登门拜访陈，求他在荣禄面前为袁说情。当陈夔龙和荣禄到达小站后，发现新建陆军"勇丁身量一律四尺以上，整肃精壮，较之淮练各营，壁垒一新"，不禁顿生好感。荣禄问陈夔龙："君观新军与旧军，比较何如？"陈夔龙于是乘机进言，"旧军诚不免暮气，新军参西法，生面独开"，着力强调袁世凯的练兵成绩。听了陈夔龙的话后，本来就想把袁世凯作为结纳对象的荣禄对他更加器重倾心，决定顺水推舟保全他，乃令陈夔龙起草奏稿，说袁世凯被参各款，均无实据，"乞恩故从宽议，仍严饬认真操练，以励将来"④。在徐世昌的积极奔走下，袁世凯不仅安然度过了这场政治危机，而且得到荣禄的青睐，一年后以练兵有功晋升直隶按察使。

　　在晚清政坛上，袁世凯与庆亲王奕劻关系十分密切，这则与其幕府人员杨士琦的贡献分不开。1901 年后，袁世凯在清政府的靠山荣禄体弱多病，身体状况日渐恶化，于是有庆亲王奕劻入军机处的消息传出。杨士琦在参与庚子议和时与奕劻几乎天天见面，混得极熟，此时便向袁世凯献策另找靠山，攀附奕劻。于是，袁世凯采纳杨士琦的建议，派他送 10 万两银票到庆王府。奕劻看到后，初疑是眼花，确认后就对杨说："慰亭太费事了，我怎能收他的。"杨士琦说："宫保知

①　陈夔龙：《梦蕉亭杂记》卷 2，上海古籍书店 1983 年影印本，第 2 页。
②　《清实录》第 57 册，中华书局 1987 年影印本，第 70 页。
③　《徐世昌致袁世凯函》，中国社会科学院近代史研究所近代史资料编辑组《近代史资料》总 37 号，中华书局 1978 年版，第 10 页。
④　陈夔龙：《梦蕉亭杂记》卷 2，第 2—3 页。

道王爷不久必入军机，在军机办事的人，每天都得进宫伺候老佛爷，而老佛爷左右，许多太监们，一定向王爷道喜讨赏，这一笔费用也就可观。所以这些微数目，不过作为到任时零用而已，以后还得特别报效。"① 奕劻听了也不客气，当场笑纳。此后，袁世凯对奕劻完全是月有月规，节有节规，年有年规，"无论庆府的年节、生日、请客、婚嫁、子孙弥月周岁一切费用，都由世凯预先布置"②，而杨士琦则专门负责贿赂奕劻这项任务。"弄到后来，庆王遇有重要事件，及简放外省督抚、藩臬，必先就商于世凯，表面上说请他保举人材，实际上，就是银子在那里说话而已。"③ 杨士琦的黏合剂作用，不仅密切了袁世凯与奕劻的关系，而且还使他能够遥指朝政。

袁世凯的幕府人员还帮助他与清宫中保持着特殊关系。根据袁世凯女儿的回忆，"当时官场中的惯例，仅有朝中大员的推荐是不够的，更重要的是走内线"，阮忠枢"这时候正在李莲英的弟弟家里处馆。李莲英弟弟的家，实际上也就是李莲英的家。我父亲就通过这个关系和李莲英拉上了关系"④。可见幕僚阮忠枢对于袁世凯与李莲英建立关系起了很大作用。此后，袁世凯不仅与太监结为盟兄弟，还称比自己小 11 岁的李莲英为"长兄"。幕府人员则不断对袁世凯的这位"长兄"进行供奉。李莲英给母亲办丧事时，袁世凯就派幕府人员一次送去 40 万两银子。李莲英 50 岁寿辰时，袁世凯除了送寿礼之外，还主动"协力"，一次就"资助"了 50 万两。袁世凯靠着和李莲英的这种特殊关系，使他对慈禧的心理意图、嗜欲爱好了解得相当清楚，同样也使他在官场的政治斗争中屡屡挫败对手，化险为夷。

四　对幕主的绝对效忠

袁世凯集团在晚清时期有极强的凝聚力，这种凝聚力的形成和增

---

① 刘厚生：《张謇传记》，上海书店 1985 年版，第 128 页。
② 张国淦：《北洋军阀的起源》，杜春和、林斌生、丘权政编《北洋军阀史料选辑》，中国社会科学出版社 1981 年版，第 37 页。
③ 刘厚生：《张謇传记》，第 128 页。
④ 吴长翼：《八十三天皇帝梦》，文史资料出版社 1983 年版，第 8 页。

强与幕府人员对袁世凯的效忠是分不开的。他们对袁世凯的效忠，甚至超过了对清王朝。

身为政治人物的官僚幕府为谋自己的前程，见风使舵、依附强权是常理，与失势的官长共进退反而是例外。由于甲午之战的惨败，李鸿章被拔去三眼花翎，交卸直隶总督兼北洋大臣职务，于是其幕府纷纷寻找新的出路、新的靠山。盛宣怀入李鸿章幕府很久，是李鸿章推行洋务的重要助手，但在李鸿章失势以后，他除改换门庭之外，还四下散布贬低、攻击重用提携他多年的老上司的言论，颇有些落井下石的意味。盛宣怀通过这种方式，就是要与李鸿章划清界限，以便为自己寻找更好的政治前途。

但是袁世凯的幕府却相反。袁世凯被黜退回乡后，其幕府并没有像李鸿章幕府一样，各奔东西。首先是重要幕僚徐世昌依附于庆亲王奕劻，在"皇族内阁"中任协理大臣，代替袁世凯暗中照料直隶、山东的北洋嫡系袍泽，此外还利用其阁员身份，将清廷内部的军政和人事情况通过段祺瑞秘密带往彰德，与袁世凯互通声气。其他幕府人员借逢年过节机会，到彰德亲自登门拜访，从不间断与袁世凯的联系。所以袁世凯虽然乡居，但是他不仅对朝廷内部大事尽知无遗，而且还与幕僚们保持着密切的关系，以至于英国《泰晤士报》仍把他排在"世界伟大的政治家之列"，国内立宪派也认为他"仍有猛虎在山之势"①。

辛亥革命爆发，幕府人员聚集在袁世凯的周围，为他的东山再起出谋划策，显示了幕府人员对袁世凯而不是对清王朝的忠诚。由袁世凯及其幕府人员一起训练而成的北洋新军"亲上死长"，"事事以本督办为心"②，辛亥革命爆发后根本不听从清廷的调遣，迫使摄政王载沣不得不重新起用袁世凯。幕府人员又开始积极为袁世凯能够完全控制清政府而出谋划策。冯国璋在前线指挥军队完全听从袁世凯的指

① 刘厚生：《张謇传记》，第 181 页。
② 袁世凯：《新建陆军兵略录存》，沈云龙主编《袁世凯史料丛刊》第 4 册，第 83 页。

挥，"是非筹备周妥、计出万全，断难督师进攻"①，使得形势越来越有利于革命军方面，迫使清政府不得不把军事大权完全给予袁世凯。而在徐世昌、唐绍仪、梁士诒、杨士琦、杨度等人的"着手为政治运动"下，②袁世凯很快就被授为内阁总理大臣，出面组织内阁。而所组织的内阁也大多由其幕府人员所组成，如赵秉均出任民政大臣，严修担任度支大臣，陆军大臣由王士珍担任，邮传大臣则由杨士琦出任等，袁世凯完全掌握了清廷行政大权。此后，袁世凯又调冯国璋为禁卫军统领，取代载涛，清政府所掌握的最后一点的军事力量也被控制在袁世凯的手中。由此可见，袁世凯幕府不是在积极协助袁世凯与革命军作战，而是在帮助袁世凯篡夺清王朝的政权。正如陈夔龙记述说："项城赋闲已久，乘机思动，其门生故旧遍于京津等处，不恤捐集巨款，输之亲贵，图谋再起。""遄回京师，大权独握，修前日之怨，力排监国去之，政由己出，东朝但司用玺而已。"③

袁世凯幕府对于清廷更大的背叛，是协助袁世凯一起逼迫清帝退位。先是梁士诒策动出使俄国大臣陆征祥联合其他驻外使臣，电请清帝退位，接着，蔡廷干、莫理循则鼓动上海商会通过朱尔典呈递请愿书敦促皇帝立即退位。而后，由大多数袁世凯幕僚所组成的内阁，又上奏隆裕太后说："大局岌岌可危，危逼已极！""人心涣散，如决江河，莫之能御"④，只得要求"皇太后、皇上召集皇族，密开果决会议"，"速定方针"⑤。由于王公贵族内部纷争不休，没有结果。梁士诒、赵秉钧、胡惟德又合词奏称："人心已去，君主制度恐难保存，恳赞同共和以维大局。"⑥ 与此同时，袁世凯与其幕僚还派人私印

① 中国第二历史档案馆编：《中华民国史档案资料汇编》第1辑，江苏人民出版社1979年版，第190页。

② 岑学吕编：《三水梁燕孙先生年谱》，沈云龙主编《近代中国史料丛刊》第75辑，台北文海出版社1972年版，第100页。

③ 陈夔龙：《梦蕉亭杂记》卷2，第57—58页。

④ 张国淦编：《辛亥革命史料》，龙门联合书局1958年版，第299—300页。

⑤ 杨玉如：《辛亥革命先著记》，科学出版社1958年版，第272页。

⑥ 岑学吕编：《三水梁燕孙先生年谱》，沈云龙主编《近代中国史料丛刊》第75辑，第105页。

"假报纸，每天送到宫中，上面大造要清廷退位的舆论"①，段祺瑞则率领前线 46 名将领联名电奏清廷，要求"明降谕旨，宣示中外，立定共和政体"，袁世凯幕府中已经出任各省督抚的张勋、张怀芝、张锡銮、齐耀琳等则一致要求"速降明谕，宣布共和"②。在袁世凯与其幕僚的这种内外夹攻下，隆裕太后被逼无奈，只得屈服，下诏宣布退位，统治中国 268 年之久的清王朝垮台了。

五　袁世凯幕府特色形成原因分析

袁世凯幕府在发展中逐渐形成了上述特色，这些特色的形成是由如下原因促成的。

第一，清末政治改革和民主革命的背景为袁世凯幕府人员提供了施展政治才能的机会。

经过甲午战争和义和团运动，清政府面临的形势更加严峻，清朝统治岌岌可危。清朝最高统治者不得不赞成进行政治上的改革，这就为袁世凯及其幕府人员进行政治改革创造了有利的客观条件。辛亥革命的爆发，使得清王朝真正走到了自己的末路，即使没有袁世凯集团，它也会被革命的浪潮推翻。所以袁世凯的幕府人员当然会选择聚集在袁世凯周围，而不是去寻找新的出路。但是当李鸿章失势时，清王朝尽管已经走到末路上，但它还有些许喘息的机会，幕府人员不得不各奔东西，寻求新的发展。

第二，幕主袁世凯的出身、经历和地位、政治需求促成了幕府特色的形成。

曾国藩、李鸿章、张之洞接受的都是传统教育，通过科举这条道路进入仕途，而袁世凯所受的传统教育相对较少，受传统思想的影响较小，因此更容易接受新事物，尝试新事物。这不仅使得袁世凯乡土观念很淡薄，并没有刻意去安排一些河南籍幕僚，使自己的幕府质量

---

① 吴长翼：《八十三天皇帝梦》，第 211 页。
② 中国史学会主编：《中国近代史资料丛刊·辛亥革命》第 8 册，上海人民出版社、上海书店出版社 2000 年版，第 171—181 页。

和能量打折扣，而且使得袁世凯能够很快转变态度，积极支持立宪改革，并积极为幕府人员创造实践机会。这为袁世凯的幕府人员参加政治改革提供了前提条件。曾国藩时代还提不上宪政改革。李鸿章所处时代以及他所受到的教育，使他更多的是赞成"中学为体，西学为用"，所以他对于幕府人员政治改革思想，并不是完全赞同，更谈不上给予实践机会。张之洞具有改革精神，具有向西方学习的积极态度，但他深受传统思想的影响，正如他在《劝学篇》中所讲的内容，"内篇务本，以正人心；外篇务通，以开风气"①。所以他热衷于经济、军事、教育方面的改革，但是对于改革传统政治制度，尤其是中央的政治改革他的态度并不积极，因此他没有参与中央的官制改革，他的幕府人员更没有机会参与。

曾国藩、李鸿章、张之洞走的是一条传统的仕途之路，所以他们有很多的老师、同年，而这些人正是官场发展的重要资源。如李鸿章的同年陈鼐，对于他加入曾国藩幕府起了积极作用。1858 年年底，李鸿章辞去福济幕府的职务，准备加入曾幕，然而他到达江西曾国藩的大营后却受到了冷遇。于是，他的同年、新近加入曾幕的陈鼐就前去替李鸿章说情，从而使李鸿章进入了曾国藩幕府。在幕府中，李鸿章从他的老师曾国藩那里得到了很多东西，先是得到机会编练军队，这就是后来著名的淮军，后又得到曾国藩的保荐，出任江苏巡抚，成为以后平步青云的基础。可以这样说，如果没有曾国藩，可能永远也不会有一个李鸿章。曾国藩教育了他，然后又推荐他出任地方高级官吏，给了他展示才能的机会。即使是功成名就后，李鸿章仍旧接受曾国藩的监督和指导。所以，李鸿章有老师、同年在仕途上给予有益的帮助，他的幕府人员也就用不着为他去拉拢显贵，打通关系。但是，袁世凯却不同，由于他不是以传统科举之路进入官场，因此缺少这一非常重要的人力资源。即使他曾加入吴长庆幕府，但是以吴的能力、身份和地位，能够给予袁世凯的根本不能与曾国藩相比。所以，袁世凯的幕府人员就要发挥各自的才能，来为他弥补这方面的欠缺。

---

① 张之洞：《劝学篇》，罗炳良主编《影响中国近代史的名著》，华夏出版社 2002 年版，第 2 页。

传统教育的影响也反映到幕府人员对于清王朝的忠诚。袁世凯并不像曾国藩、李鸿章、张之洞那样对清政府效忠。曾国藩当年权势熏天，但他很快裁撤湘军，退身自保。李鸿章实力也很强，1880 年曾有谣传说俄国打算立李鸿章为傀儡皇帝。戈登拜访他时也建议他说，既然他拥有中国唯——支有实力的军队，他就应该率军进京，夺取最高权力。李鸿章回答说"那当然好，但是，你知道，我从未背叛过朝廷"，"另外那是不会成功的，我会掉脑袋的"①。作为幕主的李鸿章如此，其幕府人员同样如此，所以当李鸿章失势后，他们并没有继续留在他身边，而是选择了重新寻找出路。但是，袁世凯对于清王朝并不是绝对忠诚，尤其是摄政王载沣要求他养疴回籍后，更使他对清王朝产生了怨恨，如果有机会他就会取代清王朝。作为与袁世凯关系异常密切的幕府人员也不会对清王朝绝对忠诚，在袁世凯失势时并没有选择离开，而是在不断为袁世凯的东山再起寻找机会。

第三，幕府人员在政治活动中表现出来的积极主动意识是幕府特色形成的内在因素。

与曾国藩、李鸿章、张之洞的幕府人员相比，袁世凯的幕府人员面对问题具有更强的主动性。在清末立宪活动中，具有改革意识的袁世凯的幕府人员认识到只有学习西方的体制，改革中国落后的政治制度，才是中国的出路，同时意识到参与政治改革有利于扩大袁世凯集团的势力，所以他们并没有因为最初袁世凯对立宪的不支持而放弃自己的努力，而是对袁世凯进行积极的劝导，帮助他转变对立宪的态度，也为他们自己参加政治改革创造了机会。尽管他们积极参与的中央官制改革失败了，但却使袁世凯获得了立宪派人物的拥护，而他们在推行地方自治上的成功，则更是加强了立宪派对袁世凯的支持。李鸿章的幕府人员也具有变局意识，在政治方面也提出了许多开创性的意见，但是由于李鸿章的不支持态度，使他们只能选择放弃，而没有积极主动地去争取机会。

在袁世凯的帮助下，很多幕府人员获得了高官厚禄，而当袁世凯

① 庆丕：《在中国海关》，第 51—52 页，转引自［美］福尔索姆《朋友、客人、同事——晚清的幕府制度》，刘悦斌、刘兰芝译，中国社会科学出版社 2002 年版，第 155 页。

失势时他们也遭到了沉重的打击。邮传部尚书陈璧被革职，永不叙
用，徐世昌由东三省总督内调为邮传部尚书，倪嗣冲"即行革职，并
勒追赃款"，铁路总局局长梁士诒被撤职，唐绍仪被迫乞休，民政部
侍郎赵秉钧休致，江北提督王士珍被迫自请开缺。这些遭遇使他们更
加认识到自身利益与袁世凯是如此息息相关。与此同时，他们已经清
醒地认识到清王朝是不可能再存在下去了，而袁世凯集团所具有的实
力，使其成为取代清政府的最佳选择。因此，幕府人员在袁世凯被罢
官后，并没有四分五裂，而是聚集在袁世凯的周围，为袁世凯的再次
出山和替代清王朝出谋划策。这也是袁世凯幕府的最好选择和最好出
路。李鸿章的幕府人员由于受传统教育的影响，积极辅佐李鸿章，澄
清吏治，改革内政，但从来没有想要推翻清王朝，以李鸿章取而代之
的意识。

　　正是在上述因素的作用下，袁世凯幕府形成了不同于晚清时期其
他幕府的特色。这些特色对于袁世凯集团的稳定、进取等起了极大的
作用。

　　本文与李慧合作，系提交"首届绍兴师爷暨中国幕府文化全国学
术研讨会"论文，原载《安徽史学》2006 年第 3 期，收入论文集
《绍兴师爷与中国幕府文化》（朱志勇、李永鑫主编，人民出版社
2007 年版）。

袁世凯与督办政务处

    光绪二十六年十二月初十日（1901 年 1 月 29 日），清廷颁布上谕，宣布施行新政。为了总理新政，清廷于光绪二十七年三月初三日（1901 年 4 月 21 日）成立了督办政务处，作为新政统汇之所："（新政）事体重大，条件繁多，奏牍纷繁，务在体察时势，抉择精当，分别可行不可行，并考察其行之力不力，非有统汇之区，不足以专责成而挈纲领，著设立督办政务处。派庆亲王奕劻，大学士李鸿章、荣禄、昆冈、王文韶，户部尚书鹿传霖为督办政务大臣，刘坤一、张之洞亦著遥为参预。"① 光绪二十七年十二月初十日（1902 年 1 月 19日），清廷"命直隶总督袁世凯参预政务处"②。袁世凯正式进入督办政务处，成为督办政务处大臣。本文拟对袁世凯与督办政务处之关系略作考察，以期有助于晚清政治史的研究。

一　袁世凯入督办政务处之原因

    由于清末外重内轻的权力格局，督办政务处设立后，清廷除设督办政务大臣办理新政事宜外，并命地方督抚中最具实力的刘坤一、张之洞遥为参预，因此地方督抚大员也成为实施新政的一股重要力量。从组成人员来看，督办政务处聚集了当时清政府最有实力的权臣。庆亲王奕劻兼任外务部总理大臣，不久任军机大臣，李鸿章是大学士、直隶总督兼北洋大臣，荣禄是大学士、军机大臣，王文韶是大学士、

---

① （清）朱寿朋编：《光绪朝东华录》第 4 册，中华书局 1958 年版，第 4655 页。
② 同上书，第 4803 页。

军机大臣、外务部会办大臣，昆冈是大学士，鹿传霖是军机大臣、户部尚书，两江总督刘坤一、湖广总督张之洞是最有实力的封疆大吏。这也可以说督办政务处领导核心是由全部内阁大学士、部分军机大臣、尚书和最有影响力的地方督抚组成。从人员的组成不难看出，督办政务处的地位十分显要。袁世凯能进入新政的核心机构，自然有着他的一些重要条件。

袁世凯之所以能进入督办政务处，与其升任直隶总督兼北洋大臣有直接关系，而袁世凯升任直隶总督兼北洋大臣得到了西方列强的支持。袁世凯在义和团时期参与"东南互保"，在其辖境山东保护了外国人的利益，因此得到了西方列强的支持，尤其是德国的支持。直隶总督兼北洋大臣李鸿章重病后，德国公使穆默就希望袁世凯接替李鸿章的职位。对此，张之洞在《致洛阳行在军机处》称："昨德公使穆默自京来鄂密谈。……穆语甚多，其大意无非言我有精兵，自可减兵，愿袁（世凯）抚到直隶而已。洞案：今年以来，所见各国提督、领事，大意皆盼袁抚为北洋大臣，众口一词，不仅穆一人也。穆又云：'假如袁调直隶，山东事有妥人接手否？'洞答云：'不能臆揣，但山东海面向归北洋，山东事朝廷亦可令袁遥为兼顾照料。'穆欣然首肯。"①

袁世凯之所以能升任直隶总督兼北洋大臣，也离不开慈禧太后的支持。袁世凯在山东巡抚任上时，趁慈禧等西逃途中物质匮乏之机积极贡献。他在光绪二十六年八月初五日（1900年8月29日）的奏折中说："伏念山西素号瘠薄之区，资用匮乏。……无论东省库款如何支绌，必须设法筹解，以备饷糈。现于藩、运各库中，先行凑集银十万两，檄委候补知县曾硕儒、陈养源等管解，星夜趱程前往。又东境内现有截存安徽运解京饷银十一万六千两，江苏解京饷银五万五百两，一并觅备车辆，酌派弁勇，护解西行，奔赴行在。"他还表示

① 张之洞：《致洛阳行在军机处》，苑书义等主编《张之洞全集》第10册，河北人民出版社1998年版，第8640页。

"臣仍当随时督同司道等赶筹巨款，源源接济"①。袁世凯的雪中送炭，甚得慈禧欢心。王文韶说："各省饷银未到，山左首先解来，可称济急。所带物品尤为得用，两宫大为嘉许。"② 借此之机，袁世凯博得了慈禧的好感，而且慈禧视其"情若家人"③。光绪二十七年（1901）十月，大局渐定，两宫回京有期，慈禧下懿旨，嘉奖功臣："奕劻、李鸿章会同妥议和约，转危为安；荣禄保护使馆力主剿拳，复能随时赞襄匡扶大局；王文韶协力同心，不避艰险；刘坤一、张之洞、袁世凯共保东南疆土尽心筹画，均属卓著勋劳，自应同膺懋赏。庆亲王奕劻著赏食亲王双俸，大学士荣禄著赏戴双眼花翎并加太子太保衔，王文韶著赏戴双眼花翎，两江总督刘坤一著赏加太子太保衔，湖广总督张之洞、署直隶总督袁世凯均著赏加太子少保衔，已故大学士李鸿章著再赐祭一坛。"④ 十一月两宫回京，慈禧又赏袁世凯穿黄马褂，紫禁城骑马。此时的袁世凯已经得到慈禧的青睐，逐渐受到重用。

清廷之所以让督抚参预政务，这与当时外重内轻的政治格局密不可分，新政的实施必须得到地方督抚的支持才能顺利进行。直隶总督李鸿章、两江总督刘坤一、湖广总督张之洞都是最有实力的地方督抚，也都是新政的倡导者和执行者，他们所管辖的直隶、两江、湖广地区政治、经济地位都非常重要。袁世凯接替李鸿章担任直隶总督兼北洋大臣，自然亦应是清廷政治改革的依靠力量。

当然，袁世凯能进入改革的权力中心，还与他本身对新政的认识有极大关系。两江总督兼南洋大臣刘坤一于光绪二十八年九月初六日（1902 年 10 月 7 日）去世，继任的两江总督魏光焘并未能参预政务处事宜，而袁世凯接任直隶总督兼北洋大臣后不久就被任命为参预政务大臣。袁世凯对政治改革有极高的热情，并对新政有较为系统的认

① 《山东巡抚袁世凯折》，故宫博物院明清档案部编《义和团档案史料》上册，中华书局 1959 年版，第 519 页。

② 曹倜：《古春草堂笔记（选录）》，中国社会科学院近代史研究所《近代史资料》编辑组编《近代史资料专刊·义和团史料》上册，中国社会科学出版社 1982 年版，第 273 页。

③ 《袁大总统事略》，尚秉和撰《辛壬春秋》，中国书店 2010 年版，第 259 页。

④ 《清实录》第 58 册，中华书局 1987 年影印本，第 461—462 页。

识。早在新政上谕颁布之前，袁世凯就于光绪二十六年（1900）十一月致电张之洞等人，率先提出枢臣与疆吏联手合力共挽危局的对策，要求盛宣怀出面倡议："拟请杏兄（盛宣怀）酌电枢相谓：'和未定，弱可忧，和既定，贫可忧，运筹在枢臣，奉行在疆臣，枢疆合谋始可补救。应请旨饬下诸疆臣各陈所见，毋拘成见，毋存顾忌，毋涉空谈'云云。倘得此诏，便可进言，仍请三公酌裁。"① 督办政务处成立之前，袁世凯支持督抚联衔上奏，并与张之洞交换变法意见。光绪二十七年三月初三日（1901 年 4 月 21 日）督办政务处设立，张之洞三月初七日（4 月 25 日）致电袁世凯："各省自不便联衔，尊处请即单衔具奏。大稿已读，极好，与鄙见多同。……请详酌，窃谓他处可听，其参差歧异，惟江、鄂、济三处要紧，数条似须大致相同，方能有益。"② 张之洞同意袁世凯单奏，对袁世凯的方案给予肯定。同日，袁世凯单独向清廷条陈筹办新政办法十条："慎号令""教官吏""崇实学""开民智""增实科""重游历""定使例""辨名实""裕度支""修武备"，并建议以越王勾践卧薪尝胆和日本"明治维新"的精神，"切实整顿，力求富强"③。从变法十条来看，袁世凯对新政已有较为系统的认识，而且变法十条早于张之洞、刘坤一的《江楚会奏变法三折》。可见，袁世凯能走向政治改革的中心也与他对新政认识有很大关系。

二　袁世凯在督办政务处之作为

督办政务处从光绪二十七年（1901）三月成立到光绪三十二年（1906）九月改为会议政务处，存在了五年多的时间。在五年多的时间里，督办政务大臣在人事方面发生了比较大的变动，按对督办政务处的人事控制可以分为两个时期：一是荣禄时期；二是奕劻时期。作

① 《袁抚台来电，并致刘制台、盛大臣》，苑书义等主编《张之洞全集》第 10 册，第 8490—8491 页。

② 张之洞：《致济南袁抚台》，苑书义等主编《张之洞全集》第 10 册，第 8553 页。

③ 袁世凯：《遵旨敬抒管见上备甄择折》，天津图书馆、天津社会科学院历史研究所编《袁世凯奏议》上册，天津古籍出版社 1987 年版，第 268—277 页。

为参预政务大臣的袁世凯，在这两个时期的作为大有不同，对新政的影响也有着较大的差异。

督办政务处在成立之初，政务大臣就由军机大臣兼领，这时作为军机首辅的荣禄掌控督办政务处。《西巡大事记》卷首对此曾有记载："军机处仍是荣中堂问事，王中堂则可否因人，鹿尚书则附和荣中堂……每召见总是荣中堂一人说话，王中堂本重听，鹿尚书近来亦重听。全恃荣中堂在军机处宣示，而鹿尚书多请教于荣幕樊云门，否则莫知底蕴也。"① 在这一时期，督办政务处是在荣禄的控制之下。然而荣禄对新政的观念偏于保守，他认为若"是事得失，关系甚巨，行之不善，始足以召乱促亡"②。因此，在荣禄掌权的督办政务处时期，新政改革相对保守。

袁世凯与荣禄在戊戌变法时期关系就非常密切，荣禄掌控新政之机，袁世凯自然极力依附。但荣禄认为袁世凯"此人有大志，吾在尚可驾驭之，然异日终当出头地"③，对他多有提防。徐一士《荣禄与袁世凯》云："荣禄帝眷最隆，而胸无城府，工策划，富权谋，世凯对之犹心存畏惮。"④ 由于对荣禄的忌惮，袁世凯在这一时期中规中矩，新政活动主要限于其所管辖的直隶地区，并按督办政务处的指示致力于直隶地区的学政、军政、吏治改革等，发布了一系列的章程和措施。这些章程主要有《直隶创设军政司拟定试办章程》（光绪二十八年五月十六日）、《建设北洋行营将弁学堂拟定试办章程》（光绪二十八年五月十六日）、《创设保定警务局并添设学堂拟定章程》（光绪二十八年七月初五日）、《训练各省将目拟定简易章程》（光绪二十九年二月初八日）、《北洋陆军武备学堂拟定章程》（光绪二十九年二月二十二日）等，同时还向清廷上了《筹办直隶省城学堂折》（光绪二十八年五月十六日）、《省城设立农务局片》（光绪二十八年七月初二

---

① 王彦威：《西巡大事记》，顾廷龙主编《续修四库全书》第446册，上海古籍出版社2002年版，第608页。

② 龙顾山人辑：《近代史料笔记丛刊·南屋述闻》，中华书局2007年版，第157页。

③ 同上。

④ 徐一士编著：《史料笔记丛书·一士类稿，一士谈荟》，书目文献出版社1983年版，第361页。

日）等。

袁世凯在直隶地区兴办新政，对推动全国的教育改革、军队建设、经济发展有着重要的作用。直隶地区也成为全国新政的楷模，一些措施被推行到全国。如袁世凯于光绪二十八年（1902）上奏清廷，要求整顿吏治并请将各项陋规一律酌改公费，得到清廷首肯："袁世凯奏请将旧有规费，责令和盘托出，化私为公，酌给公费，实为整饬官方起见，此等风气各省皆然，著各督抚仿照直隶奏定章程，将各项陋规一律裁革，仍酌定公费，以资为公。"① 再如袁世凯上奏请酌定警务章程，清廷光绪二十八年九月十六日（1902 年 10 月 17 日）的上谕说："前据袁世凯奏定警务章程，于保卫地方一切，甚属妥善，著各省督抚仿照直隶章程奏明办理，不准视为缓图，因循不办，将此通谕知之。"②

除在直隶兴办新政外，袁世凯也参与了清廷的一些重大决策，在推行新政措施的过程中发挥了一定的作用。光绪二十八年（1902）二月，清政府关于筹建武备学堂，"前已通饬各督抚设法筹建，并令刘坤一、张之洞、袁世凯将一切规制章程，妥议具奏"③，袁世凯也受命参与章程的制定。其他督抚必须参考他们的意见。山东巡抚张人骏上奏筹建武备学堂，清廷光绪二十八年六月二十日（1902 年 7 月 24 日）的上谕称："山东巡抚张人骏奏，停止武科，筹建武备学堂，宜妥订考选出身章程。……（政务处）寻奏，武备学堂规制章程，前奉谕旨令张之洞、袁世凯妥议具奏。现尚未据奏到，该抚所拟出身章程，应俟将来核定，再行办理。"④ 四川总督岑春煊上奏筹办四川武备学堂："川省武备学堂课程分为三科，曰速成，曰本课，曰次课。业经招取生徒、将弁，择期开办，下政务处议。寻奏，该督所拟办法应暂行试办，俟张之洞、袁世凯将武备学堂规制章程妥议具奏，再行分别核定，以归画一。"⑤ 关于武备学堂章程仍依赖参预政务大臣的张之

---

① 《清实录》第 58 册，第 655 页。
② 同上书，第 674 页。
③ 同上书，第 536 页。
④ 同上书，第 621 页。
⑤ 同上书，第 812 页。

洞、袁世凯制定，其他地方督抚只能按其章程办理。可见参预政务大臣在新政政策制定方面比其他督抚有更大的参与权和影响力。

新政时期地方督抚所提出的关于武备、练兵的意见必须经过刘坤一、张之洞、袁世凯三位参预政务大臣的商议而作决定，以使新政做到整齐划一，由此可见参预政务大臣在地方新政实施过程中的重要作用。

光绪二十九年三月十四日（1903 年 4 月 11 日），荣禄去世，第二天庆亲王奕劻入值军机处。此时的奕劻是领班军机大臣兼政务处大臣及外务部总理大臣，几乎把持着清朝的内政外交。政务处已没有能与奕劻相抗衡的人物，昆冈于七月初九日（8 月 31 日）休致，而王文韶、鹿传霖为官圆滑，对奕劻影响不大，只有瞿鸿禨对奕劻略有威胁，但终究势单力薄。九月十七日（11 月 5 日）军机大臣兼户部尚书荣庆进入督办政务处，十八日孙家鼐和吏部尚书张百熙也进入督办政务处，但他们对奕劻构不成威胁。奕劻为人贪婪无能，袁世凯对其大肆行贿，地位日益巩固。《大盗窃国记》载："奕劻初入政府，方窘乏不能自舒，世凯进贿动辄三四十万，又与其子载振结盟为兄弟，倾赀以媚宫闱，名曰进奉。阉宦宫妾，靡不各饱所欲，于是誉言日进。孝钦屡闻左右之言，亦深信不疑。"① 袁世凯就依靠奕劻，大肆扩张自己的势力，建议在中央建立练兵处、巡警部等，推动新政在中央行政机构层次上的调整，大大推进了宪政的进程，一改前期保守稳健的改革模式。

光绪二十九年（1903），袁世凯建议在中央设立练兵处，表面上是把兵权统归中央，实际上是把兵权敛入自己囊中。《忘山庐日记》评价练兵处："袁督所拟练兵处章程，设科分职，各有所司，几尽夺兵部之权，然则兵部实为赘疣。……邻居前有书来云：既欲练兵，则袁宜授为兵部尚书，掌管天下军政，岂宜以直督兼辖，一人精力有限，而兼任如许之事，保无颟越乎？忘山曰：我国士无专

---

① 胡思敬：《退庐全集》，沈云龙主编《近代中国史料丛刊》第 45 辑，台北文海出版社 1970 年版，第 1350 页。

学，官无专政，欲强其国，难矣！"① 可见，练兵处设立后就成为袁世凯扩张势力的工具。

光绪二十九年三月十二日（1903 年 4 月 9 日），袁世凯与张之洞会衔上奏，力言"时艰急需人才，科举阻碍学校"②，请求变通办法，递减科举名额，直至废除。由于受到王文韶等大臣的阻挠，此事被搁置。光绪三十一年八月初二日（1905 年 8 月 31 日），袁世凯与张之洞等人联衔上《请立停科举推广学校并妥筹办法折》。清廷八月初四日上谕称："著即自丙午科为始，所有乡会试一律停止，各省岁科考试，亦即停止。"③ 从此，在中国存在两千多年的科举制度结束了其历史使命。

随后袁世凯又积极推动中央官制改革，实行立宪。《大盗窃国记》记载，"五大臣归至天津，世凯劳以酒，曰：'此行劳苦，将何以报命？'皆愕然，莫会其意。世凯出疏稿示之，曰：'我筹之久矣，此宜可用。'"④ 出现"当今政府，皆袁世凯言之，奕劻行之的局面"⑤。袁世凯企图通过中央官制改革实现其政治意图，并巩固其权力地位。

袁世凯在督办政务处的地位是随着政务处人事的变动逐步上升的，同时其地位的变化也影响着新政推行的进程，而且这也和新政改革的步伐相吻合。清朝改革分两个层次进行：首先开始的是各省新政，即练兵、办铁路、兴学校、发展工商等各项事业，但很快出现各地改革不平衡、中央与地方难以协调的矛盾。现实迫使清政府对中央体制进行改革，以加强对地方的领导。于是，从光绪二十九年（1903）起，新政在中央行政机构调整层次上推动。新政改革的两个层次与督办政务处高层人事变动有着必然的联系。新政两个阶段与政务处高层变动有着莫大的关联。袁世凯在荣禄时期主要是执行督办政

① 孙宝瑄撰：《忘山庐日记》，上海古籍出版社 1983 年版，第 796 页。
② 袁世凯：《请递减科举中额专注学校折》，天津图书馆、天津社会科学院历史研究所编《袁世凯奏议》中册，天津古籍出版社 1987 年版，第 735 页。
③ 袁世凯、张之洞等：《请立停科举推广学校并妥筹办法折》，天津图书馆、天津社会科学院历史研究所编《袁世凯奏议》下册，天津古籍出版社 1987 年版，第 1191 页。
④ 胡思敬：《退庐全集》，沈云龙主编《近代中国史料丛刊》第 45 辑，第 1353 页。
⑤ 柴萼撰：《梵天庐丛录》第 4 册，中华书局 1926 年版，第 25 页。

务处的改革方针，比较平缓地进行新政的各项改革。奕劻上台后，袁世凯就依靠奕劻，进行中央政治体制的改革、废除科举等大的改革举措，左右新政改革的走向和进程。

三　袁世凯势力之膨胀

袁世凯任参预政务大臣后，借助推行新政之机，一边实践自己的政治理想，一边安插自己的亲信，扩大势力。

直隶是袁世凯的地盘，在这里既要举办新政，也要扩展自己的势力，首先要控制军队。他在直隶创设军政司，安排自己的亲信担任重要职务，军政司"其中区分三处……军政司督办，暂由臣兼摄。兵备处职任较重，查有军机处记名留直补用道刘永庆才识卓越，条理精详，堪以委充总办。参谋处次之，查有留直补用知府段祺瑞志虑沉密，晓畅戎机，堪以委令总办。教练处又次之，查有分省补用知府冯国璋才具明通，谙练武备，堪以委令总办"①。

光绪二十九年（1903），袁世凯依靠奕劻开始参与中央各项政策的制定，其势力迅速膨胀。这年十月，清廷在京师特设练兵处，命"庆亲王奕劻总理练兵事务，袁世凯近在北洋，著派充会办练兵大臣，并著铁良襄同办理"②。练兵处的总提调是徐世昌，军令司正使为段祺瑞，军政司正使为刘永庆，军学司正使为王士珍，别使冯国璋、陆建章都是小站嫡系。《忘山庐日记》中评价练兵处："袁督所拟练兵处章程，设科分职，各有所司，几尽夺兵部之权，然则兵部实为赘疣。"③ 可见，袁世凯借助练兵处掌握天下兵权，练兵处也成为袁世凯势力扩张的重要工具。

光绪三十一年五月二十二日（1905 年 6 月 24 日），袁世凯上奏清廷："臣部留京各营事务殷繁，前经奏派练兵处提调署兵部左侍郎

① 袁世凯：《直隶创设军政司拟定试办章程折》，天津图书馆、天津社会科学院历史研究所编《袁世凯奏议》中册，第 537 页。

② 《清实录》第 58 册，第 902 页。

③ 孙宝瑄撰：《忘山庐日记》，第 796 页。

臣徐世昌会办营务，现在留京各营改编陆军第四镇，分扎南苑一带，须有熟悉营务大员就近照料，方足以资督率，查该侍郎臣徐世昌久历戎行，声望素著，堪以管理京畿陆军事宜。"① 通过徐世昌之手，袁世凯把京畿防务紧紧握在自己手中。

同时，袁世凯在新增设的部门极力安插自己的亲信。光绪二十九年（1903）十一月，袁世凯"奏请以内阁学士徐世昌充练兵处提调，又奏委知府江朝宗经理京畿营务，发审事宜，时杨士琦已授商部右参议，请仍令驻沪总理轮船电政"②。光绪三十一年（1905）八月，"吴越（樾）炸击考察政治大臣载泽等于京师车站不中，有诏设巡警部，以徐世昌为尚书，赵秉钧为侍郎"③，从而袁世凯集团控制京畿警权。袁世凯趁改革之机，在巡警部、商部、练兵处等新设部门安插自己的亲信，党羽遍布政要部门。《大盗窃国记》对此有细致的叙述：

> 庆王府设德律风与督署，旦夕相闻答，凡内廷消息无巨细必知，于是遍布私党，盘踞要位。杨士骧以编修改知府，不数年擢至巡抚。杨士琦由举人捐试用道，不数年擢至侍郎。赵秉钧以试用道径擢为巡警部侍郎。严修以编修径擢为学部侍郎。段芝贵以武巡捕出身径简为黑龙江巡抚。梁敦彦以天津海关道骤入为外务部尚书，凌福彭以天津府骤升为直隶藩司，朱家宝以天津县骤升为安徽巡抚。徐世昌以编修入世凯幕，不数年遂至尚书，旋与铁良、荣庆同入军机，皆世凯之力。凡各省举行新政，辄遣使赴北洋考察仿用其章程。④

袁世凯从光绪二十七年（1901）任参预政务大臣起，在清末新政中发挥了重要的作用。袁世凯在直隶首创巡警制，推动科举制的废

① 袁世凯：《派侍郎徐世昌管理留京陆军事宜折》，天津图书馆、天津社会科学院历史研究所编《袁世凯奏议》下册，第1159页。
② 沈祖宪、吴闿生：《容庵弟子记》，沈云龙主编《袁世凯史料汇刊》第9册，台北文海出版社1966年版，第145页。
③ 同上书，第168页。
④ 胡思敬：《退庐全集》，沈云龙主编《近代中国史料丛刊》第45辑，第1351页。

除、新式学堂的建立，推进近代军队的形成，使直隶地区成为全国新政的楷模。尤其是在奕劻掌权的督办政务处时期，袁世凯也极力推进中央政治改革，对新政产生了重要作用。由于对权力的欲望，袁世凯借助参预政务大臣的身份，利用新政的大变革的契机，大肆扩张其势力，权势急剧膨胀，盘踞要位，党羽遍布，左右新政进程。袁世凯也因此成为晚清政坛上举足轻重的权臣。

本文与杨娟娟合作，系提交"辛亥革命与袁世凯学术研讨会"论文，收入论文集《辛亥革命与袁世凯——清末民初社会转型时期人物研究》（张华腾主编，河南大学出版社 2014 年版）。

孙中山五权宪法思想及其实践

孙中山的五权宪法思想，是指他将政府权力分为立法、行政、司法、考试和监察五个各自独立又相互制约的部分的宪政思想。这个思想比西方资本主义国家通行的三权分立原则增加了考试权和监察权，是对三权分立思想的重大发展，也是孙中山三民主义学说中民权主义的重要组成部分。本文即拟对孙中山的五权宪法思想及其实践做一些粗浅的探讨。

一

孙中山五权宪法思想的形成、发展直至成熟有其特定的社会历史原因及过程。

首先，孙中山五权宪法思想的产生是晚清国粹思潮和孙中山本人对西方政治制度的深刻认识相结合的产物。

20 世纪之初中国资产阶级民主革命逐渐兴盛之时，正是国粹思潮方兴未艾之际。国粹派中很多人是中国同盟会会员，作为国粹派主将之一的章太炎就是同盟会的重要领导人之一。国粹派站在共和革命的立场上，一方面主张革命排满，另一方面对西方资本主义国家的某些政治制度进行猛烈抨击，要求在向西方学习的同时，挖掘中国固有的优秀文化传统，包括政治制度中的可取之处，以实现中西方的有机整合。孙中山本人精通中国历史，对西方的政治制度也有比较深刻的认识，再加上国粹思潮是当时影响很大的一股革命思潮，这使得他既必须从中国传统政治制度中汲取有益成分，又必须努力去完成这一重大使命。1905 年 8 月 13 日，孙中山在东京留学生欢迎大会上发表演说时指出："又有人说，中国此时改革事事取法于人，自己无一点独立的学说，是（事）先不能培养起国民独立的性根来，后来还望国民有独立的资格吗？此说诚然。"① 这表明孙中山已经开始关注和思考国粹派提出的问题了。

此外，孙中山对西方三权分立思想在西方政治实践中所产生的流弊也有着深刻的认识。所谓五权宪法，就是在三权的基础上增加了独立的考试和监察两权。之所以要增加考试权，是因为孙中山看到西方单纯通过选举和任命的方式来选拔官吏有两大弊端：一是政府所有工作人员跟随着政党的进退而进退，以致"每当更迭国务长官，甚且下至勤杂敲钟之类的小吏也随着全部更换"②，造成了政府组成人员的过度不稳定和混乱。二是单纯通过选举而不采取考试的方法来选拔官吏，"就往往会使那些有口才的人在选民中间运动，以占有其地位，而那些无口才但有学问思想的人却被闲置"③。之所以要设计独立的监察权，是看到在西方的政治实践中，由于立法机关兼有对行政首脑的弹劾权，往往容易造成挟制行政机关的议院专制现象。此外，从理论上来说，孙中山认为"裁判人民的机关已经独立，裁判官吏的机关却仍在别的机关之下，这也是论理上说不去的，故此这机关也要独立"④。

其次，西方资产阶级关于国家政体的分权制衡原则和中国封建社会政治制度的合理性因素是孙中山五权宪法思想的理论来源。

作为资产阶级革命家，孙中山深受孟德斯鸠权力分立和制衡理论的影响。同时，他把美国作为孟德斯鸠学说的实践国进行了深入的观察和研究。这主要表现在他在宣传五权宪法思想时多次提到孟德斯鸠和美国。譬如1921年4月4日，他在广东省教育会发表演说时谈道："乃二百年前有法国学者孟德斯鸠，他著了一部书叫做《法意》，有人亦叫做《万法精义》，发明了三权独立底学说，主张立法、司法、

---

① 广东省社会科学院历史研究室等编：《孙中山全集》第1卷，中华书局1981年版，第281页。

② 同上书，第319页。

③ 同上书，第320页。

④ 同上书，第331页。

行政三权分立……美国即根据孟氏底三权分立学说,用很严密底文字订立成文宪法。"① 另外,孟德斯鸠从历史主义和整体主义的研究视角出发,强调一国的政治与法律必须适合于其赖以存在的本国的自然环境及社会文化和宗教状况。② 这无疑也会提醒孙中山从中国的历史和社会文化背景来吸收和改造西方的政治学说。因此可以说,孟德斯鸠的权力分立与制衡学说和美国的宪法是孙中山创立五权宪法的指导思想和外部理论来源。

与此同时,对中国历史的熟悉,使孙中山能够从中批判地汲取经验教训,创立自己的政治学说。孙中山五权宪法中的考试权是受在中国封建社会延续了近一千三百年的科举制度的启发。孙中山认为,科举考试不但可以使国家获得真正的饱学之士,而且可以使平民通过考试成为官吏,打破贵族对政治的垄断。尤其主考官一经皇帝钦命就拥有至高无上的独立之权,可以保证相对公平公正地选择人才,更值得学习。他曾赞赏说:"中国历代考试制度不但合乎平民政治,且突过现代之民主政治……虽所试科目不合时用,制度则昭若日月。"③ 孙中山五权宪法中的监察权则来源于对中国古代御史监察制度的批判继承。孙中山对中国古代的御史监察制度也非常赞赏,认为宋代以前御史地位很高,职权很重,明清两代监察官员品级虽然下降,但仍然是"官品虽小而权重内外,上自君相,下及微职,儆惕惶恐,不敢犯法"④,起到了很好的监察作用。孙中山是如此推崇中国的这两项制度,以至于认为中国古代也存在着三权分立,那就是君权、考试权和监察权的分立,而立法、行政、司法三权不过包含在君权之中而已。

最后,孙中山的五权宪法思想产生后,伴随着他的革命思想和实践的发展,逐步具体完善,最终形成了比较完整的思想体系。

在 1906 年 11 月 15 日与俄国社会革命党领袖该鲁学尼等人的谈话中,孙中山首次提出了革命胜利后要在中国实行五权分立共和政治

---

① 中山大学历史系孙中山研究室等编:《孙中山全集》第 5 卷,中华书局 1985 年版,第 492—493 页。

② 浦光祖、洪涛:《西方政治学说史》,复旦大学出版社 1999 年版,第 262 页。

③ 广东省社会科学院历史研究室等编:《孙中山全集》第 1 卷,第 445 页。

④ 同上。

的思想。不久，在东京《民报》创刊周年庆祝大会的演说中，孙中山公开发表了自己的五权宪法思想。此时，只是这一思想的初步提出，还远不完善。

在1917年至1919年制定的《建国方略》中，孙中山具体论述了五权之间的关系，指出要通过设立五院制的政府（即行政院、立法院、司法院、考试院、监察院）来行使五权。其中行政院长官总统和立法院的"代议士"由人民直接选举产生，其余三院院长由总统提名得立法院同意后委任。五院皆对人民选举产生的国民大会负责而不互相负责。"各院人员失职，由监察院向国民大会弹劾之；而监察院人员失职，则国民大会自行弹劾而罢黜之。……国民大会及五院职员，与夫全国大小官吏，其资格皆由考试院定之。"① 从这个国家机构的设计不难看出，考试院和监察院都握有实权，前者决定官吏能否被选任的资格，后者则对官吏拥有监察和弹劾之权。这两权的设计，显然有利于选拔优秀人才和制约官吏渎职。

此外，孙中山还多次提及五权宪法和三民主义以及建国三时期的关系。三民主义是孙中山领导的资产阶级民主革命的指导思想，它由民族主义、民权主义和民生主义三部分组成，五权宪法属于民权主义的范畴，是民权主义的重要组成部分和具体体现。值得注意的是，孙中山极为重视五权宪法，在多个重要文件和多次重要谈话中，他总是将五权宪法和三民主义相提并论，认为只有建立了五权分立体制的民国，才能建立所谓民有、民治、民享的国家，才能彻底完成民主革命、民权革命和社会革命，实现真正的三民主义。显然，孙中山认为五权宪法是实现三民主义的关键。

所谓建国三时期，是指孙中山等人将资产阶级民主共和制政权的建立分为"军法之治""约法之治"和"宪法之治"三个阶段。这一时期划分在1906年秋冬之际制定的《中国同盟会革命方略》中就提出来了。此后虽然在1920年11月修正的《中国国民党总章》中一度

---

① 广东省社会科学院历史研究所等编：《孙中山全集》第6卷，中华书局1985年版，第331页。

改为两个时期，即军政和宪政时期，① 但不久便又恢复为三时期。不管是三个时期还是两个时期，孙中山都认为"宪法颁布之日，即为革命成功之时"②。可见，五权宪法是建国三时期中最后一个时期的任务，是三民主义理想最终实现的标志。

1919年，孙中山在一篇关于三民主义的演说中，盛赞瑞士的宪法是直接民权，人民有选举、罢官、创制和复决四大权力，认为中国人民也应该享有这种权力。1921年4月在广东省教育会发表的演说中，孙中山初步论述了上述四大民权与五权的关系，认为"五权宪法如一部大机器，直接民权又是机器的制扣"③。1924年，孙中山的"权能分立"思想渐趋成熟，指出要建立人民有权、政府有能的政权机关。所谓人民有权，就是人民拥有选举、罢官、创制和复决四大民权，这是政权；所谓政府有能，就是政府拥有立法、行政、司法、监察、考试五权，也就是治理权。他认为："用人民的四个政权来管理政府的五个治权，那才算是一个完全的民权政治机关。有了这样的政治机关，人民和政府的力量才可以彼此平衡。"④ 总之，只有把人民的四权和政府的五权有机地结合起来，才能造成所谓万能政府，才能为人民谋幸福。

由上可知，到1924年的时候，孙中山以三民主义为奋斗目标、分权和制衡理论为指导思想的五权宪法体系已经正式形成了，五权宪法思想已经成熟。它和"建国三时期"和"权能分立"共同构成孙中山的理想的共和政体架构。

二

五权宪法思想产生以后，孙中山就一直积极进行宣传，努力实

---

① 中山大学历史系孙中山研究室等编：《孙中山全集》第5卷，第401—402页。

② 中国社会科学院近代史研究所中华民国史研究室等编：《孙中山全集》第3卷，中华书局1984年版，第97页。

③ 中山大学历史系孙中山研究室等编：《孙中山全集》第5卷，第497页。

④ 广东省社会科学院历史研究所等编：《孙中山全集》第9卷，中华书局1986年版，第352页。

践。然而，由于主客观种种原因，五权宪法思想在个别方面虽然取得一些成效，但总的来说却没有完全实现。

孙中山是一个伟大的民主主义革命者，他把五权宪法看作建立万能政府、实现真正民权的法宝。因此从 1906 年 11 月首次提出五权分立的思想后，他就开始孜孜不倦地在各种场合宣传，希望人们能够了解和接受他的五权宪法思想，在中国建立五权分立的政府。直到 1925 年 3 月 11 日，孙中山在弥留之际，仍然念念不忘自己的五权宪法主张，他对汪精卫说："死生常事，本无足虑，但数十年为国奔走，所抱主义终未完全实现，希望诸同志努力奋斗，使国民会议早日成立，达到三民、五权之主张，则本人死亦瞑目。"[1] 孙中山鞠躬尽瘁、死而后已的革命精神令人感慨钦佩。

在努力宣传五权宪法的同时，孙中山还克服重重困难，在条件允许的范围内，尽可能地实践五权宪法思想。1912 年孙中山就任临时大总统之际，曾命令法制局拟定文官考试章程，这虽然和五权宪法中的考试权不完全一样，但以考试决定任官的资格则是二者共同的思想基础，可以看作五权中考试权在特殊情况下的一种变相推行。在同年 3 月 21 日颁布的《中华民国临时约法》中规定："人民有应任官考试之权。"[2] 1914 年，由孙中山主持制定的《中华革命党总章》规定，除总理外，成立由立法院、司法院、监督院、考试院组成的协赞会，目的是"使人人得以资其经验，备为五权宪法之张本"。"若成立政府时"，"则四院各成独立之机关，与行政部平行，成为五权并立"。[3] 显然，孙中山此举的目的是为建立实施五权宪法的民主共和国做准备。在 1920 年 1 月修正的《中国国民党总章》中明确规定国民党"以创立五权宪法为目的"[4]。1920 年 11 月底孙中山在广州重组军政

---

① 广东省社会科学院历史研究所等编：《孙中山全集》第 11 卷，中华书局 1986 年版，第 638 页。

② 中国社会科学院近代史研究所中华民国史研究室等编：《孙中山全集》第 2 卷，中华书局 1982 年版，第 220 页。

③ 中国社会科学院近代史研究所中华民国史研究室等编：《孙中山全集》第 3 卷，第 100 页。

④ 中山大学历史系孙中山研究室等编：《孙中山全集》第 5 卷，第 401 页。

府以后，在《内政方针》中设置了文官考试局，负责普通文官和高等文官考试。1924年1月，中国国民党第一次全国代表大会在广州召开。这次会议的目的是改组国民党，把全党的思想统一到孙中山的三民主义和五权宪法思想上来，以便为国民革命而奋斗。大会发表的《宣言》明确规定："民权运动之方式规定于宪法，以孙先生所创之五权分立为之原则，即立法、司法、行政、考试、监察五权分立是已。"① 在1月20日通过的《国民政府建国大纲》第一章也明确规定："国民政府本革命之三民主义、五权宪法，以建设中华民国。"②这就为国民党取得胜利后的政权规定了建设纲领，保证了五权宪法思想在以后的国家政权建设中能够被贯彻执行。1924年8月26日，孙中山以广州革命政府大元帅的身份公布了《考试院组织条例》及《实行细则》，详细规定了考试院的组织体系和考试内容、方式等。这是孙中山生前对五权宪法的最后一次局部试验，为后来的国民政府实行五院制提供了宝贵的经验。

综上所述，孙中山在小范围内部分地实践了他的五权宪法思想，并取得了一定的成效。但是，作为一个完整的政体构想，五权宪法在孙中山生前却始终没有能够在哪一个政府中完全推行。

武汉军政府是一个仓促产生的战时政府固不必说，但孙中山领导的南京临时政府，也是仿效美国的总统制，按照三权分立的原则由立法机关（临时参议会）、行政机关（临时大总统、行政各部）、司法机关（中央审判所）三大部分组成，并未按五权宪法组织。1912年3月21日公布的由孙中山领导制定的《临时约法》仍然遵循的是三权分立原则，只不过由总统制改为内阁制而已。袁世凯窃取政权以后，直到1928年，在国际上代表中国的北京政府是北洋军阀操纵下的封建买办政权，连三权分立都不能坚持，更谈不到推行孙中山的五权宪法思想。为此，孙中山开展了反袁斗争和护法运动，但他的宣言也只是称要恢复《临时约法》，而非推行五权宪法。在此期间，南方先后

① 荣孟源编：《中国国民党历次代表大会及中央全会资料》上册，光明日报出版社1985年版，第17页。

② 同上书，第34页。

成立的几个地方政权也都没有按五权宪法思想组建。1916年5月8日成立的军务院是代表大地主大资产阶级利益的政权，资产阶级革命派没有参加，体制不足论。1917年8月25日，孙中山在广州成立了护法军政府，但采取的是集权原则的元帅制，而且不久孙中山即受到排挤，被迫辞去大元帅职务，军政府成为南方军阀控制的所谓"七总裁制"。1921年4月7日又成立了由孙中山任非常大总统的"中华民国政府"，改元帅制为总统制，但仍未推行五权宪法。平定陈炯明叛乱以后，孙中山于1923年春再度返回广州，重新组织革命政府，又恢复了元帅制。此后，虽然革命政府先后颁布了《考试院组织条例》，设立了监察院，但仍不是完整意义上的五权宪法体制。蒋介石领导的南京国民政府虽然在形式上采取了五院制，实质上却是一个集权政府，与孙中山所追求的五权分立政府形似而神非。

那么，孙中山从同盟会建立不久就开始为之努力奋斗的五权宪法为什么一直不能在中国顺利而有效地推行呢？我们认为有以下几个主要原因。

第一，孙中山领导的革命政党组织比较松散，思想上不够统一。中国同盟会是由兴中会、华兴会和光复会联合组建的第一个全国性的资产阶级革命政党。同盟会总章虽然规定该会以后来被概括为三民主义的"驱除鞑虏，恢复中华，创立民国，平均地权"为宗旨，但事实上大家对这一宗旨的遵奉并未统一到孙中山的认识水平上来，而是各有差异。1912年8月为了竞选而成立的国民党，更是引入了不少旧的官僚、政客，成分非常复杂，思想更加混乱。正因为如此，"二次革命"后孙中山在日本组建了绝对服从于他本人的中华革命党，但很多原同盟会成员，尤其是主要成员拒绝加入，势力很小。在这样的情况下，孙中山的五权宪法思想当然不能在政治实践中顺利推行。我们看到，作为同盟会领导骨干的黄兴、宋教仁、章炳麟等人并不积极拥护和宣传孙中山的五权宪法思想。相反，宋教仁认为"夫立宪政体之国，必有议会为监督政府机关，而行决议、质问、弹劾等三权"[①]，假若立宪后仍有都察院之类的监察机构行使弹劾权，那就侵犯了议会的

———————————

① 陈旭麓主编：《宋教仁集》上册，中华书局1979年版，第281页。

监督权力，不能谓之立宪。章炳麟则提出了自己行政、司法、教育的三权分立构想。① 在这种情况下，孙中山想推行他的五权宪法思想，其困难可想而知。对此，孙中山深有体会，他在1921年曾讲道："是以革命之初，极力主张用此种五权宪法，以为治国之具。但当时秉政诸同志以为五权宪法各国所无，表示反对，其结果只成得今日约法，而五权宪法遂归于不用。"② 显然，革命党思想的混乱和组织的松散是五权宪法不能被推广的重要原因之一。

第二，政府组成人员成分复杂。这是五权宪法思想不能被顺利推行的又一重要原因。1924年国共合作以前，资产阶级革命派建立的政府不是与立宪派、旧官僚联合，就是依靠一派军阀打击另一派军阀。武昌起义后，群龙无首的革命党人把政权拱手让给了立宪派和旧官僚，而南京临时政府则是革命党人与二者联合的产物。后来孙中山在广州建立的几个地方政权（除最后建立的广州国民政府外），也都是依托于当地的军阀。国家是阶级统治的工具，掌握了国家政权的各个阶级和各派势力，必然要利用它来体现自己的意志，谋求自己的利益。立宪派、旧官僚和各派军阀有着各自集团的政治目的和利益追求，而它们的本质决定了它们的政治目的和政治利益是与孙中山实现三民主义的崇高政治理想背道而驰的。因此，在它们混进革命政权以后，必然要想方设法竭力阻挠和破坏孙中山基于实现充分民权、建立真正共和政府为目的的五权宪法思想的推行。为了达到目的，它们往往甚至不惜公然出卖革命，彻底撕下自己共和的伪装。孙中山后来曾清楚地认识到了这一点，指出"顾吾国之大患，莫大于武人之争雄，南与北如一丘之貉。虽号称护法之省，亦莫肯俯首于法律及民意之下"③。显然，依靠这些势力建立的政权是不可能实践五权宪法的。

第三，五权宪法的推行缺乏群众基础。整个资产阶级革命都是缺乏群众基础的，所以造成了中国民族资产阶级具有软弱性和妥协性的

---

① 朱维铮、姜义华编注：《章太炎选集》（注释本），上海人民出版社1981年版，第474页。

② 中山大学历史系孙中山研究室等编：《孙中山全集》第5卷，第559页。

③ 中国社会科学院近代史研究所中华民国史研究室等编：《孙中山全集》第4卷，中华书局1985年版，第471页。

特点，在中国近代史上出现了资产阶级民主派不得不和封建势力相妥协，甚至将政权拱手让与封建官僚的咄咄怪事。相比较而言，五权宪法的推行更缺乏群众基础。五权宪法是孙中山为中国设计的一个理想的政治模式，却不能被广泛接受。正如他在 1921 年的一次演讲中所说，从他在东京庆祝《民报》创刊一周年演说中提出五权宪法思想差不多 20 年了，党内赞成的人仍是寥寥无几。这样，五权宪法必然不能广泛地向广大群众宣传。另外，孙中山自己虽然多次在各种场合讲过五权宪法思想，但他所面对的听众不过是占人口少数的所谓"先知先觉"和"后知后觉"的人。对于占四万万人口绝大多数的所谓"不知不觉"的人，① 孙中山并没有去宣传。他举例说对于一个法律博士，都要花三个月时间来讲解，他才能明白。② 那么对于"不知不觉"的老百姓，只好通过"训政"来训导他们认识自己的四大权力，并赞成五权宪法了。其实，从根本上来说，孙中山的五权宪法也好，权能分立也好，并未能满足广大老百姓当时最根本的需要，甚至也不能被广大群众所了解和理解，所以得不到广大人民群众的大力支持。这是五权宪法不能推广的最根本原因。

第四，就孙中山本人的主观认识来说，他的五权宪法思想的形成、发展、完善，也经历了一个较长时间的逐步发展过程。正如前文所述，1906 年孙中山只是初步提出了五权分立的构想，此后经过长期的探索，直到 1924 年才形成了比较完整的体系。只有到这时，五权宪法在理论上才有了可行性，但也正是在五权宪法思想逐步发展成熟的过程中，孙中山逐渐认识到了实践这一思想的巨大困难。因此，他把实践五权宪法的任务放到了建国三时期中宪政时期的开始之际。显然，在全国尚未统一的革命阶段属于军政时期，还远不能实行五权宪法。这也就是孙中山在 1924 年建立的国共合作的广州革命政权中并未完全推行五权宪法的原因。

总之，由于上述主要原因，被孙中山视为与三民主义并行组成孙文革命的五权宪法，并没有能在中国大地上成功推行。

---

① 广东省社会科学院历史研究所等编：《孙中山全集》第 9 卷，第 323 页。
② 中山大学历史系孙中山研究室等编：《孙中山全集》第 5 卷，第 490 页。

三

孙中山五权宪法思想的提出及其实践，是近代中国政治变革史上的一件大事，具有重要而深远的意义。

首先，五权宪法思想是针对西方三权分立宪政政体的"缺点"和"流弊"而提出的，是对孟德斯鸠三权分立政治思想的一个重大发展，在政治思想史上应占有相当的地位。独立的监察权思想的提出，体现了孙中山重视吏治的政治思想，而且为资本主义国家避免"议会专制"、增强政府行政职能提供了一条途径。而独立的考试权的设计，其意义就更值得重视。一方面，它为消除盲目选举和任人唯亲现象、吸收具有才干的"专门家"进入政府提供了一种比较合理的方法；另一方面，它在理论上推动了资产阶级民主的进一步发展。以考试确定任官资格而不是像当时的资本主义国家一样强调以财产来确定资格，显得较为公平和民主，甚至在一定程度上超越了资产阶级民主的范畴而带有社会主义的色彩。有中国共产党人参加的国民党"一大"称，创立五权宪法的目的和作用是"凡此既以济代议政治之穷，亦以矫选举制度之弊"①。此外，孙中山建立在四大直接民权基础上和国民大会统一领导之下的五权分立政府，目的是使人民真正享有民主权力，建立高效廉洁的"万能政府"，这和西方国家单纯出于权力制约需要的三权分立政治制度有着显著的区别。总之，五权宪法思想体现了孙中山追求民权的真诚愿望，是对资产阶级宪政思想的重要发展。

其次，五权宪法思想的提出，对中国政治制度和政治体制的近代化具有划时代的重要意义，它推动了近代中国民主政治的发展。走向近代化是中国自 1840 年鸦片战争以来两大历史任务之一，尤其是从 1898 年戊戌维新运动开始，政治近代化成了中国近代化的核心问题，没有政治的近代化，中国的经济、社会、文化的近代化都将停滞不前。政治民主化是中国政治近代化的方向。孙中山的五权宪法思想是他为在中国实现民主共和制而创立的宪政学说，是对中国民主共和制

---

① 荣孟源编：《中国国民党历次代表大会及中央全会资料》上册，第 17 页。

的具体设计，体现了孙中山在中国建立民主政府的真诚愿望，领导了历史前进的潮流，对中国政治和中国社会走向近代化起了巨大的推动作用。尤其是他特别重视官员的选拔和监督的思想，对我们今天的政治体制改革具有巨大的启迪和借鉴意义。

最后，五权宪法思想所反映的孙中山考虑问题的精神和着眼点，尤其值得后人学习。孙中山之所以能天才地创立五权宪法政治学说，最根本的原因有二：一是因为他是一个伟大的爱国主义者，迫切地希望能在中国造成一个"万能政府"①，"建一头等民主大共和国，以执全球的牛耳"②。二是因为他是一个真诚的民主主义者，正如列宁所说的："孙中山纲领的每一行都浸透了战斗的、真诚的民主主义。"③ 他无比真诚地信奉民主共和的政治理想，希望通过自己无私不懈的奋斗，让中国的四万万人民能够真正拥有民权，真正拥有一个民主的政府。孙中山能够在向西方先进国家学习的同时注意鉴别其优劣，屏弃其弊端，在埋葬封建旧制度的同时批判吸收其合理成分，这种科学态度和做法是值得肯定的。

当然，孙中山的五权宪法思想也有其缺陷，这主要表现在五权宪法具有很大的空想性。孙中山是真诚的民权主义者，他提出五权宪法思想的主要目的之一就是希望全体人民都享有充分的真正的民主权力。为此，他反对社会的阶级划分，声称"现在的人民知识大开，已经是很觉悟了，便要把治人和治于人的两个阶级，彻底打破……兄弟这种五权宪法，更是打破这种阶级的工具，实行民治的根本办法"④。这是孙中山最美好的理想，也恰恰是完全的空想。国家是伴随阶级的出现而相应产生的统治工具，只要有国家存在，便存在着统治阶级和被统治阶级，民主作为一种国家制度，注定只能由统治阶级享有，全民民主是不存在的。这也是五权宪法在实践中不能被推行的一个理论根源。

---

① 广东省社会科学院历史研究所等编：《孙中山全集》第9卷，第355页。

② 广东省社会科学院历史研究室等编：《孙中山全集》第1卷，第279页。

③ 《列宁选集》第2卷，人民出版社1972年版，第424页。

④ 总理逝世三周年首都各界纪念会编：《孙中山先生演说全集》，沈云龙编《近代中国史料丛刊》第661册，台北文海出版社1966年版，第55页。

尽管如此，孙中山五权宪法在实践中的失败，无疑留给了我们更多的思考。诚然，孙中山的失败，从根本上来说是由于他的阶级局限性所造成的，是不可避免的，但在具体执行过程中出现的一些现象，也是我们应该重视的。其一，一个政治理想要想实现，不仅要符合时代前进的潮流，而且要切合当时社会最普遍和最根本的需求，用孙中山的话来说，就是"一定要和人民有切肤之痛"①，否则就不会得到广泛的拥护，就会陷入曲高和寡的尴尬境地。其二，一个政党必须有统一的思想、严明的纪律，否则就无力推动本党政治纲领的实行。其三，政治是利益集团的斗争，要推行政治主张，首要的一点是要分清敌友。其四，一定要有眼睛向下的精神，只有最广大的人民群众才是推动历史前进的最强大力量，那些看似强大的反动势力，都无力抵挡人民群众的进攻。孙中山一方面真诚地希望人民能够真正拥有国家权力，另一方面看不到人民群众中蕴含巨大的力量，而认为他们是"不知不觉"的人，这正是他的悲剧，也是立足于实现真正民权的五权宪法的悲剧。上述四点是有机的统一。在中国近代社会，一个政治纲领的实现，必须要切合实际，并且必须有一个团结而具有战斗力的政党能够发动最广大的人民群众去实现。否则，一切美好的理想都不过是空中楼阁而已。

本文与白文刚合作，系提交"海峡两岸纪念孙中山诞辰 145 周年学术研讨会"论文，原载《史学月刊》2002 年第 5 期。

---

① 广东省社会科学院历史研究所等编：《孙中山全集》第 9 卷，第 277 页。

孙中山与非洲

中国与非洲同属人类文明发祥地，关系源远流长。近代两地同样面临西方列强的入侵，同呼吸共命运。孙中山曾数次行经非洲，非洲在孙中山的革命思想和事业中都占有重要地位，但却为以往研究所忽略。本文不揣冒昧，拟对此略作探究，以期对孙中山研究和中非关系史研究有所裨益。

一　孙中山的非洲观

孙中山对非洲的地理位置有着深刻的认识，在论述英国的全球战略时曾说："自英本国而南，占有非洲之大部分，而握埃及以为交通之枢纽，且取直布罗陀、摩尔泰①、亚丁以联之，而以好望角副之；出红海而东，萃于印度。"②西班牙、葡萄牙则在其非洲海岸殖民地遭到英国、荷兰等国侵夺后，因难以控制其他殖民地而纷纷衰落。他认为西方列强的分化组合与非洲大有关系。如普法战争之后法国在非洲的扩张引起英国、意大利等国的不满，德国首相俾斯麦加以利用使得法国在欧洲处于孤立地位。再如俾斯麦被罢黜后，德皇威廉二世积极向非洲进行扩张，引起英、法、俄等国的联合抵制，三国协约的局面于是形成。他还推测日本强大后必将侵略非洲。

在非洲各交通要道中，孙中山对苏伊士运河印象颇深。他曾于

---

① 今译马耳他。
② 孙中山：《中国存亡问题》，中国社会科学院近代研究所中华民国史研究室等编《孙中山全集》第4卷，中华书局1985年版，第66页。

1910年和1911年两度行经苏伊士运河，回来后慨叹"苏伊士地颈处于红海、地中海之间，隔绝东西洋海道之交通"①，其开凿工程举世震惊。经过对苏伊士运河与京杭大运河进行比较，他认为京杭大运河工程更为浩大，并计划开凿运河联结华中与华北。康有为在1904年通过苏伊士运河时也有相似体验："昔闻此巨工而骇之，今见之，乃绝无分毫奇法妙计。遂以人人易知之版筑，擅稀世盛大之业。"② 康有为对苏伊士运河的亲身观察，对孙中山将来制订国家建设计划提供了有益的启示。

孙中山认为人类按肤色分为白种人、黑种人、红种人、黄种人和棕种人五种，各人种之间仅是肤色不同，并无聪明才智差别，当时的非洲有三个人种，白种人占据统治地位，黑种人和黄种人则遭受白种人的压迫。

非洲以撒哈拉沙漠为界分为南、北两部分，北非居民以阿拉伯人为主。孙中山将其视为"黄种人"③，并给予较高评价。他将埃及、希腊和罗马列为古代文明的中心点，以埃及的瓦为例论证陶器的悠久。他说："有文字的历史，在中国不过五六千年，在埃及不过一万多年。"④ 可见埃及历史比中国悠久。他赞同当时盛行的中国文化西来说，认为尼罗河流域和美索不达米亚平原是人类文化的发祥地，而中国文明是由美索不达米亚平原传过来的。唐朝时阿拉伯派人来中国学习，元朝蒙古远征西亚北非，这些中阿之间的交往都为他所注意。近代中阿同样遭受西方侵略，他认为中阿命运息息相关，中国革命假如能取得胜利，阿拉伯国家必将随之独立。他还肯定了伊斯兰教在保持阿拉伯民族凝聚力中的作用："阿剌（拉）伯人之所以能够存在的道理，也是因为他们有谟（穆）罕墨德的宗教。"⑤

---

① 孙中山：《建国方略》，黄彦编《孙文选集》上册，广东人民出版社2006年版，第39页。

② 康有为：《意大利游记》，姜义华、张荣华编校《康有为全集》第7集，中国人民大学出版社2007年版，第348页。

③ 阿拉伯人实际为白种人。

④ 孙中山：《民权主义》，黄彦编《孙文选集》上册，第485页。

⑤ 孙中山：《三民主义》，黄彦编《孙文选集》上册，第408页。

撒哈拉沙漠以南非洲的居民主要为黑人，孙中山将其视为"黑种人"。他对于黑人的未来持悲观态度，认为在白人的扩张下，"非洲的黑人不久就要消灭"①。

与近代西方的种族优劣论截然不同，孙中山并未将当时非洲黑人的落后归结为人种上的差异，而是将其视为文明发展的快慢问题。他注意到黑人也有值得学习的地方，如欧洲陆军的"伏地战术"便是起源于非洲黑人。他并不否认黑人同样能够成为具有近代思想的人，如他认为美国黑奴尽管在南北战争时缺乏近代思想，但此后很快便能理解。他甚至认为，美利坚民族正是由于吸收了数百万的黑人，而成为"世界一最进步、最伟大、最富强之民族"②。

近代西方列强纷纷向非洲进行扩张，建立了一些独立国家和许多殖民地。孙中山将这些移民非洲的欧洲人视为"白种人"，他们在非洲的三个人种中力量最强，将"吞灭别色人种"③。

孙中山的非洲观诚然存在许多不完善甚至不正确的地方，如将"伏地战术"归结为非洲黑人的创造和忽略黑人曾创造的辉煌灿烂的古代文明等。这种缺陷主要是由其所受的教育、信息来源和时代局限决定的。但他的非洲观基本代表了近代中国先进知识分子认识非洲的较高水平，其中不乏真知灼见，如他对非洲地理位置的分析、阿拉伯文明的评述和黑人才智的理解。这种观察和分析不仅可作为近代中国人非洲观的代表，而且对孙中山处理非洲民族独立运动和非洲华侨问题产生影响。

二 孙中山与非洲民族独立运动

孙中山对非洲民族独立运动的态度是建立在其对列强在非洲进行殖民活动认识的基础上的。他认为列强为掠夺资源和维持统治，不仅

---

① 孙中山：《民族主义》，黄彦编《孙文选集》上册，第449页。
② 孙中山：《三民主义》，黄彦编《孙文选集》中册，广东人民出版社2006年版，第614页。
③ 孙中山：《民族主义》，黄彦编《孙文选集》上册，第449页。

近代人物论稿

在政治和经济上掠夺殖民地，还对殖民地人民屡施暴政，其统治实际是对非洲弱小民族的压迫。他号召中国人"对于弱小的民族要扶持他，对于世界的列强要抵抗他"①。这种认识自然决定了他对非洲民族独立运动的同情友好态度。

1899年，英国人和布尔人为争夺南部非洲的控制权爆发了第二次布尔战争。布尔人在做出英勇抵抗后，终因寡不敌众于1902年与英军签订《弗里尼欣合约》，德兰士瓦共和国就此灭亡。这场战争在中国国内引起热烈反响，以孙中山为首的革命派人士纷纷撰文赞扬布尔人不畏强权、敢于抗争的精神，并借机宣扬自己的政治理念。

孙中山首先对英国的侵略行径加以谴责，并赞扬了布尔人的抗争行为。他将英国吞并德兰士瓦共和国与割占香港相提并论，并质问其"据何公理"②。其次他借赞扬布尔人的抗争精神，批评了国人苟且偷生的做法和对革命的悲观态度，宣传了革命。1906年，他在《民报》创刊周年庆祝大会上发表演说："那非洲杜国③不过二十多万人，英国去灭他，尚且相争至三年之久……难道我们汉人，就甘心于亡国。"④最后他还对英布战争做了军事学上的研究，并将其付诸实践，推动了革命的进展。1903年他旅居日本时对这场战争进行了深入的研究，并因此与日本军事专家日野熊藏相识。孙中山随即于东京青山设军事学校，日野熊藏任校长。该校"尤注重波亚式散兵战法⑤，及以寡敌众之夜袭法"⑥。该校后来虽然解散，但对推动革命发展不无裨益。

布尔人是荷兰人的后裔，第二次布尔战争尽管带有保护国家独立

---

① 孙中山：《三民主义》，广东省社会科学院历史研究所等编《孙中山全集》第9卷，中华书局1985年版，第253页。

② 孙中山：《中国存亡问题》，中国社会科学院近代史研究所中华民国史研究室等编《孙中山全集》第4卷，第43页。

③ 德兰士瓦共和国也译为杜兰斯哇共和国，杜国是对后者的简称。

④ 孙中山：《在东京〈民报〉创刊周年庆祝大会的演说》，广东省社会科学院历史研究室等编《孙中山全集》第1卷，中华书局1985年版，第324页。

⑤ 布尔亦译为"波亚"。"波亚式散兵战法"为第二次英布战争中布尔人的作战方式之一。

⑥ 冯自由：《兴中会组织史》，《革命逸史》第4集，中华书局1981年版，第19页。

的性质，但实际上对双方来说都是一场掠夺性、非正义的战争。①《弗里尼欣合约》剥夺了非洲黑人的选举权，形成了英国人和布尔人对黑人的合作统治。但孙中山限于各方面因素，并未对此做出更深刻的分析。

1905 年，日本在日俄战争中取胜。一些阿拉伯人在与孙中山的交谈中表达了向日本学习追求民族独立的想法。孙中山将此战称为"亚洲民族在最近几百年中头一次战胜欧洲人"②，认为阿拉伯人受此战鼓舞，会掀起接连不断的独立斗争。

1906 年，北非要地摩洛哥发生反抗法国殖民统治的起义，并于 1908 年在与摩洛哥政府军的作战中取得暂时胜利。孙中山闻讯后发文称赞摩洛哥革命党人敢于反抗摩洛哥国王的统治，并认为革命军的胜利必将使得摩洛哥免遭列强瓜分。他引《自由画报》的评论："麽（摩）洛哥之国势昔为欧洲列强危险暴飓之漩涡者，可从此尽息，而化作宁静之场矣"，再谈"中国岂异于是哉"③。尽管 1911 年发生了第二次摩洛哥危机，摩洛哥于第二年沦为法国的保护国，并未真正独立。但孙中山对摩洛哥的阐述，增强了人们对革命前途的信心，加速了辛亥革命的爆发。

1914 年第一次世界大战爆发，孙中山将其视为阿拉伯民族命运的转折点。他认为，战前埃及人民追求民族独立成功的可能性不高。战争期间美国总统威尔逊宣扬的"民族自决"原则激发了被压迫民族的独立愿望，而巴黎和会的结果使得这些民族大失所望。他们因此"大大的觉悟，知道列强当日所主张的民族自决完全是骗他们的。所以他们便不约而同，自己去实行民族自决"④，阿拉伯民族的独立运动因此

---

① 中国非洲史研究会《非洲通史》编写组编：《非洲通史》，北京师范大学出版社 1984 年，第 319 页。

② 孙中山：《大亚洲主义》，黄彦编《孙文选集》下册，广东人民出版社 2006 年版，第 621 页。

③ 孙中山：《论惧革命召瓜分者乃不识时务者也》，广东省社会科学院历史研究室等编《孙中山全集》第 1 卷，第 381—382 页。

④ 孙中山：《三民主义》，广东省社会科学院历史研究室等编《孙中山全集》第 9 卷，第 224 页。

得到发展。他不仅对阿拉伯民族的独立运动做出高度评价，还预测各弱小民族在与中国革命的相互影响下将陆续独立。1922年埃及脱离英国统治正式独立，印证了孙中山的这种分析。

1924年1月6日，孙中山发布宣言，呼吁世界弱小民族团结起来，建立"反帝国主义联合战线"①，共同反抗帝国主义国家的掠夺与压迫。这标志着孙中山在对非洲民族独立运动的态度上达到了一个新的高度，中国和非洲在争取民族独立的道路上进一步互相促进。此后非洲许多国家的民族独立运动是以中国为榜样而进行的。

孙中山对非洲黑人的民族独立运动关注不多，这不能不说是一点遗憾。综观孙中山一生的革命事业，始终是与非洲民族独立运动相互联系的。这种联系包括四个方面：第一，孙中山领导的革命与非洲民族独立运动共同反抗西方列强的压迫，在东西方相互呼应；第二，孙中山始终对非洲民族独立运动加以关注，并予以赞扬；第三，非洲民族独立运动对于增强中国人的爱国心理、推进革命事业起了一定作用；第四，两地仁人志士相互交流、学习，为共同目标而奋斗。

三　孙中山与非洲华侨

孙中山与非洲之间的联系有一个强有力的纽带，这就是非洲华侨。

近代非洲华侨以华工为主，主要分布于德兰士瓦共和国②、南非、马达加斯加、毛里求斯和留尼旺等地。他们由于饱受殖民压迫之苦，尽管与祖国远隔千山万水，却热烈支持孙中山及其革命事业。

1895年，孙中山、杨衢云等人在香港成立兴中会总会，并于同年计划了广州起义。非洲华侨自此开始支持孙中山领导的革命，"考非洲华侨之有革命思想也，始于乙未之后"③。广州起义失败后，孙中山

---

① 孙中山：《呼吁世界弱小民族形成反帝国主义联合阵线之宣言》，黄彦编《孙文选集》下册，第380—381页。

② 1902年被并入南非。

③ 梁次狂：《南非洲党务实况》，李安山编注《非洲华侨华人社会史资料选辑》，香港社会科学出版社2006年版，第128页。

派杨衢云于 1896 年前往南非。1897 年杨衢云在约翰内斯堡和彼得马里茨堡建立兴中会分会，标志着非洲华侨对革命的支持进入有组织的阶段。杨衢云在南非"专向华侨为我们民族革命之鼓吹"①，"会务更形发达"②。当时分会主要成员有黎民占、霍汝丁、王炽等人。1897 年杨衢云回国时，南非华侨纷纷解囊相助，黎民占典当家产随行。此外，葡属东非殖民地洛伦索－马贵斯、马达加斯加于 1900 年前后分别成立了兴中会分会和强汉社。津巴布韦华侨也对孙中山的革命事业表达了支持。非洲华侨对孙中山的支持伊始便呈现地域广、形式多的特点。

1905 年同盟会成立时保皇派在非洲华侨中势力还比较大。南非华侨朱约之、谭启元等人于 1906 年发起组织思汉阅书报社，与保皇派展开论战。"非洲保皇派终被思汉社诸子攻击至体无完肤，偃旗息鼓，形同瓦解。……自是而后，非洲华侨之革命思想一日千里。"③ 到辛亥革命前夕，仅南非德兰士瓦省即有一千余名革命党人，④ 孙中山也于 1910 年感叹"华侨之思想已开"⑤。非洲华侨对革命事业的支持更加踊跃，霍秀石、霍又喜、陆子明、郑张维、霍顺阶等南非华侨青年亲自参与了黄花岗起义。起义失败后革命事业暂时陷入低潮，南非华侨梁次狂等人主动筹款接济革命党人，被孙中山称为"如大旱之得甘霖也"⑥。从 1911 年 4 月到 1912 年 5 月，非洲华侨向革命党人捐款约 8000 银元，捐款者遍布南非、留尼汪、马达加斯加、葡属东非等地。⑦ 非洲华侨为孙中山领导的辛亥革命的胜利做出一定贡献。

---

① 中国国民党中央委员会党史委员会编：《革命文献》第 64 辑，台北国民党党史会 1973 年印行，第 82 页。

② 冯自由：《兴中会组织史》，《革命逸史》第 4 集，第 17 页。

③ 梁次狂：《南非洲党务实况》，李安山编注《非洲华侨华人社会史资料选辑》，第 128 页。

④ 中国国民党中央委员会党史委员会编：《革命文献》第 65 辑，台北国民党党史会 1974 年印行，第 353 页。

⑤ 孙中山：《建国方略》，黄彦编《孙文选集》上册，第 100 页。

⑥ 梁次狂：《南非洲党务实况》，李安山编注《非洲华侨华人社会史资料选辑》，第 129 页。

⑦ 李安山：《非洲华侨华人史》，中国华侨出版社 2000 年版，第 229 页。

武昌起义爆发后,非洲华侨不仅捐款接济革命党人,还纷纷加入同盟会,革命党人在非洲的势力进一步增强。1912 年 1 月 1 日,孙中山就任中华民国临时大总统,南非华侨致电孙中山表示祝贺。[①] 南京临时政府采取了一系列保护华侨的举措,同时任命刘毅为驻南非总领事,进一步保护了华侨的利益。武昌起义后,毛里求斯华侨为了表示对中国革命的支持,大量进口了中国的商品。[②] 1911 年 2 月,南京临时参议院选举袁世凯为临时大总统,非洲华侨致电孙中山表达不满。2 月 21 日,孙中山复电五大洲华侨:"诸君尽其心力,与内地同志左右掣提,仆满清而建民国,今目的已达,以此完全民国,归诸全体四百兆人之手,我辈之义务告尽,而权利则享自由人权而已,其他非所问也。"[③] 随后毛里求斯对中国商品的进口出现大幅下降,表现了非洲华侨对袁世凯政府的不满。

1914 年 7 月,孙中山组建中华革命党,并于次年 4 月 13 日任命陈沛南、朱印山为南非洲支部正、副部长。[④] 朱印山,广东梅县人,南非华侨,接任副部长之后亲往南非各省宣传革命,组建中华革命党普埠分部、坡埠分部及各通讯机关,并积极组织捐款。南非华侨尽管人数少但捐款极为踊跃,当时孙中山曾就捐款数额与人数比例对各地区作一排序,南非位列第一。孙中山对南非支部的成绩给予高度赞许。[⑤] 1923 年 1 月 17 日,孙中山在讨伐陈炯明的过程中深感资金匮乏,于是专门致电南非支部,"请即筹款电沪"[⑥],可见南非支部捐款之重要。

1919 年 7 月,孙中山恢复中国国民党,并于 1923 年 4 月 20 日委

---

① 杜永镇:《辛亥革命时期的华侨》,中国华侨出版社 1991 年版,第 74 页。

② [毛里求斯] 雨盖特·李卓凡·皮耐欧:《西印度洋华侨史(摘译)》,武东和等译,方积根《非洲华侨史资料选辑》,新华出版社 1986 年版,第 110 页。

③ 孙中山:《复五大洲华侨电》,中国社会科学院近代史研究所中华民国史研究室等编《孙中山全集》第 2 卷,中华书局 1985 年版,第 111 页。

④ 孙中山:《委任令第七十八号》,中国社会科学院近代史研究所中华民国史研究室等编《孙中山全集》第 3 卷,中华书局 1985 年版,第 453 页。

⑤ 黄季陆主编:《革命人物志》第 2 集,台北"中央"文物供应社 1969 年版,第 82—83 页。

⑥ 陈锡祺主编:《孙中山年谱长编》下册,中华书局 1991 年版,第 1556 页。

任霍居南、陈佐兴为南非洲支部正、副部长，朱銮为南非洲支部评议部正部长。① 朱銮为朱印山之子，此后长期担任南非华侨领袖，为保护华侨利益做出了贡献。至此，国民党在非洲形成了以南非为总支部，下辖马达加斯加、留尼汪、毛里求斯3个支部，东非5个分部和南非各省5个分部的完整组织。

1924年孙中山对国民党进行改组时，南非由于党员仅有六百余人本不足以成立总支部，但孙中山考虑到该地华侨热心捐款特许该地成立总支部。"在孙中山生前，南非华侨出尽全力支持革命，当时几乎没有一个华侨国民党员不受到奖励。"②

1925年3月12日，孙中山逝世。国民党东非洲挈罅支部、国民党南非总支部和南非洲乔亨乃司堡广东同乡会先后发表唁电，以表哀悼。③ 毛里求斯华侨举行了专门的悼念活动，并随后在当地建立了中山堂和中山楼。④

非洲华侨尽管人数比较少、距离祖国比较远，但对孙中山的革命事业给予了积极的支持。这是因为：第一，非洲华侨所受殖民压迫尤为深重。非洲华侨以华工为主，他们被殖民主义者当作奴隶一般对待，境遇极其悲惨。马达加斯加1897年所招募的一批华工一年后死亡率竟高达45%。⑤ 南非华工则在非人待遇外，还需在生活、工作甚至坟墓等方面遭受种族隔离的对待。这使得他们非常期望祖国的强大，因而积极支持孙中山的革命事业。第二，革命党人的经营。孙中山非常关注非洲华侨的状况，成立革命组织，给予积极指导，同时还对非洲华侨不吝奖励。杨衢云、朱印山等革命党领导人也对非洲华侨革命事业的发展有所推动。

---

① 孙中山：《给霍居南等委任状》，中山大学历史系孙中山研究室等编《孙中山全集》第7卷，中华书局1985年版，第375页。

② 叶迅：《南非的华侨》，中国人民政治协商会议广东省委员会文史资料研究委员会编《华侨沧桑录》，广东人民出版社1984年版，第144页。

③ 桑兵主编：《各方致孙中山函电汇编》，社会科学文献出版社2012年版，第249、280、330页。

④ 陈英东：《模里西斯华侨概况》，台北正中书局1989年版，第40页。

⑤ 吴凤斌：《契约华工史》，江西人民出版社1988年版，第440页。

非洲华侨不仅对中国的革命事业发挥了积极作用，还与殖民地人民一道，为反抗殖民统治、推进中非关系做出贡献。革命党人朱印山即曾率领当地华人与黑人、印度人联合反抗南非的种族隔离政策。正如研究南非华侨的学者欧铁所说，国民党南非支部，"为拥护中央政策，推行政府政令，团结侨胞，发动国民外交，增进中非友谊，沟通中非贸易……争取我侨平等待遇，出钱出力，不遗余力，未曾稍懈"①。

孙中山作为近代中国先进的知识分子，不仅对非洲有着深刻的认识，还对非洲民族的坎坷命运给予同情，这是难能可贵的。其一生的革命事业，是与非洲民族独立运动相互呼应的。作为中非纽带的华侨，在孙中山及革命党的领导下，不仅积极支持祖国革命，还与殖民地人民一道反抗殖民统治，值得肯定。

本文与杜贺合作，系提交"香山与近代中国学术研讨会"论文，原载《中山社会科学》2016年第3期。

---

① 欧铁：《南非共和国华侨概况》，台北正中书局1991年版，第71页。

民元前后姚雨平统率的
广东北伐军研究

武昌起义爆发后，革命军与清军在长江流域及其相关地区展开了激烈的战斗。为了保卫新生的革命政权，南方各省相继派出了北伐军，姚雨平所统率的广东北伐军就是其中的一支。广东北伐军装备精良，训练有素，为保卫新生的革命政权立下了赫赫战功，做出了不可磨灭的贡献。但迄今为止，尚未见对这支功勋军队全面研究的成果问世。本文即拟对这支北伐军的相关问题作些探讨。

一　广东北伐军的组建

在全国革命大势及广东省内各界的共同作用下，广东于1911年11月9日获得光复。同盟会的重要领袖人物胡汉民被广东各界推举为都督，很快广州革命政府组织了起来。率军在惠州起义的陈炯明在消灭了地方清军后，率领所部盾军开进广州城，即被选为广东副都督，广东新军统领黄士龙（有些著作及史料中也写作黄世龙，二者实为一人）因反正，暂时支持革命而当上了参督。对于广东革命党人来说，挥师北上，平定幽燕乃是其革命志向。但刚成立的广东革命政府鉴于省内复杂的形势，并没有立即派遣军队北伐，而是把主要的精力放在了省内的稳定建设上。

武昌起义后不久，清军大举进攻汉口。湖北军政府于1911年11月13日向起义各省发出通电："北伐队行将出征，惟此为直捣黄龙之举，亟应厚增兵力，各省如自度兵力有余，即应派兵联合助剿。"① 广东军政府积极响应，通电欲组织一支 8000 人北伐军驰援。② 湖北军政府的号召及广东军政府的响应很快就在广东社会上引起了强烈的反响。人人提到北伐"无不摩拳擦掌，愿往敌前"，军界有人提议成立"北伐决死队"，学界提议仿照上海成立"广东学生北伐队"，甚至连汉光社也上书都督胡汉民表示积极支持北伐。③

广东军政府先组建了北伐军先头部队，这支援军迅速北上，于 11 月 22 日晚投入到光复南京的战斗中。④

11 月 27 日，汉阳防卫战失利，汉口、汉阳二镇失陷，同时南京攻坚战陷入胶着状态。这种形势给当时各省军政府以极大的冲击。在汉阳失守的第二天即 11 月 28 日，广东军政府都督胡汉民向临时议政机关——广东省各界代表大会提交了一个关于北伐的议案，大会一致赞同。⑤ 胡汉民本拟亲自统军北伐，但未获大会同意，便任命在枢密处任职的姚雨平为总司令，组织广东北伐军。胡汉民任命姚雨平为广东北伐军总司令，可谓知人善任。姚雨平早年参加革命，一直从事新军工作，在新军中有很大影响，同时他对北伐的意义有着深刻的认识："武汉民军几度被清军击败，革命前途尚未可乐观，此时广东应急出师北伐以壮声势，而牵制清军实力。"⑥

但是，北伐军的组建并不顺利，军政府内部对北伐有不同声音，参都督黄士龙就是代表。黄士龙先是反对北伐："北伐似非其时，粤人不能于严冬在大江南北作战，遑论黄河流域？且粤局未大定，多出精锐，一旦大局有变，何以镇压，不如先固粤。"他的意见遭到了胡汉民反对："革命在进取，不在保守，斯时满汉之争斗，乃渐变为南北之决战，若我方形势顿挫，即粤亦无能割据苟安。况粤正患兵多，

① 《专电》，《申报》1911 年 11 月 14 日第 1 张第 1 版。

② 《专电》，《申报》1911 年 11 月 19 日第 1 张第 3 版。

③ 《粤军北伐之先声》，《申报》1911 年 11 月 24 日第 1 张后幅第 2 版。

④ 《会师攻克金陵之先声》，《申报》1911 年 11 月 27 日第 1 张第 5 版。

⑤ 《粤省之大会议》，《申报》1911 年 11 月 28 日第 1 张后幅第 2 版。

⑥ 蒋永敬：《胡汉民先生年谱》，台湾中国国民党中央委员会党史委员会 1978 年版，第 125 页。

内部亦无何等顾虑，至气候差别，自当注意防寒，岂能坐待来年解冻，方出义兵？"副都督陈炯明也赞同胡汉民的主张，黄士龙才放弃了反对意见。接着，黄士龙又觊觎北伐军总司令的职位。12月8日，就在北伐军即将出发之时，黄士龙晤会胡汉民，声称愿亲自统军北伐，且可辞去参都督，但遭到了胡汉民的回绝。①

其实，副都督陈炯明也在谋求北伐军总司令的职位。姚雨平担任北伐军总司令后，陈炯明还于1911年12月3日发表《宣告北伐志愿书》称："满胡非我族类，窃据中国，逞狼子野心，制我汉族，害无弗恣，炯明痛之恨之，誓志灭胡……不出三日，即当亲率北伐之师……誓为北伐中之一人。"②表达其统军北上的志向，后经众人挽留才在12月5日的各界代表大会上表示，"今日粤省大局危急，鄙人前在惠州誓为北伐，今见此危象，亦不得不暂留整顿"③，放弃了统军北伐。

按陈炯明的计划，他当北伐军总司令，整编广东各路军队，组成一支强大的北伐军，姚雨平先期组织的北伐军也并入这支军队。但是，姚雨平因在广州起义时曾与陈炯明发生过矛盾而不愿受他的节制。面对内部纷争，胡汉民与朱执信也认为："北伐军既由各省陆续出发，其至前方，当更有统一指挥者，而各都不便事事遥制。且必成大军而后发，则有后时之忧。"故胡汉民"虽从陈之请，而仍令雨平先发"，实际上是间接否决了陈的计划。④陈炯明虽然未能成行，但其行动却引起了社会的广泛关注，产生了相当的影响。如12月5日黄兴在电请胡汉民派兵北上的电文中就说："南京光复，济兵（即黎天才所统的济军，也叫辅军）之力最多。请再调数营前来会合北伐，必资得力。闻竞存兄（陈炯明）兵亦北上，喜极！"显然是对陈炯明北上期望极高，而完全不知道此时广东方面准备派姚雨平统军北上。故

---

① 胡汉民：《胡汉民自传》，台北传记文学出版社1987年版，第53—54页。

② 《百粤人士之北伐热》，《申报》1911年12月9日第1张后幅第3版。

③ 陈定炎：《陈竞存（炯明）先生年谱》上册，台北李敖出版社1995年版，第65页。

④ 胡汉民：《胡汉民自传》，第53—54页。

胡汉民在复电时才说明："现已公举姚雨平为正司令，督师北上。"①甚至后来孙中山做了临时大总统，还让陈炯明厚集兵力，以备不时之需。名虽在外，实不能动，这也就是陈炯明对没能统兵北伐耿耿于怀的一个原因。因此，即便在胡汉民随孙中山北上、陈炯明代理都督时对北伐仍念兹在兹："届期俾炯明袭蘩长江，饮马黄河，犁庭扫穴，为我同胞洗清二百六十年之腥秽。"② 收取北伐之功的机会被姚雨平得到，那么陈炯明嫉恨姚雨平也就好理解了，以至于后来对北伐军的饷项、军火、器械时常掣肘，而且还深深地影响到了北伐军的最终命运。

在各方的努力下，北伐军很快就组建了起来。其具体编制大致是，总司令下设4团，其中新军2团，防营2团，炮兵、机关枪、辎重、工程、卫队各1营，此为正规编制。此外，还有一些特殊队伍，包括北伐决死队、华侨爆弹队（炸弹队）、学生地雷队、宪兵队、卫生队和女子北伐队等。③ 正规部队是北伐军的主体力量，其中新军受革命影响最大，比较单纯，是北伐军的中坚。特殊编制的情况就比较复杂。决死队是北伐军的最早组成部分，这支由100多人组成的队伍是姚雨平亲手组建领导的，用于发动广州起义的别动队，直接编入北伐军。华侨炸弹队是南洋华侨在辛亥革命时期自发组织的援助国内起义的队伍。他们自筹粮饷、武器弹药，回国后首先就来到了广州，在得知姚雨平组建北伐军后就要求加入。姚雨平在广州起义失败后曾在南洋进行过一些革命活动，与南洋华侨有一定联系，因而就接收了该队。决死队和炸弹队后来成为北伐战争中的突击队，他们不畏敌人炮火，协同共进，勇猛善战。至于女子北伐队，是受当时上海同类队伍的影响而出现的。全队只有30余人，也参加了北伐战争，但其在战争中的作用微乎其微，其所发挥的最大作用就是在广州掀起了不小的北伐热。广东北伐军全军约8000人，武器装备精良，计有德国造退

① 毛注青编著：《黄兴年谱长编》，中华书局1991年版，第244页。

② 中国史学会主编：《中国近代史资料丛刊·辛亥革命》第7册，上海人民出版社、上海书店出版社2000年版，第239页。

③ 姚雨平：《武昌起义后广东出师北伐的经过》，中国人民政治协商会议广东委员会文史资料研究委员会编《广东辛亥革命史料》，广东人民出版社1962年版，第181页。

管炮 18 尊,炮弹 1 万余发,步枪子弹 300 万发,机枪子弹 50 万发,军衣均为新制,实力非常雄厚。

北伐军司令部的编制为:总司令姚雨平,副总司令马锦春,参谋长陈雄洲,高级参谋林震,还有秘书处、机要课、经理局、军需部、管理部、军法部、军医部、交通部、间谍部、马医部、稽核部 11 个直属机关。副司令马锦春和参谋长陈雄洲在北伐军出发后企图阴谋夺权,为姚雨平、林震等人所察觉,二人先后去职,以后也就取消了副司令一职。北伐军暂驻上海时,保定陆军军官学校的学员张文和李济深来投效,不久就被分别破格委任参谋长和参谋。

关于北伐军的出发时间及批次,姚雨平后来的忆述和胡汉民当时所发的电文记载不一。姚雨平认为北伐军共分三批出发,其忆述主要涉及前两次:"我即派高级参谋林震率领一团赴上海、南京筹备,大队(主体部队)旋于十月十八日(12 月 8 日)由广州乘船出发。"① 而胡汉民在给黄兴的电报中称:北伐军"分为两次开行,马锦春已定于二十日(12 月 10 日)出发,姚雨平则后一二日出发,约期二十四五日可抵沪"②。在此,北伐军第一批由马锦春和林震率领部队当于十月二十日出发没错。据《申报》二十一日香港电称,广东民军乘招商局轮船途经香港为英舰所逐。③ 这批北伐军随后于二十四日到达上海,④ 与胡汉民的估计相吻合,而且他们在到达上海后第二天给上海都督陈其美的照会公文里也说明了他们确实于十月二十日出发。⑤ 胡汉民关于北伐军第一批的出发时间的正确,显然也说明了姚雨平关于主体部队的出发时间是有问题的。据《申报》报道,北伐军的主体部队是在之后的十月二十五日(12 月 15 日)才由广州出发,十月二十

① 姚雨平:《武昌起义后广东出师北伐的经过》,中国人民政治协商会议广东委员会文史资料研究委员会编《广东辛亥革命史料》第 184 页。
② 毛注青编著:《黄兴年谱长编》,第 244 页。
③ 《译电》,《申报》1911 年 12 月 12 日第 1 张第 4 版。
④ 《广东北伐队过沪》,《申报》1911 年 12 月 16 日第 2 张第 2 版;《粤军北伐队过沪续志》,《申报》1911 年 12 月 17 日第 2 张第 2 版。
⑤ 《粤省北伐队种种》,《申报》1911 年 12 月 17 日第 1 张后幅第 2 版。

九日（12 月 19 日）到达上海的。① 而当时广东北伐军最主要的就是这两批部队，故胡汉民所言是其计划，本无误，只是他在孙中山回国后就与之一同去了上海，无法看到北伐决死队等不知何故落下的第三批部队在 1912 年 1 月 5 日才到达上海（出发时间无考）。② 也就是说，姚雨平认为的北伐军共分三次出发是正确的。北伐军大队在上海会齐后就于 1911 年 12 月 26 日开赴南京，驻扎在南京城碑亭巷协统衙门。

广东北伐军的顺利组建，胡汉民功不可没。作为同盟会的元老，胡汉民革命目标明确，革命信念坚定，选择姚雨平担任北伐军总司令后就毫不动摇地给予大力支持，妥善地处理应对了广东军政府内部关于北伐军的纷争，才使广东北伐军得以组建并顺利出征。

二 战争与政治

12 月 2 日，清朝将领张勋坚守的南京城终于被苏浙联军攻陷，南北对峙的局面开始出现。胜利的消息鼓舞了革命党人，江浙联军很快组织了北伐联合会，号召起义各省派兵赶赴南京，成立北伐联军，一鼓而下幽燕。广东北伐军组建后立即赶往南京，成为第一个前去回合的外省军队。面对汹涌的北伐洪流，袁世凯感受到了压力，开始与南方革命党人接触，企图以和谈来缓和革命军的猛烈进攻，而南方军政府中的立宪派也力主停战，举行和谈。

12 月 18 日，南北议和终于在上海开始。在这种情况下，各支北伐军只能宣布倘若议和无成，即行挥师北上。1912 年 1 月 1 日，中华民国在南京成立，孙中山被推举为临时大总统。不甘心失败的清政府在军事上又蠢蠢欲动。对此，广东北伐军总司令姚雨平于 1 月 3 日向议和代表团发出通电："民国已经成立，更何待召集国民会议，决定政体。代表团代表国民公议，义理昭彰。北虏巧言召集大会，推倒成局，其心好险，尽人可知。且停战延期，我老师众，敌后设备，一朝决裂，无悔可及。敌军北来，志在灭胡，停战误国之罪，义不敢戴。

---

① 《粤东第二队北伐军出发》，《申报》1911 年 12 月 23 日第 1 张后幅第 2 版。
② 《广东北伐军过沪》，《申报》1912 年 1 月 5 日第 2 张第 2 版。

况太原皖北，衅自彼启，即今痛剿，咎不在我。惟既经尊处议决，自不得不暂停进取。今自议决之日起，北房如再违约南侵，敝军即整师北向，不复瞻望。"① 这一通电是姚雨平对当时国内政治形势的认识，表达了其对民国政权的坚决拥护，揭露了清政府的不守信用，并对其卑劣的政治军事行径予以警告，说出了各路北伐军的心声，是对民国政府及议和代表团的政治声援。

1月上旬，议和处于胶着状态，南方要求共和，北方则主张立宪。战争作为政治的外延能发挥达到政治目的的作用，南北双方都明白这个道理。袁世凯一面谋求停战，一面进行军事部署，准备随时进攻南方革命政权，派段祺瑞统率大军威胁武汉，让张勋和倪嗣冲南下逼近南京。南京临时政府也做出了积极的军事应对，临时大总统孙中山还亲自制定了北伐大战略：现在用兵方略，当以湘鄂为第一军，由京汉铁道前进；宁皖为第二军，向河南进军，与第一军会合于开封、郑州之间；淮扬为第三军，烟台为第四军，向山东前进，会于济南、秦皇岛；合关外之军为第五军，山陕为第六军，向北京前进。第一、二、三、四军即达第一之目的，复与第五、六军会合，共破虏巢。同时还倡言，和议一破，本总统将亲统江皖之师，大举北伐。很快陆军部也正是下达了这一作战方略。② 孙中山还给当时的代理广东都督陈炯明发电令其厚集兵力，严加训练，广储钱粮，以备战时之需，民国政府积极地投入了北伐的准备中。

面对战争阴霾笼罩的时局，为了增强作战能力，姚雨平对广东北伐军做了一次整编。整编后的广东北伐军编制为2旅2独立营，每旅下设2团。张我权任新军旅旅长，张桓杰和吴庆恩分别担任团长；隆世储任防营旅长，曾传范和张定国分别担任团长；陈佑卿任炮兵营营长，谢达文任机关枪营营长。经此整顿，再加上颇为严格的训练，广东北伐军军容甚整，给时人留下了深刻的印象："粤军彩枝气象一新，岭南健儿戎装鹄立，均三十岁以内，精装子弟，服装整齐，举动活

---

① 《公电：驻宁粤军电》，《申报》1912年1月3日第1张第3版。

② 中国社会科学院近代史研究所中华民国史研究室等编：《孙中山全集》第2卷，中华书局1985年版，第14页。

泼,一望而知为劲旅"①。广东北伐军渡江北上后不久,还收编了一支由邹鲁推荐来的淮军,这也是最重要的一次扩编。与此同时,姚雨平还进行了具体的战前部署:"高级参谋林震为前敌总指挥,设总司令部于蚌埠车站,全军作战计划由参谋长张文拟定,前线和行营各设指挥部,由李济深和张文分任之。遇有大事,始由总司令裁决。"② 从这个部署中可以看出,姚雨平比较精通兵家谋略。军队在前线作战应该随机应变,前线指挥官应该有便宜行事之权。姚雨平放手让林震、张文、李济深去发挥各自军事才能,同时又让他们分工合作,各展所长。这次整顿部署在后来的北伐战争中经受住了考验。诸事具备后,先头部队于 1 月 15 日渡过长江,驻扎在了事先由李济深筹备妥当的浦口营房。

当时参加宁皖方面北伐的军队除了广东北伐军,最有实力的部队还包括柏文蔚的镇军和朱瑞的浙军,此外较弱一点的部队有赣军、光复军、铁血军等。他们共同担负着在津浦铁路沿线及周围迎击清军张勋和倪嗣冲部的重任。但这些军队各为旗号,各自为政。为了统一指挥,协调各部的作战行动,当时在南京各军总司令及其相关人员于1912 年 1 月 21 日在碑亭巷广东北伐军司令部召开军事会议。③ 会上各军司令议定联合攻守,决定立即成立北伐联军参谋团(当时设在碑亭巷,战时随军而动),同时制定了《北伐联军参谋团章程》,由镇军司令柏文蔚、粤军司令姚雨平和浙军司令朱瑞三人联名签发。章程由缘起和十项条款构成,缘起里简单地表达了之所以成立联军参谋团,就是希望"军事上有协同之功,作战而收指臂之助,且可补助大总统暨陆军部、参谋部之不足",同时还可以避免"胜不相让、败不相救"的隐患,"诚一举而数得也"。十项条款规定了联军参谋团的各具体事项,如参谋团应由各军选派参谋代表二三员组成,选举其中一人为团长,组织领导团务。其中在参谋团职务中还特别规定了"惟

---

① 《记新南京三日之见闻》,《申报》1912 年 1 月 18 日第 2 版。

② 姚雨平:《武昌起义后广东出师北伐的经过》,中国人民政治协商会议广东委员会文史资料研究委员会编《广东辛亥革命史料》,第 185 页。

③ 《专电》,《申报》1912 年 1 月 22 日第 2 版。

各参谋关于计划方面，均需顾全大局，通筹利害，不得以己军之得失而影响全体之纵达"。此外还对参谋团人员的职责、义务以及与各军的关系等方面做了详细的规定。这实在是以后北伐战争打胜仗的又一大保障。①

1912 年 1 月 18 日，广东北伐军主力部队渡过长江，其他各军也于此前后相继北上，23 日总司令部设在蚌埠火车站。而在此前不久，在津浦路沿线及其周围地区，张勋和倪嗣冲的部队分三路大举南犯。倪嗣冲部侧攻颍州方面，张勋部在倪嗣冲部的援助下担任津浦路的主攻，张部偏师往攻宿迁方面。北伐各军也作出反应，很快议定，浙军与镇军主力在颍州迎击倪嗣冲部，粤军全军与镇军葛应龙一旅沿津浦路迎战张勋部，是为主力方向，光复军与赣军等进军宿迁方面。张勋部主力由徐州南进，很快占领了宿州及津浦路上的战略要地固镇，目标直指广东北伐军总司令部。

广东北伐军主力在林震的率领下乘火车连夜前进，于 26 日清晨到达新桥，随即与南来的张勋部清军遭遇。张勋部发炮轰击，广东北伐军运兵火车多处受创，但官兵却并没有因此而惊慌，反而快速下车组织还击，凭借强大的炮火优势很快就将来敌击退。这次遭遇战显示了广东北伐军敌前指挥官优秀的指挥才能和官兵卓有成效的军事素质。

敌人退却后，粤镇两军即一面整军，一面制定了具体的对敌作战战术。决定由粤军攻击敌之右翼（东路），镇军攻击敌之左翼（西路）。27 日早晨，两军按照既定的战术部署展开行动，由新桥向固镇推进。早上 7 时战斗在新桥以北十里地方（固镇外围）打响，清军在此处修筑了大量的防御工事，来护卫固镇。粤军将士奋勇冲击敌人外围工事，敌人不支，向后退入纵深阵地，继续抵抗。这时粤军强大的炮火优势再次显示威力，以此为掩护，步兵突击队炸弹队向前猛扑，清军阵地失守，退往固镇。粤军亦紧迫至固镇，开始了固镇攻坚战。镇军葛应龙部因为缺少火炮，很难突破敌人的阵地，在得到支援后打破敌人防守，来到了浍河边上（此河贴固镇而过），此时粤军正在猛

---

① 《北伐联军参谋团缘起及简章》，《申报》1912 年 2 月 5 日第 3 版。

烈地进攻固镇，从正面吸引了固镇清军的主力。镇军得以轻松击退浍河对岸守敌，渡河成功后，继而迂回到了固镇之后，与粤军形成了对固镇的包夹。敌人见势不妙，仓皇逃走，固镇随即落入北伐军之手。是役张勋部清军损失惨重，弹药枪炮、辎重马匹丢弃甚多，官兵伤亡被俘千余人，而粤镇两军合计才损失士兵四十余名。真可谓以极小的代价取得了巨大的胜利。固镇之战之所以能取得大捷，合理的战术运用是个关键。粤镇两军通力合作，使得战术预想完满落实，而且粤军还非常明显地发挥了自身的炮火和机关枪两种战术武器的优势，以己之长，攻敌之短，效果很是明显。正如邹鲁所发的战况公电里所云："炸弹队、机关枪队、退管炮队最为得力。"① 因此，固镇之战可以说是北伐战争中一个较为经典的攻坚战。

固镇大捷产生了广泛而强烈的影响。首先，固镇的胜利给南京临时政府吃了一颗定心丸，不但证明北伐军是一支能打仗的军队，增强了政府对北伐的信心，而且在很大程度上缓解了敌人给南京方面施加的巨大压力（包括军事和政治压力），加重了南京临时政府与清政府谈判的筹码。孙中山在得知固镇大捷的消息后，立即以临时大总统的名义致电姚雨平和林震等人："闻昨夜我军得胜，追敌数十里，足见指挥有方，士卒用命，甚堪嘉许。"② 贺电发出迅速，虽寥寥数字，然喜悦之情溢于字表。南京临时政府趁着胜利的锐气在谈判桌上加大了迫使清帝退位的力度，对清廷的态度变得更加坚决。袁世凯企图再次延展停战期限，不但孙中山坚决反对展期，就连参议院亦全数反对，他们甚至预备加大北伐的力度，在南京广屯粮草，以接济前线，③ 而且很快参议院与内阁都议定以黄兴为北伐总指挥，统筹北伐的具体事项。④ 可以说固镇大捷给南京临时政府带来了活力。其次，固镇大捷对袁世凯集团的影响也很大。当袁世凯听到广东北伐军 1 月 26 日新

---

① 《公电：南京粤军兵站电》，《申报》1912 年 1 月 29 日第 2 版；《公电：南京陆军部电》，《公电：南京粤军兵站电》，《申报》1912 年 1 月 30 日第 2 版。

② 《临时政府公报》，中国科学院近代史研究所史料编译组编《辛亥革命资料》，中华书局 1961 年版，第 8 页。

③ 《昨日停战之期满矣》，《申报》1912 年 1 月 30 日第 3 版。

④ 《专电》，《申报》1912 年 2 月 3 日第 2 版。

桥遭遇战的胜利消息后，就立即授意段祺瑞让其军队赞成共和。① 而27日固镇为北伐军攻克后，袁世凯指使清军统领46人联名通电，要求皇室逊位，他本人则力辞清廷的侯爵封号。② 而在战争爆发前袁世凯集团还坚决反对共和，此时则来了个一百八十度的大转弯。袁世凯集团企图以赞成共和迫使清帝退位来封住革命军北伐的口实，把责任推到清廷那里。广东北伐军的胜利正好给袁世凯集团创造了一个迫使清廷逊位的绝佳机会，而这同时又会使其与革命政府之间建立一种良好的"默契"，使革命政府对袁世凯集团产生好感，以利于其后的政治图谋。这就是固镇之战带来的戏剧性的政局变化。

固镇失利后，张勋部败兵退往宿州，但并不甘心失败。1月29日，张勋部清军对广东北伐军发动了偷袭。广东北伐军在后路支援下，击退了张勋部的进攻。袁世凯得知此事后立即叠电张勋，责其擅自动兵，但这并不能阻止张勋的进犯势头。2月2日，张勋部向南推进至任桥北面的西寺坡，与广东北伐军林震所统之旅发生激战。战斗从下午5时持续到次日清晨，张勋部不支，再次败退。广东北伐军追至离宿州城十里地方，后路部队与镇军葛应龙部跟进集结。

2月4日，北伐军主动向宿州挺进，双方随在宿州城东面展开决战。北伐军方面，姚雨平亲自督率粤军、镇军支队及较弱的苏军一部进攻张勋部主力。张勋亦亲统官兵2000余人，外加步队4营、炮队1营、马队2营及山东巡防队1000余人投入战斗，后新军第五镇4000余人援兵亦参加此战。是役双方投入兵力超过2万人。战斗于上午8时开始，姚雨平亲上前线指挥作战，北伐军士气大盛，勇敢冲锋，逼近敌人阵地，致使张勋部清军的远程野战炮难以发挥效力，而北伐军的山炮则在近距离搏杀中尽显威力。张勋派出精锐骑兵企图逼退北伐军，北伐军则巧妙地调集机关枪队以密集火力进行扫射，使其损失惨重，被迫退回。激烈的战斗持续到下午2时许，张勋部清军大败，退往徐州。6个多小时的战斗，北伐军毙敌1000余人，俘获数百人，缴获许多枪械马匹等战利品。张勋派驻宿州的清军在林震与葛应龙的夹

---

① 《专电》，《申报》1912年1月27日第2版。
② 《要闻：北方军队赞成共和要电》，《申报》1912年1月29日第2版。

击下，于2月6日弃城逃往徐州。宿州城遂为北伐军所有，整个宿州会战大获全胜。① 北伐军士气高涨，主动请缨，愿一战而下徐州。而张勋所部清军则士气低落，军心不稳，无力再战，只好龟缩在徐州城里。张勋被迫于战败第二天发出通电，表示赞成共和。② 姚雨平率领的北伐军两战两捷，声势日隆，在当时社会上产生了极大的影响。

宿州战役的胜利，促使南北和议进展顺利，南北双方在共和方面基本达成一致意见，清帝退位只是时间问题。这时驻扎徐州的张勋部清军发生哗变，变兵在徐州城里大肆抢劫，张勋难以节制。③ 在这种情况下，张勋一面稳定部下，一面与姚雨平接触，打算议和。袁世凯也给北伐联军参谋团发电请其停战。联军参谋团在宿州召开特别会议，认为与张勋停战议和可以减少不必要的伤亡，议定"以距离宿州北三十里的符离集为两军代表会议之地，联络南北军之感情，协商赞成共和实行之动作，议定共同进行条件"，并通电张勋："约定阴历二十三日（2月10日），两方均在符离集会议，彼此派员须有代表全权。"④

2月10日，联军参谋团派广东北伐军参谋刘汉帜和镇军参谋乐雨田为全权代表，赴符离集与张勋所派之全权代表陈毓崧和唐宗濂展开协商。会谈中双方围绕徐州归属问题争论不休，联军方面要求张勋让出徐州，退往山东，以示其赞成共和之确意，⑤ 而张勋却企图盘踞徐州，坚不相让，致使议和毫无进展。在此情形之下，联军参谋团致电中央："连商二日，不获要领。且并援段军例（段祺瑞赞成共和后就从湖北退往河南），退出徐州一条，坚不认可。可知张勋居心叵测，敝处以奸不可纵，机不可失，公决再行。一面修书致张，令其速发表

① 《张勋穷蹙无归矣》，《申报》1912年2月3日第2版；《专电》，《申报》1912年2月4日第2版；《公电：南京粤军北伐经理局电》，《申报》1912年2月5日第2版；《专电》，《申报》1912年2月6日第2版；《专电》，《申报》1912年2月8日第2版；《临时政府公报》，中国科学院近代史研究所史料编译组编《辛亥革命资料》，第21、83页。

② 《专电》，《申报》1912年2月5日第2版。

③ 《专电》，《申报》1912年2月9日第2版；《专电》，《申报》1912年2月10日第2版。

④ 《张勋联络联军之进行》，《申报》1912年2月13日第3版。

⑤ 《北伐联军与张勋联络矣》，《申报》1912年2月12日第3版。

赞成共和之实证，以冀悔悟于万一。彼仍负固，则敝处当仍照陆军部第一号令施行，业已于本日由宿州向徐州前进。"① 张勋看到联军态度强硬，即发表通电遵从共和，率军退往山东，广东北伐军的先头部队遂占领徐州。

关于占领徐州的情况，许多记载（包括姚雨平后来的回忆）多言之为"徐州之战"，为了彰显广东北伐军的辉煌功绩，或言"一战而下徐州"，或曰"追敌至徐州北三十里"。而实际情况并非如此。当时，张勋收到联军的劝其赞成共和的修书（有最后通牒性质），又看到联军已经开始向徐州逼近，于是发表通电遵守议和条件，并称徐州土匪蜂起，请联军速来镇压，即率兵退往山东。② 双方没有发生接触，何以称"徐州之战"，更遑论"追敌至徐州北三十里"。当时姚雨平曾给孙中山发电："张勋军队即向山东退走，我军因徐州士民之请，刻已进驻徐州。"③ 可知，张勋部清军退往山东在前，姚雨平应徐州士民之请进占徐州在后，没有发生所谓的"徐州之战"。

以广东北伐军为主力的联军在津浦线上取得了一系列的军事胜利，彻底粉碎了清军三路进攻南京、扑灭革命政权的军事计划，使南京转危为安，革命政权也因之而更为巩固。这些胜利加重了临时政府在南北议和中的砝码，对促使清帝退位做出了重要贡献。同时，广东北伐军的军事胜利对整个战局都起了至关重要的决定作用。一方面，广东北伐军的胜利有力地鼓舞了东线光复军等军的士气，使他们在与清军争夺宿迁的战斗中最终获胜。另一方面，与西路的浙镇联军对峙的强敌倪嗣冲部虽攻占了颍州，但却因为惧怕广东北伐军对其后路迂回包抄而不敢大举进攻。三路大军在战略上的相互配合是宁皖方面北伐战争取得胜利的保障。

---

① 《临时政府公报》，中国科学院近代史研究所史料编译组编《辛亥革命资料》，第157页。

② 《专电》，《申报》1912年2月21日第1版。

③ 《临时政府公报》，中国科学院近代史研究所史料编译组编《辛亥革命资料》，第173页。

三　战后广东北伐军的裁撤

1912 年 2 月 12 日，清朝皇帝颁发退位诏书，袁世凯表示拥护共和，南北议和告成，南北双方之间的战事基本停止。这时，北伐军任务基本完成，北伐军的名称已不合时宜，南京临时政府陆军部发出通电，要求所有北伐军悉改为讨虏军。广东北伐军改名为广东讨虏军（习惯上仍称粤军），姚雨平仍任总司令。

姚雨平统率的广东讨虏军一部驻扎在徐州，总司令部则迁至宿州，部队仍严加训练。当时仍有一些省份为忠清分子所把持，他们拒不赞成共和，尤其是奉天省的反革命气焰甚是嚣张。姚雨平致电南京临时政府："奉天顽部奉命，得罪民国，凡在民国军人，宜申挞伐。敝军奉命讨虏，愿先驱出关，惩彼丑类。"① 姚雨平向临时政府请缨讨伐奉天未能成行，因为奉天在各方的压力和协调下很快就宣布赞成共和，但这也说明广东讨虏军在战争结束初期仍保持着旺盛的战斗力。反观光复军就是另一幅景象。在时人以和平来临军队即应裁撤的议论下，光复军总司令李燮和即向临时政府发电请求全军裁撤，卸甲归农，足见该军人人思归，暮气已深。

全国局部地区有影响的军事行动基本结束，广东讨虏军由江淮地区南撤，驻扎在南京城及周围地区。虽然没有了战事，但广东讨虏军在激烈的政治风潮中仍然扮演了一个重要的角色。

战事基本结束后，北伐联军参谋团的名称也去掉了"北伐"二字。在南北双方就中央政府驻南京还是北京的争论中，联军参谋团经过商议，于 2 月 25 日向全国发出通电，主张中央政府地点应该设在北京。② 这与陆军部的主张针锋相对，陆军部随即下令要解散联军参谋团，参谋团各军统领不服，申言不承认此项部令，公开与陆军部叫板，双方发生了激烈的冲突。这种矛盾与冲突正中袁世凯下怀，为其所利用。很快袁世凯集团改革军制、大举裁兵的计划就传了出来，企

---

① 《公电二：宿州粤军司令电》，《申报》1912 年 2 月 21 日第 6 版。
② 《南京政府近闻纪要》，《申报》1912 年 2 月 27 日第 2 版。

图削弱南方军队的阴谋已经昭然若揭。① 参谋团与陆军部的矛盾借此而告一段落，但这件事却给陆军部以不小的震动，坚定了取消联军参谋团的决心。袁世凯也清楚联军参谋团是一个威胁，于是下令段祺瑞组织成立军队统一联合会作为全国性的军队团体，来达到瓦解联军参谋团的目的。② 联军参谋团被迫于3月16日向南京临时政府和军队统一联合会发出通电，以"统一政府业已成立，参谋本部已将组织完全，南北军队直辖于中央，不应另有机关"为名宣布解散，联军参谋团成员广东讨虏军参谋刘汉帜也代表粤军发出联电。③ 这件事可以看作驻宁各军由联合走向各自为政的开始。后来袁世凯让段祺瑞组织成立了更大规模的军队团体——军界统一会，结果很快就遭到南方军界的联合反对，被迫取消。

广东讨虏军在战时建立起来的强大影响力依然存在，但却远不能扭转时局。袁世凯虽表面上遵从《临时约法》，但却不愿离开北京，就指使部下在北京及其周围地区大肆制造骚乱，以北方形势不稳为由拒绝南下。南京临时政府于3月4日下令东南各军分途疾进，直往北京平定叛乱。包括广东讨虏军在内的驻宁各军接到命令后，纷纷发电北京表示准备率军北上平叛。消息一出，北京震动，且不说袁世凯发电阻止广东讨虏军北上，就当时北京各大团体（包括总董事会、总议事会、商务会等）商议后很快就通电临时大总统孙中山及广东讨虏军总司令姚雨平："此次之变，系少数游勇鼓动，叛者不过一标，现经兵警击散，秩序还复……且北方军队仍足资分布，请释厪注，勿劳大军北来。恐秩序甫定之时，人心复生警疑，反失执事维持大定之初心。"④ 电文中极力将北京及其周围的兵乱说成是小规模的动荡，极力阻止广东讨虏军北上，由此可以看出广东讨虏军在当时人心目中的影响。广东讨虏军此举对北方的冲击甚至大有超越兵乱本身之势，这种情况在当时驻宁各军中是绝无仅有的。

---

① 《评论：遣散军队刍议》，《申报》1912年3月2日第1版。

② 《军队统一联合会暂行办法》，《申报》1912年2月27日第2版。

③ 《公电：南京武昌联军参谋团电》，《申报》1912年3月20日第1版。

④ 《北京各团体电阻南军北上》，《申报》1912年3月14日第2版。

南北双方的政治斗争最终以南京临时政府的失败而告终。孙中山于4月1日正式辞去临时大总统职位，中央政府也迁往北京，南京设留守府，黄兴于4月2日被任为南京留守。在这之前的3月底南京临时政府就对南方各军进行了一次统一整编。对广东讨房军的整编，南京临时政府参谋部下令："准三月三十日陆军部咨开：粤省军队应编成军，非遴选统将不足以资整理。兹经本部申请大总统，以广东讨房军编为第二十二师，以钟鼎基所统一师编为第二十四师。以二十二、二十四师编为第四军，以广东讨房军总司令姚雨平为第四军军长，张文为参谋长（军），林震为第二十二师师长，李济深为参谋长（师）。"① 时局的巨变及军队的整编对广东讨房军有着至关重要的影响。这是因为整编的广东讨房军由地方军变为中央军，受留守府统辖，归黄兴节制，但其军饷主要改归北京政府拨发，这就使袁世凯在很大程度上扼住了其喉咙，成为其后来解散的深层原因。南京临时政府时期，虽然财政十分艰难，但政府的开支主要用于军费方面，南方各军的军饷基本能够得到保障。改为留守府以后，一来留守府没有临时政府的影响力去筹饷，二来根据《南京留守条例》的规定也只能从北京政府那里领取，这就使袁世凯占据了主动。

广东讨房军改编为中央第四军后，就不再受广东军政府的节制了。姚雨平担任第四军军长后，陈炯明组建的心腹军队——钟鼎基的第二十四师也成了姚雨平的部下，这是陈炯明无法接受的。陈炯明本来就忌恨姚雨平北伐军所建立的功勋，因此就更加不能容忍第四军影响自己在广东的统治。第四军的一部分军饷是由广东省来承担的，这也是造成对陈炯明某些依赖的原因。

这些变化使姚雨平的第四军处于这三方关系之中：虽成为中央军，却是袁世凯心目中的死敌；虽受南京留守节制，却因其软弱而无法得到其应有的支持；虽兵源出自广东，却为陈炯明所不容。它的命运就可想而知了。

南京留守府成立后，其统辖的驻南京各军的军饷问题立时凸显。

---

① 姚雨平：《武昌起义后广东出师北伐的经过》，中国人民政治协商会议广东委员会文史资料研究委员会编《广东辛亥革命史料》，第186—187页。

袁世凯对军饷的一味拖欠拒发，使留守府的财政捉襟见肘。当时留守府总参谋李书城是这样忆述那种窘迫情况的："当时最感困难的问题是南京拥有十余万人的军队，军费没有来源……我不得已，只得把南京军队的伙食从干饭改为稀粥，以后连稀粥也不能维持了。"① 在这种情况下，南京各军中出现军心浮动。当时清朝遗臣组织的宗社党趁机渗透到南京，成功地煽动了驻南京赣军一部于 4 月 11 日发动了兵变。变兵在南京城内白门桥和太平桥一带大肆抢掠，造成城内的极大恐慌与动乱。而最可恶的是这些变兵竟然打着邻近的第四军的旗号，这使第四军广大将士极为愤怒，因此在平定兵变时毫不留情，以至于粤赣两军之间结下了仇恨。② 战时各军之间建立起来的亲密合作的盟友关系至此也就荡然无存了。

虽然兵变很快就被平定了，但以赣军叛乱为导火索，却引发了一系列的事件。首先，兵变给留守府的主要领导造成了极大的心理冲击。李书城的一句话可谓相当有代表性："经过这次兵变，我才认识到有兵无饷的危险。"③ 留守黄兴所受刺激也不小，对于驻宁各军开始不信任。兵变平定后不久，南京城就实行了戒严，很快就颁布了严格的官兵假期新规，留守府的裁军计划被提上了议事日程，④ 甚至后来将驻宁各军一律改驻城外。⑤ 这本无可非议，但无疑使其与各军之间产生了一定的隔阂。其次，赣军问题严重，很快就被遣送回江西，而第四军与浙军鉴于留守府态度的变化及赣军的前事，也都开始筹划返回各自省份。4 月 30 日，第四军的机关枪队第一标（团）千余人开拔回粤，但却引发了两件事：一件事是这部分官兵带了在固宿战时收留的孤儿寡女同行，结果被当成拐卖人口，引起了一场风波，⑥ 后经

---

① 李书城：《辛亥革命前后黄兴先生的活动》，中国人民政治协商会议全国委员会文史资料研究委员会编《辛亥革命回忆录》第 1 集，文史资料出版社 1982 年版，第 202 页。

② 《宁垣兵匪暴动详情》，《申报》1912 年 4 月 14 日第 2 版。

③ 李书城：《辛亥革命前后黄兴先生的活动》，中国人民政治协商会议全国委员会文史资料研究委员会编《辛亥革命回忆录》第 1 集，第 202 页。

④ 《专电》，《申报》1912 年 4 月 25 日第 1 版。

⑤ 《专电》，《申报》1912 年 5 月 3 日第 1 版。

⑥ 萧文赏：《广东北伐军见闻录》，中国人民政治协商会议广东委员会文史资料研究委员会编《广东辛亥革命史料》，第 194 页。

留守黄兴的妥善处理和姚雨平发电对此事原委的澄清，事件便过去了，① 但却在人民心中造成不良影响，这与其后来的裁撤当不无关系。另一件事是这些官兵在回到广州后，用所领的临时政府军用钞票购物时为市面各界所拒收，盛怒之下便与市面各界发生了大规模的对峙。后经几个有实力的药方老板倡导通行，军用钞票才为市面各界所接受。② 此事虽如此了结，但影响却很深，尤其是此事成为陈炯明影响胡汉民（南京临时政府北迁后再次督粤）不许第四军回广东的借口，后来还影响到胡汉民做出裁撤第四军的决定。这样一来，第四军的主体部队就有家难回，只能被迫继续驻扎在南京。

第四军虽然被迫留在南京，但军饷问题并没有解决。留守黄兴对此深感无能为力，在给袁世凯的电文中述说了面临的窘境："此间军队伙食已数日不能发给，今日有数处竟日仅一粥，每日索饷者门为之塞，危险情形，日逼一日……兴德薄能鲜，支持至今，实已才尽力竭。此后东南大局如有变乱，则兴不能负此责任，今先呈明。"③ 言辞之间不乏威逼色彩，但袁世凯不为所动。这样一来，黄兴只能做裁军的准备，并向袁世凯发了电报："当兹建设方殷，万事待举，此后国家岁入，断难养此多数兵额。欲求补救之策，舍裁减军队外，别无他法。"④

南京留守府的窘境给袁世凯提供了大力裁撤南方军队的极好机会。袁世凯趁此机会提出，因国库支绌需举借外债才能遣散军队，但举借外债为数过巨，势必造成巨大不良影响：一来丧失利权必多，必然会引起舆论大哗；二来外国在借款条件中要求加设财政监督，派遣武官监督遣散军队；⑤ 三来借款由裁军而来，会使军队成为众矢之的，裁兵节饷遂成为舆论焦点。为了抵制袁世凯举借外债，南京留守黄兴发起国民捐来缓解财政困难，并以辞去留守职位来专办此事。但这却是个缓不济急的办法，时人就认为国民捐是远水难救近火。

---

① 《公电：南京第四军长电》，《申报》1912 年 5 月 5 日第 2 版。
② 《粤垣通用南京军用票》，《申报》1912 年 5 月 17 日第 6 版。
③ 毛注青编著：《黄兴年谱长编》，第 304 页。
④ 同上书，第 302 页。
⑤ 《借款纠葛始末记》，《申报》1912 年 5 月 11 日第 2 版。

在这种情况下，南京驻军就处在强大的社会压力下，不得不有所表态。第一军（原镇军）军长柏文蔚联络第四军军长姚雨平等南京驻军将领69人，于5月11日通电全国："民国方成，万事待举，外国借款，百端要挟，财政困难，以达极点，非竭力节留不足以救危亡，请中央迅赐颁行减奉节饷章程，此间军人当首先实行，为全国倡。"①这就是南京驻军企图以减奉节饷来达到缓解财政困难、拒借外债之目的。

　　5月12日，姚雨平收到宁波军请其领衔裁兵电报，于是就联络了一些驻宁军队的将领于13日向袁世凯发出通电，陈述了军队给财政带来的困难，请其尽快颁行裁兵的具体章程。同时，电文还专门说道："外人列借款条件中要求监视裁兵一条，今日监视裁兵之发端，他日限制增兵之结果，警心动魄，莫甚于此。"②紧接着，姚雨平与南京留守黄兴商议自行裁撤第四军，黄兴深以为然。姚雨平于是以第四军全体名义向全国发出了"裁军节饷，为天下倡"的通电（具体时间与电文暂不可考），③然后于当年六月、七月陆续裁撤。出于对第四军炮兵的爱惜，姚雨平将其保留下来，遣回广州，但这也不为陈炯明所容。该军到达虎门后就被陈炯明以广东省经略令而缴了械，随后就被遣散。至此，战功卓著、声名显赫的广东北伐军全部被裁撤，完成了它的历史使命。

　　本文与张远刚合作，系提交"纪念辛亥革命一百周年国际学术研讨会"论文，收入《辛亥革命与百年中国——纪念辛亥革命一百周年国际学术研讨会论文集》（中国社会科学院近代史研究所编，社会科学文献出版社2016年版）。

---

①《公电：南京各军队电》，《申报》1912年5月12日第2版。
②《公电：南京姚雨平等电》，《申报》1912年5月14日第2版。
③ 姚雨平：《武昌起义后广东出师北伐的经过》，中国人民政治协商会议广东委员会文史资料研究委员会编《广东辛亥革命史料》，第188页。

黄节与民国初期的广州教育

黄节（1873—1935），原名晦闻，字玉昆，号纯熙，广东顺德人，中国近代著名诗人，学者。所著有《黄史》《中国通史》《中国文学史》《粤东学术源流史》《周秦诸子学》《曹子建诗注》《诗学》《魏文帝诗注》等。关于黄节的研究，学界大多是从文学角度阐述其在诗歌创作、古诗研究、书法等方面的成就，而对于他的教育思想却论及甚少。事实上，早在 1909 年黄节就投身教育工作，先后任两广优级师范学堂讲席、广东高等学堂（现广雅中学）监督（校长）、北京大学教授、北京师范大学教授、清华研究院导师、广东省教育厅厅长。学界对黄节从事教育的活动有所提及，但论述不详。本文拟对黄节主政广东教育的活动及其对广州教育发展的贡献略作探讨。

一　锐意改革，整顿教育

1928 年 2 月，广东省政府主席李济深敦聘黄节回粤担任广东省教育厅厅长，并一再函电敦促。黄节最初无意南归，后经好友刘裁甫、梁漱溟函陈广东当局求贤诚意，才最终决定回粤应聘，于 6 月 18 日正式就任广东省教育厅厅长。他认为："今日广东教育太过放任，青年学子不顾学业。此后各学校欲根本整顿，当从严格考试入手。予之整顿教育非以广州市为限，各县教育，亦废坏不堪，当设法整理，使受统一指挥。广东教育前途，方有改良希望。"① 因此，他对全省教育进行了大刀阔斧的改革。

---

① 《教育厅长黄节昨日就职》，《广州民国日报》1928 年 6 月 19 日第 3 版。

（一）严格考试，整饬学风

黄节就职后，十分重视考试。在他看来，"各校对于学生太过放任，为整顿学风起见，非从严格考试入手不可"①。于是，他于 6 月 23 日专门组织成立学校考试委员会，对于省立四校（一中、二中、工专和女师）进行统一考试，并且规定各校不得自行提前考试，已经先行考试者，仍须再考，由各主管督学。当年寒假考试期间，黄节"为切实督饬各校慎重考试工作计，昨特派出厅内全体督学，分赴市内省立各校切实监视考试，以昭郑重而重教育"②。

对于教会学校，黄节也采取了严格考试程序和内容的措施。他认为夏葛女子医学校提出的实行论文制有一定的缺陷："至夫论文制，尤有未书善者。以现时各校图书设备之缺乏，学生课外潜修之鲜见，如无参放、无心得，则所为论文不过在堂下直抄讲义或课本，数百字便算完卷，且可觅人代笔为之。以此而言，放试有何实际？循是不改，则学校非为学业而设，生徒非为学业尔。"于是，他决意严格考试，并对考试程序和惩戒措施做出了详细规定："今之从严考试，实是使各生勤学于平时有所预备，毋蹈从前敷衍之习。本厅长深维往迹，策励将来，故以严格考试为整饬学风、培育人才之必要办法。为此特令各学校此后学期考试务须严格办理，并须执行前次本厅通令：凡一科旷课逾五分之一者，即扣除该科考试；又当考试时，非先得校长核准不得告假而不到考作临时规避论，不准补考；如有联同抗考事情，应将抗考考生一律开除学籍，以警学风。"③

通过整顿学风，广州市改变了过去各校考试时间混乱、各自命题的状况，严肃了考试纪律。

（二）裁汰冗吏，举贤任能

上任伊始，黄节就针对当时广东教育界存在的人浮于事的状况，

---

① 《教厅积极整顿教育之先声》，《广州民国日报》1928 年 6 月 21 日第 3 版。

② 《教厅派员监视各校考试》，《广州民国日报》1929 年 1 月 30 日第 14 版。

③ 《省教育厅关于教育问题函夏葛女子医学校会》，广东省档案馆馆藏档案，全宗号 5，目录号 1，案卷号 615。

采取措施，整肃吏治。1928 年 8 月 27 日，广东省立第六师范学校校长白学初提出辞职，原因是"无奈重重事繁，绵力薄弱，兼以琼崖地方多故，对于校务之设施整理殊多困难。与其久于滥竽，孰若早自引退。是以用敢竭诚恳请钧厅另委干员，结充办理"①。同年 9 月 19 日，黄节委任文昌县人陈志云为校长，接替白学初之职。据其后附录的个人履历看，陈志云毕业于国立北京农业大学专门部，曾充北京新京中学教员，做过国民革命军第十五军第二师政治部宣传科科长，而此时他才 27 岁。由此可以看出黄节敢于任用新人、选贤任能的思想。

南海县人崔占三呈控南方中学校长郭博文借学营私，贻误青年。教育厅调查后，以"该校藉学盈利，又复假人名义，迹同招摇撞骗，尤数荒谬之极"，勒令将之解散，并将学生所缴各费如数发还。② 普宁县教育局局长方汝舟因贪污渎职、趁机舞弊被撤职。合浦县省立第十一中校长王宗寰"办理该校未得完善，毫无振作，对于教育事业前程殊为有碍"，故将该校长撤职。

在省立一中的校长人选上，黄节经过多方考察后决定任命德才兼备的梁漱溟为省立第一中学校长。"现新任黄厅长以该校为省立各中学之冠冕，亟应聘请品学崇隆者切实整理，以树全省之楷模，昨特具函聘请建设委员会梁委员漱溟担任一中校长"，并称赞梁漱溟"老诚硕望，久拜风下，发聩振聋，非公莫属，查第一中学为省立各中学之冠，莘莘学子，领导须贤，领学渊源，尤资绍述"，等等。③ 而梁漱溟主校省立一中之后，重视对学生进行"人生教育"，以陶行知所办的晓庄师范为榜样而变通之。在他主校期间，"师生之间非常融洽"，同事之间"表达心事，了无障碍"④，省立一中的学习风气十分浓厚。

（三）重视师资，提高教学质量

黄节认识到提高教师素质在培养、教育人才过程中的特殊作用，

---

① 广东省档案馆馆藏资料，全宗号 5，案卷目录号 1，案卷号 591。
② 《教育厅明令解散南方中学》，《广州民国日报》1928 年 10 月 6 日第 7 版。
③ 《省立一中、二中、工专校长易人》，《广州民国日报》1928 年 6 月 20 日第 8 版。
④ 罗宗堂：《1928—1931 年的广东省立一中》，广东省政协学习和文史资料委员会编《广东文史资料存稿选编》第 4 卷，广东人民出版社版 2005 年版，第 838 页。

因此对于师资建设十分重视。1928 年 8 月，黄节专门召开广东省教育会议，讨论制定教职员职责的规章制度。据当年广东省教育会议录记载，依省教育厅 1928 年公布的《中等学校教职员待遇及保障规程》规定：第一，各级学校校长以专任为原则，须驻校办事。如有特殊事故须办理请假（省立学校向教育厅，县立学校向教育局，私立学校向校董会），每学期请假日数，除丧亲外，不得超过 20 日。第二，教员告假逾授课时数 1/5 者，须定期补课。第三，各校训育事项，除训育主任负责外，教员应兼负指导之责。①

与此同时，针对当时广东省教育界普遍存在的一些弊病，教育厅进行了严厉整顿。对于教育局局长及县市立中学校校长，"往往有任意易人、绝不呈报者"，教育厅命令各县市将现任教育局局长及公私立中上学校校长姓名、履历、年龄、籍贯，以及到职年月分别开列呈报。② 对于教职员外出兼职赚外快的情况，则明令规定教职员不得兼差兼薪，如有违背，则革职惩办。而由于当时地方多故、交通阻塞及校长易人等原因，很多学校没有及时将学生成绩上报教育厅备案，致使"有延至毕业时将毕业生历年成绩补报者，间有保管未周，表册散失至毕业时无从具报者"③，教厅催促各校呈报学生成绩，令省立本市公私立中上各校将学生学年成绩从速造表上报，加强管理。

1929 年 3 月，广东省教育厅提高了教师的任职资格的条件，规定高中教员必须具备下述条件之一者方可任职：第一，国内外大学教育学系，或师范大学，或大学师范部，或高等师范毕业者；第二，国内外大学，或高等专门学校三年以上毕业者；第三，曾任经政府部门认可之高中以上学校某科教员三年以上者，但以授该科为限；第四，经高级中学教员检定委员会认为合格者。

将中学校长和教员作学历和经历的限制，对提高中学的教育质量起了一定的作用，特别是让有教学经验和成绩的教师得以安心从事教学。不少公立学校纵使校长人选每因政局的变更而不断更易，但由于

① 何国华：《民国时期的教育》，广东人民出版社 1996 年版，第 313 页。
② 《教厅调查各属教育人员》，《广州民国日报》1928 年 11 月 21 日第 14 版。
③ 《教厅令催各校呈报学生成绩》，《广州民国日报》1928 年 11 月 21 日第 14 版。

教学骨干能长期在校，优良的学风也不至于中断。

（四）创办学校，扩大教学规模

黄节十分注重女子教育和师范教育，他主政广东教育期间，先后建成省立第一女子中学、省立第一师范学校和广州市立第一中学，为广州的教育发展做出了突出的贡献。

1928 年，全国教育会议决议中等学校必须男女分校或分部、分班。为了落实全国教育会议决议，同时以便发展女子教育，黄节"以广东省立女子中学向未有设立，现届训政时期，非积极推广女子教育不可，特筹设省立女子中学一所，闻其计划拟将女子体育学校该并办理，务期成立最完善省立女子中学，以栽培女子中等教育"①。1928年 7 月 12 日，广东省教育厅将仰忠街天马巷广东女子体育学校校舍改为广东省立第一女子中学，委任吕兰芳为首任校长。11 月 11 日，省立女中举行成立典礼，黄节在开学典礼上发表演讲，表达了自己对女子教育的看法："从前女子，总是在家里，在现时却不能如此。但是女子也应有她的应守礼法。"并对学校的建设提出希望："尤要另养成一良好学风为重要，是以在今天极希望各位员生知道政府设立此校之深意，还望各位加倍努力。"② 省立女中成立后，首任校长吕兰芳对学校进行了积极整顿，不仅校舍建设得到了快速发展，同时在招生规模上也有了长足的进步。"十七年度只有学生十一班，十八年度则增至十四班，学生共六百余人，合附小计之，共一千四百人。"③ 为了"增进学生智识，增长阅历"，省立女中还特别组织旅行团，到香港、澳门和惠州进行交流访问。

黄节极为注重发展师范教育，在 1928 年 11 月 21 日召开的广东省政府第四届委员会第 119 次会议上，提议筹设乡村师范学校。他分析了筹办乡村师范学校的三个原因：第一，"欲推广义务教育，必须添设小学"，但小学教师"不敷分配"；第二，"乡村人民占百分之八

---

① 《教育厅筹办省立女子中学》，《广州民国日报》1928 年 6 月 30 日第 8 版。
② 《省立女中举行成立典礼》，《广州民国日报》1928 年 11 月 12 日第 14 版。
③ 《省立女师近讯》，《广州民国日报》1929 年 6 月 19 日第 14 版。

十以上，国人莫不承认，故其关系国家，实非常重要；况其纳税之多，贡献之大乎……农民纳税负担既重，受教育机会似不应后于城市"；第三，"教育为专门事业，欲求其效率之增进必须专门研究，乡村教育之为一种专门事业，教育界未有不承认者，故当设专门研究之机关，训练专门之人才"①。

在创设省立师范之初，黄节就为学校的培养目标提出了要求，学校培养的学生应具备："1. 农夫的身手；2. 科学的头脑；3. 办事的能力；4. 艺术的兴趣；5. 专业的修养；6. 改造社会的精神。"② 在学校的选址上，黄节提出学校要具备以下条件："地方交通便利，治安稳固，卫生适当，富力中等（不太高太贫），土壤肥瘠适中，人口疏密适中，风景优美，风俗良好（如纯厚勤朴）。"③ 最后，教育厅决定在番禺江村成立乡村师范学校，命名为"省立第一师范学校"，以何剑吴为校长。同时，省教育厅派何剑吴等前往江苏、浙江两省（特别是陶行知主持的南京晓庄试验乡村师范学校）考察乡村教育，并给每人旅差费 400 元以便成行。考察归来之后，教育厅令将考察结果及体会汇集成册，分发到各县市，要求各学校参考学习。

1929 年 3 月 17 日，省立第一师范学校在省立女中举行新生复试考试，录取新生 78 名，学校先开设乡村小学师资 2 班，修业期限定为 2 年。省立第一师范学校所设课程比较全面，包括党义及公民训练、语言文字文学、体育卫生健康、农业改良、工艺美术、家庭管理、学校组织行政、改进乡村事业等科目。

二　独特的教育理念

黄节主政广东教育，虽然只有短短一年多的时间，却形成了自己独特的教育思想，即教育不仅要促进学生智力方面的发展，还要促进学生在德、体、美各个方面的发展。

---

① 《筹设乡村师范已经省府决定》，《广州民国日报》1928 年 12 月 26 日第 14 版。
② 《教厅筹设乡村师范学校办法》，《广州民国日报》1928 年 12 月 24 日第 14 版。
③ 《乡村师范委员昨日联赴江村》，《广州民国日报》1929 年 1 月 14 日第 14 版。

　　首先，黄节非常重视道德教育。黄节早年求学于同乡名儒简朝亮门下，继承了简朝亮"正人心，挽世风"立身为学之本的丰厚泽养。1928 年 4 月 14 日，黄节在接受记者采访时表达了自己对道德教育的重视："道德沦丧之人，其学问越优，则其作恶之程度与能力越大，而社会之受其害者，将更不可胜言。"他把政治污浊、社会纷乱的原因归结为"道德教育之不讲求，其流弊将至于斗争攘夺而莫能救"①。在 8 月召开的全省教育会议上，黄节再次强调了道德教育的重要性。他在开幕词中认为"十数年来本省风俗人心日趋败坏，循至天理丧尽而成禽兽之行，余对此就认为是学术之变而非政治之变"，并提出要"以挽救人心为办理教育之要义"，只有这样"教育前途庶有成绩可观云"②。在这次会议上他还专门提出了道德教育为今日救国利器案。

　　在教育实践中，黄节采取了多项措施，加强对学生的道德教育。"查市内近年儿童犯罪日多，国家虽有法律制裁然并不因此而减少，当设感化院妥为收容，一方面促其觉悟，使其改过自新，一方面授以智识技能，使其谋生有赖，此外并可收容一般低能儿童，施以相当教育，俾易收感化之效"③，决定成立市立感化院。1929 年 5 月 1 日，广州市市立感化院在市公安局南石头惩教场成立，首任院长为罗邦。感化院成立之后，即广为收容犯罪儿童，一方面对其进行道德感化教育，另一方面对其进行技能方面的培训。同时，黄节加大对出版物的审查力度，组织成立了出版物审查委员会，"凡属拟付刊流传之文告，均须先送请审查，方许出版，以免流毒社会"。另外，还在全省范围内严厉取缔淫书淫画，净化图书市场，以免荼毒生灵。

　　其次，黄节还非常强调体育教育。黄节认为，"欲谋各界人士身体之健全，固应提倡体育，然提倡之道尤须养成体育专门人才，以资指导"④。他不仅采取措施健全体育机构，而且通过召开运动会的形式推动体育运动的发展。"广东全省体育协进会"是 1925 年由体育界人

---

　　①《黄晦闻先生抵粤》，《广州民国日报》1928 年 4 月 14 日。

　　②《粤全省教育会议开幕》，《申报》1928 年 8 月 16 日。

　　③《广州市教育局十七年份施政概况》，《广州市教育局第四期报告书》，广州市档案馆馆藏档案，资政，卷号 2162，第 149 页。

　　④《一年来广东之教育》，《广州民国日报》1929 年 1 月 1 日第 11 版。

士所发起而成立的，广东省教育厅 1928 年 10 月正式批准这个协会的组织章程。不久，由省教育厅聘请陈策、金曾澄、许崇清、李应林、郭颂棠、丘纪祥、陈彦、谢鼎初、陆幼刚、温仲良等人为体育协进会委员，正式成立广东全省体育协进会，作为领导全省体育运动发展的正式机构。广州市原设有私立体育学校一所，办理多年，但成绩并不明显。1928 年 10 月，教育厅在广州市上西关设立广东体育专门学校一所，由校董会推举陈策为校长。广东体育专门学校成立后，为广东省培养了大批的体育专门人才。

在黄节就任教育厅长之前，广东省已经举办了 10 届运动大会，但社会民众对于运动体育的关注程度却并不高，只是局限于省会少数学校，尤其是限于少数学校中的几所教会学校。黄节到任后，提议召开广东省第十一届运动会，并亲自为运动会作歌。11 月 1 日，广东全省运动会在中山大学体育场举行开幕式，黄节作为运动大会的副会长出席了开幕式。本届运动会参赛人数创下历史新高，省内各学校积极报名参加运动会，运动员有 2410 人，观众达 10 万余人。值得注意的是各校女生参加比赛者众多，并且表现优异。女师、女职、岭南大学、贫民女校、中大、培正、真光等都派有相当数量的女生参加。"此次全省运动大会中其最足以使人注目者，一为中小学学生运动成绩之优良，一为女子体育之进步。"① 针对此次运动会中出现的不足之处，黄节决定筹建规模宏大的运动场。"欲求体育之发达而不从设备上准备，未有能成功者。"1928 年 11 月 2 日，黄节出席广东省政府第 105 次省务会议，提议收回之前曾被指定为建筑运动场之东校场为全省体育运动会场，经省府会议决议通过照办。黄节遂于 12 月派员接收，成立办事处，筹划修建，后教育厅和财政厅拟定建筑经费 95 万余元来修建运动场。在当时财力紧张的情况下，能够拨付如此多的经费投入到体育事业中，可见黄节对体育教育的重视。

最后，黄节主政广东教育期间，广州市的美育教育得到了快速发展。"查美育本为教育的要素，自应并予提倡，以免偏枯"，广州市教

---

① 《全省运动会闭幕以后》，《广州民国日报》1928 年 11 月 7 日第 5 版。

育局在戏剧、美术、音乐方面投入经费，成立了市立戏剧学校、市立美术馆、广州博物馆、省立图书馆、美术展览会等一系列旨在丰富市民文化生活的机构。

黄节认为戏剧是最能转移社会风俗、改变人类行为的一种艺术，"无论男妇老幼智愚贤不肖，凡观戏剧者靡不受其感动"，"戏剧事业靡特影响社会风化，抑且关系教育前途甚大，亟应加以审查取缔，庶免流毒社会"①。于是，黄节决定组织改良全省戏剧委员会一所，负责办理全省戏剧事业，并下令由教育厅第二科主办。

1928 年 12 月 14 日，广东省政府第四届委员会第 117 次会议决议派欧阳予倩为广东戏剧研究所所长，令财厅先拨筹备费 3000 元，② 同时划定回龙桥土地裁判所旧址为广东省立戏剧研究所所址。1929年 2 月 16 日，经过两个多月的调查、筹措、计划，广东戏剧研究所成立。该所的宗旨是通过改革活动，"创造适应时代、为民众的新戏剧"。这个研究所既是研究机构，又是教育机构，其研究对象和教育范围包括话剧、粤剧、京剧、歌剧等，所内设有"戏剧杂志社"，出版《戏剧》杂志，还在《广州民国日报》的剧刊上出版周刊。所内还设有戏剧学校、管弦乐队和音乐学校。研究所存在的时间虽然不长，但做了很多有益的工作，尤其是通过《戏剧》双月刊对发动社会各界"合着去建设粤剧的新生命"起了积极的作用。

1928 年 7 月 25 日，黄节在广东省第四届委员会第 77 次会议上提议《请拨定旧法国领事署建设省立图书馆案》，国民党广州政治分会于 11 月 27 日批准该案。1929 年 5 月 1 日，省立图书馆正式对民众开放，"阅览人数，每日约 600 人，比旧馆增加数倍"③。

---

① 《教厅规划改良全省戏剧事业》，《广州民国日报》1928 年 11 月 15 日第 14 版。
② 广东省档案馆编：《民国时期广东省政府档案史料选编》第 2 册，1987 年印行，第 84 页。
③ 《图书馆之刷新》，《广州民国日报》1929 年 5 月 14 日第 14 版。

三　黄节对民国初期广州教育的贡献及其原因

　　黄节在任期间，采取了一系列的整顿措施，广州的教育得到了较快的发展，平民教育、师范教育、职业补习教育、义务教育和女子教育都有了很大的进步，学校数量和学生人数都有较快增长。经广东教育会统计的结果，截至 1929 年 6 月 8 日，广州市区学校教育概况为："市立中学以上学校，有师范、职业、美术、商业、保姆、职工及中学共七所，讲习所有世界语及国语二所，市立小学则有六十九所，此外另有市立水上学校、贫民子女学校、市立师范附属小学各一所，计共有学校八十一所，教职员共有一千二百零六人，学生共有一万八千九百六十八人，私立学校已呈准立案者，共有三十七所，教职员约二百二十人，学生约三千人，市立私塾共有三百六十七所，塾师及助教共约有四百五十人，学童一万九千余人。"① 同时广州市教育局还做出了在各小学原有基础上，扩充班额，加收学生的计划，以达到"教育普及之目的"。针对失学青年为数尚多的现状，广州市设立平民夜学 65 所，计 75 班，招收学生 3000 人，使其"学得相当的知识技能，以便自谋生活"。1929 年 2 月，广州市教育局为了适应社会上对职业人才的急需，采取简易的方法，办短期职业补习班，利用部分市校的人力物力，指定市立一中、一职、师范等校附设举办各科补习学校，晚间上课，学习期限 1 年至 3 年不等，自 1929 年 2 月起至 1935 年 8 月止共办了 6 期。

　　1927 年，广州市普通中学有 31 所，在校生 8661 人，而到了 1930 年，学校数增至 49 所，学生人数达到 16291 人，人数增加了近一倍。1928—1929 年 6 月，广州市教育局新开办的学校有：省立第一女中、市立第一中学、市立职工学校，均于秋季开课；新设私立学校，有体育专门学校，新闻学专门学校，岭南大学西关分校等；而新设特殊教育机构，则有建设委员会所办之统计班，财政厅之会计学校，中国统计学会之统计学校增设三年班，广州市教育局之市党童军

---

① 《广州市最近教育概况》，《广州民国日报》1929 年 6 月 8 日第 14 版。

小队长训练所，塾师训育所等。广州市学校规模较之前有了很大发展。

广东省的师范教育也得到了长足的发展。省立第一师范学校的开办是广东省乡村师范学校之先河。1928年广东公私立师范学校有32所，学生4757人，教职员668人。而到了1929年，广东省教育厅为推广乡村师范教育，通令各市县最少必须设立乡村师范学校1所。此后，中山、顺德、吴川等26县相继成立县立乡村师范学校。高要、恩平、澄海、琼山、安定、德庆、乐昌7县则于县立中学校各附设师范科，以培养乡村师资。这时，广东省公私立学校就增加到53所，学生为6857人，教职员为1002人。

黄节在任期间广州市教育得到快速发展有着主客观两方面的原因。

从客观方面来说，黄节担任广东省教育厅厅长的一年多时间里，广东政局相对稳定，工农业有所发展，社会比较安定，省、市教育经费相对固定，私人办学较多，特别是海外华侨爱国爱乡，纷纷捐款办学。这就为教育的恢复和发展创造了稳定的外部环境。1928年上半年社会纷乱，学潮不断，导致广州市内来自各县的学生人数锐减，正常的教育秩序受到严重冲击。下半年黄节接管广东教育之后，广东教育进入了整理扩充时期。"地方治安稳定学校环境改善之下，广州市内各校学生数顿见增加，而公立学校之新办者，亦有女中市中职工等校。各区善后公署、各县县长多注意恢复已停办之学校，并为宽筹经费。各校学风，经办学者之严格整饬，注重平时上课与试验，学生渐知守纪律、求实学之要。"①

另外，充足的教育经费以及当政者的支持也是很重要的因素。黄节在答应李济深的邀请时，同时得到了保障教育经费的许诺，因此广州市的教育发展才有了稳定的经费来源，广州市教育局也加大了对教育经费的投入。"教育局长陆幼刚自接任后，以本市教育经费只占市库支出百分之十三，以致一切设备均未能臻于完善，自应改良扩充，

---

① 《一年来广东之教育》，《广州民国日报》1929年1月1日第11版。

以期发展"，于是"增加教育经费至百分之二十五"①。根据对省立四所中学和师范教育经费的调查，"第一中学每月政府补助经费六千九百六十元，第二中学每月经费二千六百余元，第一女子中学每月经费五千余元，女子师范每月经费五千四百余元，计共一万九千九百六十余元"②。而当社会政局变动时，教育事业就受到了干扰。1929年5月，粤桂双方军队发生战争，广东军费激增，教育经费濒于停发，而黄节兼任馆长之广东通志馆，亦被征用为后方医院。面对这种局面，他自感无力支撑下去，从诗中便可看出此时他彷徨的心境："桔槔许有回天力？百亩荒畦在屋东！"③面对险恶的政治环境，作者发出了"何去何从"的疑问。黄节自感无力应付教育界日趋糜烂的摊子，加上李济深又被蒋介石扣留在南京，于是决意辞职，其辞呈云："所尤痛心者，全省义务教育、平民教育，无款举办，坐视失学儿童二百余万人、失学青年数百万人，无法使之读书识字，亦无法使经年减少此失学之人数，又函授学校及地方教育行政人员讲习所，虽经省议通过，而开办无期，旧函授学习不办，则塾师数万人，徒受干涉解散之惨，而无指挥改善之途，弱者饿及妻孥，顽者流为盗贼。"④由此可见，教育的发展，与稳定的政治局面和充足的经费投入是密不可分的。

在主观方面，黄节锐意改革，知人善任，采取了一系列积极的措施大力推动教育发展。省立一中的前身为创办于1888年的广雅书院，辛亥革命后改学堂为学校，黄节就是当时的校长，所以他对省立一中倾注了很多的感情。因此任命校长时，他选择了好友梁漱溟。梁漱溟主校省立一中后，一改陈旧落后的教学模式，从录取新生到教学方法都做了很大的改革，并取得了显著的成效。时任广州市教育局局长陆幼刚是黄节的学生，这就保证了教育政策的贯彻落实。此外，为了详查全省教育现况，以便制订全省教育行政计划，指导各地学校工作，

---

① 《陆幼刚刷新教育之规划》，《广州市政公报》第299期，广州市档案馆藏，资政581号，第3页。

② 《省立四中校经费之调查》，《广州民国日报》1928年10月30日第14版。

③ 刘斯奋选注：《黄节诗选》，广东人民出版社1993年版，第280页。

④ 黄节：《蒹葭楼自定诗稿原本》，广东人民出版社1998年版，第328页。

黄节将全省划分为 8 个督学区，在原有 6 个督学的基础上，增加了 2 个督学名额，派出督学调查各地教育情况，并将调查情况汇集成册，以备教育之用。

本文与巩克金合作，系提交"民国人物与广州城市发展"学术研讨会论文，收入论文集《民国人物与广州城市发展研究》（广州市地方志办公室编，广东经济出版社 2010 年版）。

试论民国时期许崇清的
教育主张与实践

    民国时期的广州一直处于时代变革的前沿，破旧推新之革命风潮波及社会各个领域，教育界亦不例外。在此时期，首屈一指的便是中国近代著名教育家、高等教育工作者许崇清。许崇清早年东渡日本求学，1920 年回国后曾担任广州市教育局局长、广东省教育厅厅长和中山大学校长等职务，毕生从事教育哲学思想的研究和高等教育的实践工作。许崇清的教育主张与教育活动已经得到学界的认同。在 1988 年中山大学组织举行的"隆重纪念著名教育家许崇清先生诞辰一百周年学术报告会"上，与会学者高度赞扬了他在"马克思主义理论的基础上建立教育学一个新体系"的理念，[①] 成为我国"开拓辩证唯物主义教育理论的先驱"[②]，并肯定了他三次执掌中山大学的卓越贡献，认为"中山大学是应该同许崇清的名字联系在一起的"[③]。《许崇清教育论文集》和《许崇清文集》的相继出版，也为深入进行许崇清的相关研究提供了一个重要而坚实的平台。

    许崇清研究尚有许多空间，本文拟主要探讨他在民国时期提出的教育主张，包括教育社会理论、教育革命理论和高校建设理论，同时也涵盖了他在这种思想主张引导下在广州教育领域开展的一系列的教

[①] 许崇清：《关于我的学术思想》，许锡挥编《许崇清文集》，广东教育出版社 1994 年版，第 9 页。

[②] 黄焕秋：《开拓辩证唯物主义教育理论的先驱》，《中山大学学报》1988 年第 2 期。

[③] 梁山：《许崇清与中山大学》，《中山大学学报》1988 年第 2 期。

育实践。这些理论与活动在一些文章与专著中各有所涉及,① 但是仍有值得补充、深究和商榷的地方。

一

　　许崇清教育主张的起点是教育与社会相结合,因为教育本身就是人在社会中的一项实践活动,它与五四运动时期提出的以教育救国的平民教育思潮有着密切的渊源关系。五四运动时期,一批新知识分子与新青年,将中国社会发展的腐朽、缓慢归咎于大众文化落后和思想闭塞,因此意欲通过平民大众文化知识和生计的教育来提高民众的文化思想素质及觉悟的想法备受推崇。

　　许崇清 1920 年从日本求学回国后,在孙中山的建议下,推辞了蔡元培请他去北大任教的邀请,回到广州出任广州市教育局局长,并和陈独秀一起担任广东省教育行政委员会政务委员。在全国各省竞相筹办大学的社会热潮影响下,陈独秀虽想试办广东大学,但苦于没有经费而一直没有实施,对此许崇清提出创办市民大学的设想。他认为民主主义是当时社会众望所归的要求,"但民主主义的基础不在武力,而在智慧与道德",所以民众的教育问题才是民主主义的最后问题。②而且,由于市民大学可以"不用建校舍,也无需专职教授,只要少量的经费"就可以创办,③ 得到广州市市长孙科的支持。随后,许崇清又亲自担任市民大学的教务长,聘请了众多社会名流和知名学者如胡汉民、马君武、汪精卫、金曾澄、邓植仪等。招生消息公布后,报名十分踊跃。1921 年 7 月 25 日,市民大学举行开学典礼,孙科、胡汉民、汪精卫和许崇清分别发表演说。许崇清每晚必到课堂查看,发现

<hr>

　　① 许锡挥:《关于许崇清教育思想的几点思考》,《高教探索》1986 年第 4 期;梁群:《纪念我国现代著名教育家许崇清先生》,《高教探索》1986 年第 4 期;何国华:《进步的教育家许崇清》,《开放时代》1987 年第 1 期;易汉文:《三次执掌中山大学的许崇清校长》,《文史纵横》2004 年第 3 期;程斯辉主编:《新中国著名大学校长(1949—1983)》,湖北人民出版社 2007 年版。

　　② 许崇清:《市民大学问题》,许锡挥编《许崇清文集》,第 404 页。

　　③ 李坚:《许崇清与广州市民大学》,《广东史志》1991 年第 3 期。

问题，及时改进。许崇清对"市民大学"的含义作了说明："系仿外国大学扩张运动的办法，将大学里头所有哲学的知识和科学的知识，仍用大学的名义做标帜，以普及于大学之外"，其实际的社会意义则在于合众力而举办的一项"社会建设运动"①。虽然由于时局的关系，市民大学在广州只办了一期，但却是许崇清将教育问题与社会问题相结合的初步实践。

与此同时，"除文盲，作新民"的呼声日益高涨。当时北京的"平民教育社"就是这一运动的先锋，其宗旨是"研究宣传及实施平民教育"，把教育与社会现实联系起来，主张通过教育的革新和改良来改造社会，认为教育的改良是一切改良的根本。②

最早在广州响应平民教育运动的是广州女子师范学校。在校长陶秀荪的领导下，学校创办了免费的贫民小学，这既解决了部分儿童的失学问题，又增加了师范生的实习机会。1921年广州建市后，首任市长孙科等人发起组织了"市平民教育委员会"，创办了多间平民识字学校。第一次国共合作的关系确立后，平民教育运动再次被推向新的高潮。1924年2月，在国民党中央青年部及共产党的协助和推动下，成立了国民党中央平民教育运动委员会，负责全省平民教育，许崇清任主任委员，王仁康任副主任委员，郭耀华任实施部部长。3月5日，市长孙科召开第二次平民教育会议，许崇清列席。会议对广州市平民教育运动委员会予以定名，并分为两部——识字部和义学部。识字部旨在"使市内失学平民，对于适用之千字，能读能写能用"，而义学部则"利便失学青年就学，以助教育之普及"③。识字部和义学部各开办10所学校，共计一年招生1万人，预计于4月21日开始上课，希望"三五年后，广州市内，当无复不识字的人"④。学校开始接受报名后，广大市民十分踊跃，报名人数均超过两部的额定人数，使得广州市教育局局长王仁康不得不亲自出面表示将再寻校址，容纳更多

① 许崇清：《市民大学问题》，许锡挥编《许崇清文集》，第405页。

② 赵玉霞：《论二三十年代中国的平民教育运动》，《山东师范大学学报》（社会科学版）1997年第2期。

③ 《第二次平民教育会议》，《广州民国日报》1924年3月6日。

④ 《平民教育报告》，《广州民国日报》1924年4月14日。

求学之人。①

在这场平民教育运动中，许崇清不仅是中央平民教育运动会的主任委员，还作为识字部的委员"在左派青年的帮助下展开了工人群众的识字运动"②。其实，许崇清有关社会民众教育的主张应从其担任广州市首任教育局局长开始。后来，为保障平民教育运动的发展，他于1925年向国民政府提出《教育方针草案》，认为中国只有摆脱旧制度，才有发展的可能，再次明确指出学校的教育方法与内容应与社会的需要相结合，主张实施产业教育、半工半读，让受教育者成为实用常识和科学知识兼备的生产者。同时，他也反对将平民教育看作慈善事业，认为这种意识的转变是要先于制度上的改革，而且平民的教育活动是必需的、必要的，其所涵盖的社会任务更加重大，因此平民教育绝不是一种"嘉惠平民"的慈善事业。③

由于国共两党合作的破裂，平民教育委员会在大革命失败后亦被解散，全省的平民教育活动也因此沉寂下去。然而，作为运动的发起人和组织者，许崇清在实践中逐步形成和完善的"教育不能孤立"的教育社会理论则成为其教育哲学的基础。

二

教育的普及化与社会化是许崇清唯物主义教育理论的出发点，而在20世纪20年代广州革命形势风起云涌的社会现实下，教育与革命的相结合更是复杂而又迫在眉睫的一项实践活动。

1924年1月，改组后的中国国民党在广州召开第一次全国代表大会，正式建立以国共合作为基础的民族民主革命统一战线，国民党逐渐成为统一的、强有力的革命政党。在国共两党的共同推动下，广东的国民革命运动迅速高涨，很快就影响到教育界。正是"由于1924年的革命统一战线的形成所掀起的蓬勃的国内革命高潮鼓舞"和"由

---

① 《市民争来读书》，《广州民国日报》1924年4月24日。
② 许崇清：《关于我的学术思想》，许锡挥编《许崇清文集》，第10页。
③ 许崇清：《平民教育不是慈善事业》，许锡挥编《许崇清文集》，第429—430页。

于对十月社会主义革命所形成的苏联教育制度的新规律的研究启发"，使许崇清的教育观念"有了改变"①。1926 年 7 月，在国共合作的广东青年夏令营讲习班上，许崇清以"革命与教育"为题目做了专题的演讲。他在演讲中，首次提出了教育与革命相结合的教育主张。随后，他又在发表的《教育革命与革命教育》一文中，更进一步地表示出教育的任务是反帝反封建，认为改造旧社会和建设新社会是可以通过教育革命来完成的，强调了教育与革命斗争以及与国家建设之间的联系。② 许崇清不仅在教育理念上完成了教育与革命相结合的转变，而且"在行动上也实现了某些主张"，即发起取缔外国人在在华学校上的管理权以及在学校内禁止传教的运动。③

鸦片战争后，基督教传教在不平等条约的保护下变为合法，一些教会和传教士开始向内地渗入。作为战后首批开放的通商口岸广州，许多知名的教会学校相继开办，如真光女子中学、培正中学和岭南大学等。然而随着近代民族主义的被唤醒，教育界人士对于教会学校的优势地位和独立状况深感担忧，认为教会参与到学校教育和平民教育中，是为"日益遮掩其布教面目，日益深入社会，迷惑无量青年"④。他们把教会学校的存在视为对中国教育权的分割和对中国文化的侵略，如果放任发展而使其控制了中国教育，那么中国必然沦为外国精神文化的殖民地。

1924 年 4 月，英国圣公会所办的圣三一学校的学生因其组织学生会的要求遭到英人校长的反对而宣布罢课，成为这场"收回教育权运动"的肇端。4 月 16 日，学生发表《圣三一校通电》，高呼要为教会学校学生争回集会结社的自由权和为中国政府争取回教育权。⑤ 接着，法国天主教会办的圣心学校因法人校长拒绝学生为纪念"五七"国耻日而放假演讲的要求，并把对学生表示同情的梅、张两位教员辞退，

① 许崇清:《关于我的学术思想》，许锡挥编《许崇清文集》，第 10 页。

② 同上。

③ 同上。

④ 《中国的反基督教运动》，《三十年来基督教思潮》，广东省档案馆藏，档号：92/1/238。

⑤ 《圣三一校通电》，《广州民国日报》1924 年 4 月 16 日。

又引起学生集体退学风潮。学生罢课风潮立即引发教育当局的重视，时任广东省教育厅厅长的许崇清表示对此要慎重考虑，把解决圣三一、圣心学潮和收回教育权作为两个问题分开讨论，"惟现圣三一学生已转入执信高师等学校读书，圣心学生自行设校开课，自此风潮将告结束；至于收回教育权问题，为全国之事……决议由省教育会于本年度全国教育大会时提议……现正在讨论计划中"①。广州教会学校的罢课学潮引发了全国性的教会学校风潮和"收回教育权"运动。1925年，许崇清参与拟定了《取缔教会学校办法》，"其要点是取缔外国人及教会在我国所办学校，学校一律不准宣传宗教，宗教与教学分离，不准学校强制学生信教"②。值得注意的是，许崇清是要求完全取缔外国人及教会在华所办的学校的，而不仅仅是"收回教育权并非不许外人在华设立学校，乃将此种权收回，外人如在内地设立学校，要依吾国教育定章实行……"③ 甚至他在1926年10月发表的《教育方针草案》的论文中仍然提出要宗教与教育分离和取缔外国人经营的学校，因为他认为"中国始终并未曾将教育权授予外国人"，所以他也不赞同"收回教育权"的提法。④

1926年3月，国民政府在广州设立了国民政府教育行政委员会，许崇清任常务委员。该委员会随后在广州召开会议，并议决了"收回教育权"的相关议案。同年10月，国民政府颁布了《私立学校规程》《私立学校校董设立规程》和《学校立案章程》，其内容有：把外国人和教会设立的学校都归于私立学校的范畴中；私立学校之组织、课程、教授时间及其他一切事项，须根据现行教育法令办理；原则上私立学校不得以外国人为校长或者校董，若有特别情况，则斟酌考虑；学校一律不得以宗教科目为必修课，亦不得在课内做宗教宣传；私立学校如有宗教仪式，不得强迫学生参加以及公、私立学校均要向该主

① 《收回教育权之要讯》，《广州民国日报》1924年5月31日。
② 许崇清：《关于收回教育权运动的回忆》，广东省政协学习和文史资料委员会编《广东文史资料存稿选编》第4卷，广东人民出版社2005年版，第814页。
③ 许崇清：《关于岭南大学事件》，许锡挥编《许崇清文集》，第427页。
④ 同上。

管的教育行政机关立案；等等。① 1927 年 4 月，教育厅厅长许崇清限令各教会学校遵照规程呈请立案，立案后按条例规定执行，并要受教育行政机关的监督和指导。尽管如此，许崇清依然认为这些规程是"国民政府对收回教育权运动从反帝革命转变为妥协的标志，原来是取缔外国人和教会在国内办学校，这些法规却肯定外国人及教会可以在国内办学校，所谓立案就是允许帝国主义分子在国内进行文化侵略"②。

随着大革命的失败和国民政府的迁址，广州再次陷入动荡，使得这场声势浩大的"收回教育权运动"最后不了了之。不过在这场运动中，广州地区在一定程度上接管了外国人开办学校的经营权，使得学校教育的自主权加强，同时限制了教会学校宗教传播的影响，对于在广州的教育领域中反奴化和反文化侵略的工作起到积极作用。

三

许崇清的教育社会理论和教育革命理论来源于他任职广州市教育局局长和广东省教育厅厅长时组织参与的教育运动，而高校建设理论则是他担任中山大学校长时治校方略的结晶。许崇清在深入研究欧美大学的沿革、教育职能和学位的异同后，提出中国的大学应借鉴德国的教育制度与体系，把专门科学之教授及学术之基础的研究为作为促进中国高等教育发展的方向。③

中山大学的前身即为广东大学，由"革命之父"孙中山创办，1924 年 2 月 6 日，孙中山以"大元帅令"任命邹鲁为国立广东大学筹备处主任，并且聘请时任广东省教育厅厅长的许崇清等 35 人担任筹备委员。3 月 3 日，许崇清出席了国立广东大学筹备处的第一次会议，讨论通过了国立广东大学筹备处组织大纲，使得筹备工作得以顺

---

① 许锡挥编：《许崇清文集》，第 421—426 页。

② 许崇清：《关于收回教育权运动的回忆》，广东省政协学习和文史资料委员会编《广东文史资料存稿选编》第 4 卷，第 816 页。

③ 许崇清：《欧美大学之今昔与中国大学之将来》，许锡挥编《许崇清文集》，第 151—154 页。

利开展。随后在各学科分组讨论会上，他又作为文科筹备委员会委员参加讨论，会议决定广东大学的文科由中国文学、外国文学、史学和哲学四个系组成，拟定各系课程内容，而学生系由原来广东高等师范学校文史部及英文部学生转入肄业。① 学校于 11 月 11 日举行了成立典礼，"广东大学举行成立典礼……来到宾者，有大元帅代表，胡省长，许教育厅长"②。1925 年 10 月，为纪念逝世的孙中山先生，国民政府决定将广东大学改名为中山大学，许崇清再次受邀参加中山大学的筹备委员会。1926 年 7 月 17 日，国民政府发布命令，正式宣布广东大学改名为中山大学。中山大学的创办不仅承袭了孙中山先生的革命精神，而且也培养了大批的知识人才。同时，许崇清参与中山大学的创办工作，亦为他日后接任中山大学校长和从事高等教育工作打下了基础。

"我第一次出任中山大学校长是在 1931 年夏季，西南集团开始反蒋时"，第二次"要我去接中大"是因为陈立夫和朱家骅两人都想控制中大，相持不下，"就只好暂时撒手，让我先到澄江去，把局面稳定下来"③。正如许崇清自己所述，他正是在局势复杂严峻的情况下，分别于 1931 年 6 月和 1940 年 4 月两次出任中山大学的代理校长。两次的时间虽然不长，但是在战火中保存了中山大学，为中山大学成为知名学府奠定了基础。在这两次出任校长之际，许崇清采取了如下措施维护中山大学。

首先，调整院系设置，奠定专门学科教育基础。1931 年 6 月，广州国民政府任命许崇清为国立中山大学校长。许崇清上任后，即于 9 月 19 日召开国立中山大学第三次会议，决定将学科改称学院，④ 完善各专门学科设置。例如，在文学院增加社会学系，"该系注重中国社会之研究，近代（社会）史的研究。何思敬、周谷城、胡体乾等先后

① 郑彦棻：《孙中山先生创办广东大学经纬》，吴定宇主编《中华学府随笔·走近中大》，四川人民出版社 2000 年版，第 18 页。

② 《国立广东大学成立典礼之第一日》，《广州民国日报》1924 年 11 月 13 日。

③ 许崇清：《我的经历》，许锡挥编《许崇清文集》，第 5—6 页。

④ 易汉文编：《中山大学编年史（1924—2004）》，中山大学出版社 2005 年版，第 21 页。

来该系任教授"①。同时，秉持工学的根源在于理学的理念，许崇清将理学院改为理工学院，增设土木工程系和化学工程系。此外，他还在石牌兴建农学院校舍，后因国民党政府拨款中断而停建。经过这样的调整，国立中山大学成为一所具有文学院、理工学院、法学院、农学院和医学院的综合性大学。

其次，稳固学校发展，传承革命精神。许崇清两次任中山大学大学校长之际，正值日本侵略中国之时。1931 年"九一八"事变后，中山大学即于 9 月 23 日召开全校师生员工反日救国运动大会，推举许崇清和师生代表 21 人组成"国立中山大学反日救亡运动大会执行委员会"。28 日，该执委会发出《告全世界学术机关电》和《告张学良电》，呼吁学术界联合起来，不再退缩，坚持抗日。正是因为许崇清校长对于反侵略爱国运动的开明态度，不利于西南当局的统治，许崇清 1932 年被调离中山大学，改任广东省教育厅厅长。抗日战争爆发后，广州 1938 年失守，中山大学迁校至云南澄江。1940 年 4 月，许崇清接任代理校长职务后，决定将中山大学迁回广东。"此时，唯独中山大学在著名教育家许崇清主持下，反而由云南澄江迁回粤北坪石，充分体现了对中山先生致力革命追求中国自由平等必须唤起民众的精神之继承。故此时此刻中大回迁，在舆论上声援了中国人民抗战的决心与必胜的信心，对稳定社会、安定人心、激励抗战士气，无疑是一股巨大的精神力量，它的政治影响是深远的。"②

最后，聘请教授，营造学术自由氛围。迁校坪石后，许崇清代校长聘请了一批知名进步教授，包括著名哲学家李达、经济学家王亚南、法学家梅龚彬、戏剧家洪深等。他们主张政治民主，提倡学术自由，积极开展研究与讨论，推动了中山大学民主运动与学术讨论的发展。作为兼任研究院院长，许崇清还聘请因支持民主运动被国民党政府解职的前广西大学校长雷沛鸿和前广东文理学院院长林砺儒任研究

---

① 梁山、李坚、张克谟编著：《中山大学校史（1924—1949）》，上海教育出版社 1983 年版，第 45 页。

② 龙志善：《我记忆中的车田坝》，罗永明主编《我们的中大》，中山大学出版社 2001 年版，第 87 页。

院导师。为了增强研究院的学术氛围，他亲自在研究院讲授辩证唯物主义与历史唯物主义，批判杜威的实用主义，并多次主持举行了学术讲演活动，如朱谦之教授讲演《天德王之谜》和洪深教授讲演《抗战期间的地方戏》。许崇清重视人才的开明措施，促进了中山大学爱国民主运动的发展，也提高了中山大学的教学质量和学术地位，但却引起国民政府教育部的注意。1941年7月，因为聘请中共"一大"代表李达，许崇清被免去代校长职务。

许崇清是中山大学校史上校长任职时间最长的一位，他在民国时期出任中山大学校长的时候，为中山大学的创建、发展和巩固都做出了不可磨灭的贡献，使其赢得中山大学师生"一身正气，两袖清风"的赞誉。① 同时他的治校方针也为日后广州高等教育的工作积累了经验，而其开明、民主和自由的治校理念和治学精神也得以传承至今。

自20世纪20年代学成回国后，许崇清一直在为广州乃至华南地区的教育尽职服务，他几乎历经民国时期广州地区所有的教育活动。同时，他在实践中形成的教育主张又是辩证唯物主义的哲学原理在教育方面的新发展，成为有助于探索和学习教育哲学的新方法和新途径。

本文与胡杨合作，系提交"民国人物与广州城市发展"学术研讨会论文，收入论文集《民国人物与广州城市发展研究》（广州市地方志办公室编，广东经济出版社2010年版）。

---

① 黄焕秋口述，黄海涛整理：《中大往事》，罗永明主编《我们的中大》，第15—16页。

蒋廷黻的选择：
从外交史家到外交家

"学而优则仕"一直以来都是以"心忧天下，经世济民"为标榜的中国知识分子的首要选择。在 20 世纪二三十年代，面对内战频繁、民族危机日益深重的形势，一批隐身于文化教育界的知识分子出而担当外交重任，从而形成了历史上的"学人外交"现象。蒋廷黻先生即是在这一时期被国民政府所聘用，成为"学人外交"的典型代表之一。然蒋廷黻的与众不同在于，无论是在学界还是在政界，事业皆与"外交"相联系。本文的重点即在于通过考察蒋廷黻从外交史家转变为外交家的人生轨迹，一窥同时代知识分子的政治生涯。

一 学界： 外交史研究领域的巨擘

蒋廷黻与外交结缘源于他在哥伦比亚大学的求学。哥伦比亚大学是美国最古老的八所"常春藤联合会"的会员之一，在国际上享有崇高声誉。尤其是在近代政治学领域，20 世纪 20 年代的哥伦比亚大学会聚了诸如穆尔（John Bassett Moore）、沙费尔德（William R. Shepherd）与海斯（Carlton J. H. Hayes）等驰誉全球的教授，因此吸引了不少中国学子。民国时期历任外交部部长中，曾求学于哥伦比亚大学的就有唐绍仪、顾维钧、陈锦涛、宋子文与胡适。蒋廷黻在哥伦比亚大学求学期间，受海斯与沙费尔德世界价值理论的影响，对外交产生了浓厚兴趣，其博士论文就与英国外交问题有关，同时他也

"对中国外交极感兴趣"①。

1923 年春，蒋廷黻获得博士学位，回国到南开大学任教后便致力于对中国近代外交史的开拓性研究。由于当时研究中国外交的"标准书籍是莫斯（H. B. Morse）的三卷《中国国际关系》（*International Relations of the Chinese Empire*）。该书是依据英国蓝皮书和美国对外关系丛书写成的"②。而蒋廷黻认为"以前研究中国外交史者虽不乏其人，但是他们的著作，不分中外，几全以外国发表的文件为根据。专凭片面证据来撰外交史，好像专听一面的辩词来判讼，那是不能得其平的"③。因此，"我想根据中国书面资料，来研究中国外交史"④。在此理念指导下，蒋廷黻在研究中国近代外交史时尤其注重对中国外交档案资料的搜集和研究，并率先在南开大学运用档案资料讲授中国近代外交史课程。1929 年，蒋廷黻受清华大学校长罗家伦之邀，前往担任历史系主任，继续从事中国近代外交史的研究。由于"清华大学的设备完善，经费充裕，使他可以广泛的搜集资料。清宫的档库固不用说，同时北平故都更予他许多便利收罗清季权臣的私人文件"⑤。经过多年的努力，蒋廷黻终于以清宫档案为基础，加上他个人广泛搜集的史料，用西方现代史学体例先后编辑出版了《近代中国外交史资料辑要》的上中卷。这两卷卷帙浩繁的外交史专题资料集收录了清朝道光二年（1822）至光绪二十一年（1895）"国与国交换的一切的文件，一个政府计议外交的记录，外交部与其驻外代表往来的文件，外交部给国会或国王的报告，以及外交官的信札和日记"⑥，为国人研究中国近代外交史提供了"自己"的史料。另外，蒋廷黻还收购散藏于民间的档案，编辑出版了道光、咸丰、同治三朝《筹办夷务始末补遗》。

① 蒋廷黻：《蒋廷黻回忆录》，岳麓书社 2003 年版，第 99 页。

② 同上书，第 100 页。

③ 王亮、王彦威编：《清季外交史料》，沈云龙编《近代中国史料丛刊三编》第 11 册，台北文海出版社 1985 年版，第 7 页。

④ 蒋廷黻：《蒋廷黻回忆录》，第 100 页。

⑤ 陈之迈：《蒋廷黻其人其事》，董霖总编辑《学府纪闻·国立清华大学》，台北南京出版有限公司 1981 年版，第 135 页。

⑥ 蒋廷黻：《外交史及外交史料》，《蒋廷黻选集》第 1 册，台北传记文学出版社 1978 年版，第 118 页。

在清华大学任教的六年（1929—1934）中，由于直接接触原始史料，蒋廷黻对中国近代史上一些涉外问题也有许多独特的见解，有的甚至是对前人研究的颠覆性看法。这些见地主要体现在这一时期他的重要论文中，如《评清史稿邦交志》《琦善与鸦片战争》《最近三百年东北外患史》《中国与近代世界的大变局》等。时与蒋廷黻有同事及朋友关系的陈之迈对此评价道："北方几个大学的学风已由西方学术的介绍转变而为用科学方法研究中国问题，许多方面都是新创的，廷黻对中国外交史的研究也是方面之一。"[①] 这在某种程度上肯定了蒋廷黻作为开创中国近代外交史这门新的历史学分支学科的贡献。蒋廷黻对近代外交事件与外交人物独到的看法，使他成为"当时公认的中国近代外交史专家和这一研究领域的开拓者"[②]。

除注重对外交史料的搜集和整理外，蒋廷黻对现时外交状况亦相当关心。"九一八"事变之后，民族危机日益加深，在社会舆论对中日和战问题的探讨占主流的情势之下，蒋廷黻"不仅讨论当时最为人所关切的对日外交，同时也讨论到当时并不为人注意的对苏外交"[③]，其载于《独立评论》第六号的《鲍罗廷时代之苏俄远东政策》开启了这一先声。由于蒋廷黻晚年曾在联合国提出过影响极大的《控苏案》，故人们潜意识中似乎保留着的仅有蒋廷黻反苏的深刻印象，但在当时，蒋廷黻更注重的则是如何全面地认识苏联，并在此基础上与苏联进行可能的合作。

蒋廷黻争取与苏联合作的外交思想散见于他在《独立评论》与《大公报》上所发表的时评中。在蒋廷黻看来，"苏联自有其困难。彼所须者为和平，盖惟在和平环境之中始能继续其建设事业。彼之国际地位欠佳，夹在东西两强敌之间，而彼无一可靠之与国，彼之不愿在远东多负责任乃彼之自为谋也"[④]。因此，虽然苏联在远东地区有不可割舍的利益，但自德国法西斯兴起之后，苏联的外交战略重心已逐

① 陈之迈：《蒋廷黻的志事与平生》，台北传记文学出版社1985年版，第18页。
② 沈渭滨：《前言》，蒋廷黻编《中国近代史》，上海古籍出版社2004年版，第1页。
③ 沈怡：《沈怡先生序》，陈之迈《蒋廷黻的志事与平生》，第10页。
④ 任骏、孙必有编选：《蒋廷黻关于苏联概况、外交政策及中苏关系问题致外交部报告》，《民国档案》1989年第1期。

步移向欧洲。这种态势决定了苏联不得不在远东采取以守为主的策略。日本进攻中国，苏联虽能给中国一定的援助，但在较长时期内，则不可能出兵抗击日本，以致引火烧身。① 也就是说，一个国家首先考虑自己的安全和利益是正常的，是天经地义的。因此，从理智上来说，苏联当时对中国所采取的外交政策并没有什么可厚非的，对苏联所实行的避免作战抓紧建设、蓄积国力对付德国的基本国策，我们要持体谅的态度，不要对苏联抱有不切实际的幻想，指望苏联会无私地出兵帮助中国抗日。但同时蒋廷黻又认为："苏联面对自己的危险，一定急于争取友邦的援助倒是真的。因此，我对出使苏联一事，是将成功的希望建立在苏联自身的需要上，而非建立在苏联的慷慨上。"②

国际形势的发展，印证了蒋廷黻对苏联的认识以及中日两国形势发展的预测："中国实际上非常需要外援，甚至包括苏联的援助和支持。我们认为日本在军人的统治之下，对中国必将继续推行其侵略扩张政策。"③ 更为重要的是，蒋廷黻对苏联的深入分析，引起了时任行政院院长蒋介石的注意。蒋介石曾多次邀请蒋廷黻面谈，听取他对中苏两国关系的见解，"他想知道我的计划，他要我尽可能把时间用在苏联。他希望我能测探中苏两国合作的可能性。此外，他要我研究苏联的情况"④。顾维钧在回忆录中谈道，"一年前（1934 年）蒋（廷黻）曾去莫斯科成功地完成了一桩特殊的使命"⑤，即是指此时蒋介石授意蒋廷黻以非官方代表身份赴苏考察，试探中苏之间建立进一步友好关系的可能性。蒋廷黻根据与苏联高级官员会晤所写成的详细报告，成为此后蒋介石政府谋求与苏联关系转变的重要参考。

———————————

① 蒋廷黻：《国际现势的分析》，《独立评论》第 4 卷第 88 号。

② 蒋廷黻：《蒋廷黻回忆录》，第 200—201 页。

③ 顾维钧：《顾维钧回忆录》第 2 分册，中国社会科学院近代史研究所译，中华书局 1985 年版，第 373 页。

④ 蒋廷黻：《蒋廷黻回忆录》，第 158 页。

⑤ 顾维钧：《顾维钧回忆录》第 2 分册，中国社会科学院近代史研究所译，第 331 页。

二 政界： 出使苏联的外交体验

1917 年俄国在十月革命之后建立了新的国家政权。为改变受协约国武装干涉所造成的孤立无援的处境，苏俄政府积极谋求改善对华关系。为此，苏俄政府曾三次发表对华宣言，声称 "放弃以前夺取中国的一切领土和中国境内的俄国租界，并将沙皇政府和俄国资产阶级从中国夺得的一切，都无偿地永久归还中国"①。尽管事后苏俄政府并未完全兑现，但这无疑使刚遭受巴黎和会外交失败的中国人民看到了一丝希望。经过长时间秘密接触和谈判，中苏于 1924 年 5 月签订了《中俄解决悬案大纲协定》，正式恢复中苏外交关系。但是因北洋政府外交政策的不稳定性以及受西方国家反苏政策的影响，中苏两国长期貌合神离。1927 年中苏关系再添变数，南京国民政府于 12 月 14 日宣布对苏绝交。后随着中东路事件的升级，苏联也于 1929 年 7 月 17 日宣布对中国绝交。

"九一八" 事变以后，随着日本对中国及远东地区的侵略步步深入，中苏关系开始出现转机。基于各自的国家利益，中苏于 1932 年 12 月 12 日宣布复交并互派大使。继颜惠庆之后，国民政府于 1936 年 8 月 26 日任命 "蒋廷黻为中华民国驻苏维埃联邦共和国特命全权大使"②，11 月赴苏上任。至此，蒋廷黻由外交史家开始走上外交家的道路。尽管时任行政院秘书长的翁文灏曾经警告他出使苏联是费力不讨好的工作，但蒋廷黻则颇为自信，认为 "中苏两国均地大物博，在国富财力方面之发展，均无求于人，同时两国目前正努力于国内经济建设，力求国际和平，故本人此次奉派出使苏联，图谋两国友好邦交方面，当不感任何困难"。况且 "两年前本人曾赴苏考察政治制度及经济建设，对彼邦人士所得一切良好印象，至今不忘。至我驻苏大使

---

① 复旦大学历史系中国近代史教研组编：《中国近代对外关系史资料选辑》第 1 分册下卷，上海人民出版社 1977 年版，第 18 页。

② 中国第二历史档案馆编：《南京国民政府外交部公报》第 32 册第 9 卷第 8 号，江苏古籍出版社 1990 年版，第 1 页。

馆方面，相识者甚多，余之职责当在敦睦邦交，想莫斯科中苏旧友亦必与予协助"①。然而实任驻苏大使的经历对于蒋廷黻而言则是对之前美好设想的一种讽刺，这主要是由于"西安事变"与"七七事变"而引起的对苏交涉的复杂性让蒋廷黻始料不及而大受打击。

"西安事变"是张学良、杨虎城发动的旨在以兵谏方式逼迫蒋介石抗日的突发性事件。以现在的观点视之，诚可为爱国行动。然在时人眼中，由于张杨部队、中国共产党以及第三国际这三者之间的微妙关系，国内外舆论普遍认为苏联是"西安事变"的幕后策划者，如"'同盟通讯社'传播日本报纸《日日新闻》之暗示，而遂谓：张学良已成立一政府，受苏联之支持，并与苏联联结有攻守同盟之条约"②。尽管"塔斯通讯社顷被授权，声明该项报告为毫无根据，而为一恶意之捏造品也"③，苏联《消息报》和《真理报》也均否认与中共有联系，表示认同蒋介石在中国的统一领导地位。但在当时错综复杂的形势下，中国方面对此仍存疑忌。事变次日，代理行政院院长孔祥熙与行政院秘书长翁文灏联名给蒋廷黻发的电报中就提到："空军侦察西安地区的结果，发现张学良已在西安各处升起红旗。"电报还要求蒋廷黻去"请求苏联出面协助平安释放委员长"④，但又未指示具体办法。于是，毫无外交实践经验的蒋廷黻在未与外交部接洽、对整个事件又缺乏了解的情况下，凭着书生意气贸然与苏联外长李维诺夫会面，且"第二次与李维诺夫谈时几至决裂"⑤。苏联方面对此极为恼火，李维诺夫训令苏联驻华代办司皮礼瓦尼克向中国外交部提出强硬抗议，表示"苏联政府自接到西安事变消息后，立即有极明确之态度，判定张学良之行动，徒足以破坏中国统一，减少中国力量。苏联政府兹派本代办向中国政府郑重说明，苏联政府不但与西安事变始终无任何联系，且自'满洲'事变以来，苏联政府无论直接或间

---

① 《蒋廷黻十月中旬赴俄就任》，天津《大公报》1936年8月29日第3版。
② 《苏俄两大报之评论》，《中央周报》第446期，第15页。
③ 同上。
④ 蒋廷黻：《蒋廷黻回忆录》，第206页。
⑤ 任骏、孙必有编选：《蒋廷黻关于苏联概况、外交政策及中苏关系问题致外交部报告》，《民国档案》1989年第1期。

接，皆未与张学良发生任何关系。苏联政府与中国共产党亦无任何联络，因此对于中国共产党之行动，不负任何责任。苏联政府对于现在中国国内一部分人及新闻纸所散布之流言，似认苏联政府与西安事变有任何联络者，非常惊异愤慨，希望中国政府设法制止"①。

虽然蒋廷黻在事后致外交部的报告中承认自己的行为"事近越权，应请处分"②，但南京国民政府对蒋廷黻并未追究责任，而是责其继续与苏方交涉，争取中苏互不侵犯条约或共同安全保障条约的签订，以应对因日本侵华步步深入而导致的民族危机。然而，蒋廷黻与苏联方面的交涉并不顺利。中方要求签订中苏互助条约，苏联大使鲍格莫洛夫则坚持"谈判的程序应该是：第一步，太平洋沿岸诸大国间先达成一项太平洋集体安全条约；第二步，与中国达成一项互不侵犯条约；第三步才是与中国谈判互助条约"③。直到"七七事变"后，苏联才作出让步，于 1937 年 8 月 21 日签订中苏《不侵犯条约》，规定双方互不侵犯领土和主权，缔约国一方受第三国侵略时，另一方不得向第三国提供直接或间接的协助。④ 虽然"此项条约之内容，极为简单，纯系消极性质，即不以侵略及不协助侵略国为维持和平之方法"⑤，但由于战争初期苏联方面给予了中国较多的物资与军火援助，同英法美等国只在道义上同情中国形成鲜明的对照，这使得国民政府的一部分人尤其是曾参与蒋介石研究制定对苏政策的孙科、杨杰等人对苏联表现出超越实际的幻想：力图说服苏联与中国结盟，参加对日作战。对此，身为驻苏大使的蒋廷黻却大不以为然。一年多的驻苏经历使他对苏联国内形势和外交立场有了更多了解："（1）苏联的内部

---

① 中国社会科学院现代史研究室编：《西安事变资料》第 1 辑，人民出版社 1980 年版，第 219 页。

② 任骏、孙必有编选：《蒋廷黻关于苏联概况、外交政策及中苏关系问题致外交部报告》，《民国档案》1989 年第 1 期。

③ 顾维钧：《顾维钧回忆录》第 3 分册，中国社会科学院近代史研究所译，中华书局 1985 年版，第 38 页。

④ 王铁崖编：《中外旧约章汇编》第 3 册，生活·读书·新知三联书店 1962 年版，第 1105—1106 页。

⑤ 《外交部发言人为中苏签订不侵犯条约发表讲话》，中国第二历史档案馆编《中华民国史档案资料汇编》第 5 辑第 2 编，江苏古籍出版社 1997 年版，第 200 页。

情况不宜与中国在军事上联合对日。（2）国内的食物供应即使在和平时期也是紧张的。（3）国内的军队虽然吃得不错，待遇也好，可是最近对军队的清洗和处决了八位高级将领，在全军造成了混乱影响。（4）斯大林还担心，任何对外战争，会意味着他的垮台。"① 基于这些了解，蒋廷黻对于苏联出兵参战深表怀疑。相反，他却更多地表现出对英美的期望，认为"吾人绝不可期望苏联之实力助我，目前外交活动应注重英美之合作"②。这显然是与国民政府转而注重苏联的外交政策相悖，让其继续留任势必影响中苏外交关系的进一步发展。因此，蒋廷黻于 1938 年 2 月被国民政府调回国内，结束了他作为驻苏大使的外交生涯。

三 从学界到政界： 作为学人外交典范的分析

从 1936 年 11 月至 1938 年 2 月，这短短一年多的实任驻苏大使的经历，对于蒋廷黻来说是一段并不愉快的体验。

从客观上来说，当时苏联正值轰轰烈烈的肃反运动，运动的扩大化使国内政治空气异常紧张，这也必然影响到外交领域。尤其是由于意识形态的差异，使得"差不多所有非共产主义国家的代表们都有同感。他们或多或少受到不断监视，行动也受限制。在莫斯科的生活，完全与在西欧任何大都市或新世界（指美国）不一样"③。这种情况在一定程度上导致了蒋廷黻的前任——颜惠庆的辞职，也使刚到任的蒋廷黻感到困惑与不便。蒋廷黻就曾回忆说："有一天，我去拜访他（时任美国驻苏大使戴维斯）时，我发现在我们谈话时，他不停的用铅笔击打桌子，很像中国和尚敲木鱼念经。看到这种情形，使我有些不解，后来他告诉我这是防止苏联特务'格别乌'（GPU）录音和窃听的最好方法。"④ 其实，蒋廷黻也处于同样的环境之中，"他（蒋廷

① 顾维钧：《顾维钧回忆录》第 2 分册，中国社会科学院近代史研究所译，第 421 页。
② 《蒋廷黻向李维诺夫询问苏联对卢沟桥事变态度致何廉电稿》，中国第二历史档案馆编《中华民国档案资料汇编》第 5 辑第 2 编，第 197 页。
③ 顾维钧：《顾维钧回忆录》第 2 分册，中国社会科学院近代史研究所译，第 330 页。
④ 蒋廷黻：《蒋廷黻回忆录》，第 203 页。

黻）的办公室和住所遍置秘密的麦克风，一天廿四小时不能随便说一句话。他的行动随时受秘密警察监视，完全没有行动自由。他和别国大使谈话要预先安排跳舞会，在响亮的音乐声中由双方的太太传达信息"①。尽管蒋廷黻深知自己"不是苏联特务的对手"，因此"对于苏联是否在中国大使馆布置录音、窃听设备问题不想去侦破"②，但这种"不是人过的生活"对蒋廷黻驻苏期间的工作无疑带来了莫大的影响。

从主观上来说，蒋廷黻从一介沉心于学术的历史学教授出任驻外大使，本身就暗含潜在的诸多困难。虽然蒋廷黻的外交史治学为其从事的外交活动提供了相关知识背景，对他国的认识亦多洞见，但史学与外交毕竟殊途异归，不属于同等范畴。对外交史的熟稔并不意味着在外交实际操作上的规范——就"西安事变"与苏联交涉中的盲目与冲动就是显而易见的实例。对于外交经验的缺乏，初到苏联的蒋廷黻亦有自知之明，在与苏联外交官员会谈时他曾表示：自己"原无外交经验。此次来贵国负此重大责任，心中颇以为在友邦初试比在他国更为便也。我国先哲孔子曾言：处异邦，言必忠信，行必笃敬。果如此，则万事顺利矣。我拟谨守我国先哲之言，以补经验之不足"③。然而外交关系之微妙、运作之复杂，远非忠信笃敬就能解决问题，更不可能完全按照事先设定的程序进行，这使得书生气十足的蒋廷黻在对外交涉过程中应变不及，常常处于被动地位。如"西安事变"交涉时，蒋廷黻明明知道苏方所获消息不准确，"李（李维诺夫）氏提及中国亲日派，余未及及时纠正，可惜之至"。懊悔之余，蒋廷黻只能表示"此后有机当迎头痛击此类谬论"④。

尽管作为外交史家出使苏联，蒋廷黻并无出色的表现，甚至还可以说有点糟糕。但蒋廷黻跨越学界与政界的鸿沟，接受国民政府这一任命却与当时的政治形势相符合。随着民族危机的日益深重，国民政府被迫作出开放的政治姿态，吸纳大批教授、专家等知识分子到政府

---

① 陈之迈：《蒋廷黻的志事与平生》，第41—42页。

② 蒋廷黻：《蒋廷黻回忆录》，第203页。

③ 任骏编选：《驻苏大使蒋廷黻与苏联外交官员会谈记录》，《民国档案》1989年第4期。

④ 同上。

中担任一定的职务。对政府而言，此举在借助社会名流效应来"调动国内的一切积极因素，增强国内各派别、各民族的凝聚力"的同时，还可以"扩大国际影响"①。对于这些学者而言，他们更为关注的则是国家前途与民族命运。就如蒋廷黻，他"既不自鸣清高，也不热衷仕进。但是政府既然征召他，他就应召，丝毫不作扭捏的姿态，半推半就、装腔作势。我们可以说他的态度是西洋古希腊的传统，亦即柏拉图所说：'一个公民最高的荣誉是为国家服务。'廷黻之出任政务处长及其他职务的动机和胡适之出任驻美大使是一样的：尽公民的责任为国家服务"②。

正是基于同样的想法，一些术业有专的学者毅然放弃多年研究而服从于整个国家的需要，如北京大学文学院院长胡适出任驻美大使，南开大学教授张彭春出任驻土耳其公使等。但这些学者与蒋廷黻郁郁不得志的驻苏外交生涯都有着意料之中的一致性，即受国内外环境尤其是自身外交素质的局限，在极为讲求技艺而非仅仅有热情就足够的外交面前，充满了挫折感与失败感。虽然他们在某种程度上为国家尽心尽力的理想得以暂时有所寄托，然从整体上而言，他们所起的作用都不尽如人意，有的甚至得不偿失——因行政事务繁忙而忽视或放弃了原先擅长的学问。翁文灏对此有深刻体会："余原治学术，因对日抗战而勉参中枢，诚意盼于国计民生有所贡献。但迫于环境，实际结果辄违初愿，因此屡求隐退，追计从政时期因政界积习相因，动辄得咎，备尝艰苦，且深愧悔。"③

除了学问上的损失，学人出任外交职务对知识分子固有的政治独立性也是一种损害。北洋时期外交官相对较为自由，"彼时似乎很少军人与巧宦愿意出任外交官，同时他们尚有自知之明，对于外交界也另眼相看，认为那是对外交涉，有关国体，而且在私人方面也无权利可争。"④ 但随着南京国民政府"以党治国"方针的加强，党化政治

---

① 金正昆：《现代外交学概论》，中国人民大学出版社 1999 年版，第 238 页。
② 陈之迈：《蒋廷黻的志事与平生》，第 151 页。
③ 王梅：《翁文灏的六十年》，《读书》1998 年第 8 期。
④ 张忠绂：《读姚译颜惠庆英文自传感言》，《传记文学》第 22 卷第 4 期。

与党派色彩亦对外交产生了相应影响，使国家之事在某种程度上成为
政党之事，对驻外人员的政治身份也做了硬性规定，故一批学者不得
不背离原先崇尚的自由主义理想而加入国民党。以蒋廷黻为例，他被
任命为驻苏大使时仍是无党派人士，当时即有劝其加入国民党的提
议，但均被其婉言拒绝。然上任不久，蒋介石又亲自去函，晓以利
害，"入党与外交似无甚关系，但驻俄使节则关系较重，故中正意谓
兄加入本党，于公于私皆得便利，而努力功效亦必增大"，并且还在
信中"特附上入党志愿书数份，如兄同意，请填写寄回，介绍主盟人
则由中正任之"①。在这种情况下，蒋廷黻只得无可奈何地表示接受。
因为他也意识到作为为国民政府服务的驻外人员，必须与国民党保持
至少在表面上的一致，这就不可避免地要做出一定的牺牲，承受一定
的束缚，这也是同时代心系国家命运的知识分子无可奈何却又不能摆
脱的桎梏。

本文与吕霞合作，原载《历史教学》2009 年第 5 期。

---

① 吴孟庆主编：《政海拾零》，上海辞书出版社 2006 年版，第 209 页。

后　记

　　我在山西大学开始学习写作论文时就是以历史人物为主题的。1981 年秋，进入大四的我开始准备做毕业论文。当时我想到几个题目，最终选定《张之洞在山西》，由德高望重的郭吾真教授做指导老师。在郭先生的悉心指导下，我完成了这篇本科毕业论文，再经修改，发表于《山西大学学报》1983 年第 4 期增刊上。这对我来说是个巨大的鼓舞，由此开始了对历史人物不间断地研究。

　　在人类社会发展史中，人是历史的主体，研究历史必须要研究人物。我在数十年的学术生涯中研究面比较宽泛，政治史、军事史、经济史、文化史等都有涉及，许多研究论文的内容都与历史人物有关。适值中国社会科学出版社要出版论文集，我就选了一些以人物研究为主的论文结集交稿。这本论文集因受书名所限，所收论文舍弃了关于近代之外的其他历史人物的论文，如关于陈廷敬、于成龙、毕振姬、靳荣藩等人物的研究论文；同时因受篇幅所限，又舍弃了一部分关于近代人物如刘铭传、郑观应、严复、杨深秀等人的研究论文。

　　论文集虽冠名《近代人物论稿》，但极少是对某一个人物的全面论述，绝大部分论文是对某个人物的某个时期，或某一方面，或与某事件的关系进行的研究。论文集所收论文为已刊论文，当时刊发时各刊物对稿件格式的要求不尽相同，现根据出版社的要求统一调整，并对原稿中的文字错讹做了一些修订。关于清代人物各稿中纪年也不一致，有用公元纪年括注清纪年的，也有用清纪年括注公元纪年的，为保持论文原貌，就不再做统一改动。论文集所收论文有一些是与他人合作的，合作者均在文末做了标注。

中国社会科学出版社的编辑刘芳女士为本书的编辑出版付出了诸多心血，在此表示谢意。

冀满红

2017 年 8 月 10 日于暨南大学明湖苑